ECONOMIA DE EMPRESA

www.editorasaraiva.com.br

Ronaldo Fiani

ECONOMIA DE EMPRESA

Editora Saraiva

ISBN 978-85-02-63530-2

DADOS INTERNACIONAIS DE CATALOGAÇÃO NA PUBLICAÇÃO (CIP)
ANGÉLICA ILACQUA CRB-8/7057

Fiani, Ronaldo
Economia de empresa / Ronaldo Fiani. – São Paulo : Saraiva, 2015.
240 p.

ISBN 978-85-02-63530-2

1. Administração de empresas – Aspectos econômicos 2. Empresas – Economia 3. Administração financeira I. Título

15.0762 CDD 658.15
CDU 658.15

Índices para catálogo sistemático:
1. Administração financeira

Editora Saraiva

Rua Henrique Schaumann, 270
Pinheiros – São Paulo – SP – CEP: 05413-010
PABX (11) 3613-3000

SAC
0800-0117875
De 2ª a 6ª, das 8h30 às 19h30
www.editorasaraiva.com.br/contato

Diretora editorial Flávia Alves Bravin
Gerente editorial Rogério Eduardo Alves
Planejamento editorial Rita de Cássia S. Puoço
Editores Jean Xavier
Patricia Quero
Assistente editorial Marcela Prada Neublum
Produtores editoriais Alline Garcia Bullara
Amanda Maria da Silva
Daniela Nogueira Secondo
Deborah Mattos
Rosana Peroni Fazolari
William Rezende Paiva
Comunicação e produção digital Mauricio Scervianinas de França
Nathalia Setrini Luiz
Suporte editorial Juliana Bojczuk
Produção gráfica Liliane Cristina Gomes

Preparação Alessandra Miranda de Sá
Revisão Rosângela Barbosa
Diagramação Join Bureau
Capa Idée Arte e Comunicação
Impressão e acabamento EGB - Editora Gráfica Bernardi Ltda.

1ª edição

383.449.001.001

Para Jacob Frenkel, meu mestre; e em memória de minha mãe, pela lição de esperança até o fim.

AGRADECIMENTOS

Gostaria de agradecer a Ricardo Redisch, quem primeiro apoiou este projeto. Um agradecimento especial à editora Flávia Alves Bravin, pela paciência infinita com os intermináveis atrasos na conclusão do livro.

Os comentários de Jacob Frenkel, Paulo Tigre, Luisa Iachan e Ana Carolina Cordeiro foram inestimáveis para a qualidade da obra. Erros e omissões que porventura permaneçam, contudo, são de total responsabilidade do autor.

SOBRE O AUTOR

Ronaldo Fiani é doutor em Economia pela Universidade Federal do Rio de Janeiro (UFRJ), onde atualmente é professor do Instituto de Economia. Foi assessor do Ministério da Fazenda (1994-5), da Agência Nacional do Petróleo, Gás Natural e Biocombustíveis – ANP (2001) –, pesquisador-visitante no Centro de Estudos Brasileiros da Universidade de Oxford (2003) e no IPEA/Brasília (2011-2012). É autor do livro *Teoria dos Jogos*: com Aplicações em Economia, Administração e Ciências Sociais, e do livro *Cooperação e Conflito*: Instituições e Desenvolvimento Econômico.

Sumário

Introdução 1

1 A empresa como função de produção 11

Introdução 11

1.1 A empresa como função de produção 12

1.2 A representação da empresa na abordagem econômica convencional 15

1.3 Da função de produção aos custos de produção da empresa ... 16

1.4 Os custos da empresa no curto prazo 22

1.5 O equilíbrio da empresa no curto prazo: custo marginal e receita marginal 33

1.5.1 Custo marginal 37

1.5.2 Receita marginal 39

1.6 Os custos da empresa no longo prazo 46

1.7 Retornos de escala, custos médio e marginal no longo prazo 49

1.8 Equilíbrio da empresa competitiva no longo prazo 54

1.9 Virtudes e problemas da abordagem convencional da empresa como função de produção 56

Leituras sugeridas 57

Questões para revisão 57

Apêndice ao Capítulo 1

A empresa com poder de mercado 59

Introdução 59

A1.1 Análise da empresa com poder de mercado na abordagem convencional ... 62

A1.2 Deficiência na análise da empresa com poder de mercado na abordagem convencional 69

Leituras sugeridas 70

2 A empresa como um problema de agência 71

Introdução 71

2.1 A Teoria Principal-Agente e o problema do incentivo 75

2.1.1 As condições de um contrato eficiente 79

2.1.2 Contratos com perfeita informação 80

2.1.3 Introduzindo incerteza: utilidade esperada 81

2.1.4 Contratos com informação assimétrica 88

2.2 A separação entre propriedade e gestão como um problema de agência 102

2.2.1 A contribuição de Jensen e Meckling: a Teoria Positiva da Agência 103

2.2.2 A Teoria Positiva da Agência e a separação entre propriedade e gestão 106

2.3 Virtudes e problemas da abordagem da empresa como um problema de agência 117

Leituras sugeridas 119

Questões para revisão 120

Apêndice ao Capítulo 2

A teoria positiva da agência e a estrutura de capital da empresa 121

Introdução 121

A2.1 O Teorema Modigliani-Miller 122

A2.2 A estrutura ótima de capital segundo a Teoria Positiva da Agência 124

Leituras sugeridas 127

3 A empresa como um problema de custos de transação 129

Introdução 129

3.1 Custos de transação *versus* custos de produção 131

3.2 Quando os custos de transação são importantes? 136

3.3 O problema da redução dos custos de transação: a escolha das estruturas de governança 144

3.3.1 A finalidade das estruturas de governança 144

3.3.2 Os tipos de estruturas de governança 146

3.3.3 Comparando os tipos de estruturas de governança 164

3.4 Custos de transação e a estrutura interna da empresa 168

3.5 Virtudes e problemas da abordagem da empresa como um problema de custos de transação 172

Leituras sugeridas 173

Questões para revisão 174

4 As abordagens da empresa como um problema de recursos e capacitações 175

Introdução 175

4.1 A abordagem da empresa baseada em recursos 177

4.1.1 A distinção entre rendas econômicas e lucros econômicos 179

4.1.2 Tipos de rendas econômicas 182

4.1.3 As condições para a apropriação da renda pela empresa 191

4.1.4 Vantagem competitiva 199

4.2 A abordagem das capacitações dinâmicas 203

4.2.1 O conceito de capacitações dinâmicas da empresa 204

4.2.2 A especificidade da base de recursos da empresa 207

4.2.3 Capacitações ordinárias ou operacionais *versus* capacitações dinâmicas 208

4.2.4 Em que consistem as capacitações dinâmicas da empresa: rotinas ou ação empreendedora? 209

4.3 Virtudes e problemas das abordagens da empresa baseadas em recursos e capacitações 218

Leituras sugeridas 219

Questões para revisão 220

Conclusão: O estado atual da economia de empresa 221

Índice remissivo 225

Introdução

Este livro visa a fornecer uma introdução à análise econômica de empresa, tendo sido planejado para um período de um semestre. Para tanto, buscamos apresentar de forma didática os conceitos básicos e as principais abordagens teóricas em economia de empresa, ao mesmo tempo que procuramos oferecer uma visão crítica dessas abordagens, discutindo suas possibilidades e seus limites.

Esta Introdução apresenta brevemente algumas questões que serão importantes ao longo deste livro, tais como: o que é uma empresa? Por que devemos estudar economia de empresa? Do que trata a economia de empresa? Estas, entre outras questões, ajudarão o estudante a "navegar" pelas diferentes teorias, percebendo suas virtudes e seus problemas. Iniciaremos falando um pouco sobre o que constitui nosso objeto de estudo: a empresa.

O que é uma empresa?

Esta pode parecer uma pergunta trivial na Economia moderna em que vivemos. A todo momento de nossa vida, entramos em contato com empresas. O computador em que esta obra foi escrita foi produzido por uma empresa e vendido por outra. Uma terceira empresa transportou o computador até o escritório onde ele foi usado. O editor de texto utilizado foi produzido por uma quarta empresa diferente, e assim por diante. O banco onde guardamos nosso dinheiro é uma empresa, assim como o restaurante onde fazemos nossas refeições. Diante de uma variedade tão grande de empresas quanto a tamanho, atividade, organização etc., nada mais natural do que perguntar: afinal, o que é uma empresa?

Uma **definição de empresa** preliminar pode ser encontrada no artigo clássico do economista norte-americano Robin Marris (falecido em 2012), intitulado *Why Economics Needs a Theory of the Firm* (Por que a Teoria Econômica Precisa de uma Teoria da Firma).[1] Nesse artigo, Marris define a empresa como uma organização que obtém receitas ou créditos financeiros pelo que produz, sendo responsável por remunerar os indivíduos ou outras organizações, dos quais recebeu os bens e serviços que utilizou para produzir.[2] Essa definição, ainda que simples, mostra que a empresa combina duas dimensões importantes: ela possui uma dimensão *organizacional* e uma dimensão *tecnológica*.

Em primeiro lugar, a empresa é uma *organização*, o que significa que ela é composta por um grupo bem delimitado de indivíduos (isto é, está claramente definido quem faz parte da empresa, com a exclusão de todos os demais), é dotada de uma *hierarquia* (uma estrutura de comando com vários níveis de responsabilidade) e emprega recursos (matérias-primas, mão de obra, máquinas, equipamentos, crédito etc.) com um objetivo específico: obter uma receita que supere seus custos.

Em segundo lugar, a empresa utiliza bens e serviços (como aqueles prestados pela mão de obra que emprega) segundo um conjunto de *tecnologias de produção*. Há na empresa, por conseguinte, uma dimensão organizacional e uma dimensão tecnológica. Trata-se, portanto, de uma entidade bastante complexa, pois combina organização hierárquica com tecnologias, visando a um propósito definido. Mas, antes de aprofundar o estudo dessa entidade complexa que é a empresa, temos de entender o sentido do estudo da economia de empresa.

Por que estudar economia de empresa?

Há uma boa razão para nos fazermos essa pergunta. Existem inúmeras obras na área de Administração que analisam as funções da empresa e como ela deve ser gerida. O que diferencia o estudo econômico da empresa do estudo desenvolvido pelos teóricos de Administração? O que a teoria econômica teria a dizer acerca da empresa que seria diferente em relação ao que afirmam os teóricos de Administração?

Responder a essas questões torna-se ainda mais necessário pelo fato de que grande parte das notícias sobre economia apresentadas em noticiários não aborda a empresa, e sim o comportamento da economia do país como um agregado, ou seja, aquilo que os economistas chamam de **macroeconomia**, envolvendo o estudo de variáveis como o valor do Produto Interno Bruto (PIB) e sua taxa de crescimento, o nível de emprego, a taxa de juros, a taxa de câmbio, o nível dos gastos públicos etc. O interesse da teoria econômica não se limitaria, portanto, a essas variáveis da economia?

[1] Publicado no *The Economic Journal*, v. 82, n. 325, mar. 1972. p. 321-352.

[2] *The Economic Journal*, 1972. p. 321.

Na verdade, a teoria econômica não trata apenas de variáveis macroeconômicas. Existe um ramo da teoria econômica que se denomina **microeconomia**, o qual trata das partes "pequenas" da economia.[3] Essas partes "pequenas" vão de setores de atividade da economia – por exemplo, a indústria automobilística, o setor de telecomunicações, o mercado de determinada *commodity* etc. – até a unidade econômica fundamental da produção: a empresa. Desse modo, faz parte da teoria microeconômica o estudo da economia de empresa. Se muitos economistas se dedicam ao estudo das variáveis macroeconômicas, propondo e discutindo medidas de política monetária, cambial ou fiscal, há também um grande número de economistas voltado para questões microeconômicas e, entre elas, questões ligadas às empresas.

Contudo, em que o enfoque da economia de empresa se diferencia do enfoque da administração de empresas, dado que o objeto de estudo – a empresa moderna – é o mesmo? O fato de o objeto de estudo ser o mesmo não significa que a abordagem daquilo que se estuda seja necessariamente a mesma. Podemos ilustrar isso traçando um paralelo entre o trabalho do físico e o do engenheiro civil. As propriedades físicas dos materiais empregados na construção civil podem ser estudadas tanto por físicos quanto por engenheiros, mas, enquanto o físico estará interessado nas relações entre causa e efeito dos fenômenos associados aos materiais que estuda, o interesse do engenheiro com relação a esse conhecimento se concentrará na solução de determinado problema. Todavia, essa solução por parte do engenheiro vai demandar o conhecimento das relações de causa e efeito existentes entre os materiais com que tem de lidar. Esse conhecimento das relações de causa e efeito poderá ser fornecido pelo físico. O engenheiro, assim, aproveita-se desses conhecimentos acerca das relações entre causa e efeito apresentados pelo físico para adotar as medidas adequadas a fim de solucionar problemas nas suas construções.

Há uma analogia entre a diferença do físico em relação ao engenheiro e a diferença do economista em relação ao administrador, desde que comparemos essas ocupações com alguma liberdade. O economista estuda as relações de causa e efeito no funcionamento da empresa, e o administrador pode usar esses conhecimentos para identificar problemas no funcionamento de uma empresa, bem como suas possíveis soluções. Tanto o engenheiro quanto o administrador estão interessados em soluções – no caso do engenheiro, em relação à construção que projeta; no caso do administrador, em relação ao desempenho da empresa. Por sua vez, o economista que estuda empresas está interessado em conhecer as relações de causa e efeito que atuam no interior da empresa, de maneira análoga ao modo pelo qual o físico estuda as relações de causa e efeito nos materiais que o engenheiro utiliza, sem se preocupar prioritariamente com os problemas de determinada empresa.

[3] O prefixo grego *micro* significa "pequeno", enquanto o prefixo grego *macro* significa "grande".

Por exemplo, o economista pode estudar como os custos da empresa são afetados quando certos tipos de insumo são adquiridos no mercado, em comparação com a situação em que a empresa decide ela mesma produzir tais insumos. Em função dos resultados do economista, o administrador pode então decidir quando é melhor adquirir os insumos de que necessita no mercado e quando é melhor internalizar a produção dos insumos na própria empresa. Ao escolher aquilo que produz o melhor resultado, o administrador pode reduzir custos, tornando a empresa mais competitiva. Outro exemplo: o economista pode estudar de que maneira a empresa desenvolve suas capacitações e como essas capacitações afetam o desempenho competitivo da empresa. A partir desse conhecimento gerado pelo economista, o administrador pode adotar as estratégias mais interessantes a fim de desenvolver as capacitações de sua empresa.

De onde vem essa diferença de abordagem entre economistas e administradores? A diferença advém do fato de que o administrador é um *gestor*, e, como tal, está preocupado com as técnicas que podem ser aplicadas na empresa para melhorar seu desempenho, isto é, com as técnicas de gestão. Já o economista é um *cientista social*, isto é, um profissional preocupado em conhecer como a sociedade funciona no que diz respeito a produção, distribuição e consumo de bens e serviços. Obviamente, as empresas são um agente importante nesse processo de produção, distribuição e consumo, e daí provém o interesse que muitos economistas manifestam acerca das empresas. Contudo, o economista não está preocupado com técnicas de gestão, e sim com relações de causa e efeito que afetam o funcionamento das empresas.

O que é economia de empresa?

Economia de empresa é o ramo da teoria econômica que estuda os fatores que afetam o desempenho da empresa. A maneira com que se mede o desempenho pode variar de acordo com o interesse em questão: pode ser a lucratividade, o crescimento da empresa, sua capacidade de inovar, sua produtividade etc. As perguntas que um economista interessado no estudo de empresas fará comumente são: por que as empresas em determinado setor operam com escala elevada? Por que algumas empresas integram várias etapas do processo produtivo no seu interior, enquanto outras buscam adquirir muito do que necessitam de fornecedores independentes no mercado? Como as relações entre acionistas e executivos afetam o desempenho da empresa? Por que algumas empresas parecem ser mais competentes do que outras para inovar de maneira bem-sucedida?

Como os economistas que estudam empresas estão interessados em compreender as relações de causa e efeito, usualmente trabalham com modelos teóricos e conceitos mais abstratos que os administradores de empresas. É comum que os administradores empreguem conceitos mais práticos e concretos, e modelos mais voltados para aplicação na rotina diária das empresas. Isso, porém, não significa que os economistas que trabalham com empresas sejam meramente "teóricos", e os administradores, meramente "práticos". Assim como os administradores têm as próprias teorias, os economistas muitas vezes precisam pesquisar casos concretos de empresa.

Na verdade, os dois campos profissionais produzem conhecimentos teóricos e aplicados muito úteis, e ambos só têm a ganhar ao dialogar um com o outro: os economistas podem recorrer a casos relatados por administradores para formular suas teorias, e os administradores podem estudar as teorias formuladas por economistas para propor soluções e modelos de atuação das empresas. Sempre que possível, é útil e muito produtivo estimular o diálogo entre esses dois tipos de profissionais. O que diferencia economistas e administradores, como dito anteriormente, é a natureza da preocupação que motiva o estudo deles: o primeiro como cientista social, o segundo como gestor.

Entretanto, embora seja possível definir o escopo da economia de empresa como o estudo dos fatores que afetam o desempenho da empresa, isso não significa que haja um corpo teórico uniforme quando se trata de estudar os fatores que afetam esse desempenho. Pelo contrário, há uma variedade de análises teóricas no que diz respeito a compreender o desempenho da empresa. A variedade de análises se deve, em grande medida, à própria complexidade da empresa: ao combinar as características de uma organização hierárquica com os problemas da utilização de tecnologias para fins específicos, a empresa admite várias *abordagens* distintas de acordo com o aspecto que se pretenda privilegiar: o tecnológico, o organizacional ou algum problema resultante da interação desses dois. Por isso, ao longo deste livro, optamos pelo termo *abordagem* em vez de *teoria* para as diferentes análises econômicas que vamos estudar. Assim, vale a pena discutir um pouco as duas principais dimensões da empresa que veremos: a dimensão tecnológica e a dimensão organizacional.

As duas dimensões da empresa: a dimensão tecnológica e a dimensão organizacional

O fator mais importante quando se estuda a empresa é reconhecer que ela possui duplo caráter. É exatamente o fato de que a empresa tem, por assim dizer, duas faces que torna seu estudo ao mesmo tempo complexo e muito interessante. Esse duplo caráter resulta do fato de que a empresa é uma *organização* que aplica *conhecimentos tecnológicos* para produzir bens e serviços. Desse modo, ela possui, simultaneamente, uma dimensão derivada do fato de ser uma organização e uma dimensão derivada do fato de empregar uma tecnologia. Por ser uma organização, a empresa é caracterizada, entre outros fatores, pela *hierarquia* que organiza suas atividades. Por incorporar conhecimentos tecnológicos, a empresa domina *conhecimentos tecnológicos* que caracterizam seu modo de desempenhar as atividades produtivas. Daí resulta o caráter dual da empresa.

Podemos então, inicialmente, apresentar uma **definição de empresa** como uma *organização hierárquica* que emprega *tecnologia* para produzir bens e serviços *visando ao lucro*, em que por *lucro* devemos considerar o excedente da receita realizado sobre os custos incorridos para realizar sua atividade produtiva. Esse lucro, por sua vez, visa a remunerar o capital investido na empresa. Tal definição inicial possui algumas consequências importantes. Em primeiro lugar, todas as organizações – ainda que sejam dotadas de hierarquias e que empreguem tecnologias para desenvolver suas atividades – que não visem ao lucro não são empresas. Portanto, entidades filantrópicas, laboratórios públicos de pesquisa científica, museus etc., em geral, não deveriam ser considerados empresas. Em contrapartida, indústrias, jornais, supermercados, bancos, hospitais privados etc. podem ser enquadrados na descrição anterior de empresas, ainda que alguns deles prestem serviços e não produzam bens tangíveis. Na seção de Conclusão, depois de terem sido consideradas as várias abordagens apresentadas neste livro, essa definição de empresa será aprimorada.

Isso nos leva ao ponto seguinte. Se a empresa possui essa dualidade intrínseca, por apresentar simultaneamente uma dimensão organizacional e tecnológica, de que forma devemos estudá-la? Do ponto de vista organizacional ou do ponto de vista tecnológico? Esse será o assunto abordado a seguir.

Como estudar a empresa?

Na verdade, a abordagem que privilegia o estudo do comportamento da empresa a partir das características da tecnologia que ela utiliza – sem considerar sua organização nem suas instituições – é a abordagem adotada pela teoria econômica convencional. Nessa abordagem, a empresa é vista essencialmente como um agente que transforma insumos – equipamentos, matérias-primas, mão de obra etc. – em produtos, sejam eles bens ou serviços, os quais são vendidos em mercados. Nos termos da dualidade da empresa que vimos antes, isso implica concentrar a atenção apenas na dimensão tecnológica da empresa.

Obviamente, essa é uma descrição correta, mas muito *incompleta* da atividade de qualquer empresa. Não se trata aqui de negar a importância da tecnologia no funcionamento da empresa. A questão é que a abordagem econômica convencional praticamente ignora a dimensão organizacional da empresa, em nome de sua dimensão tecnológica. Então, como é possível ignorar a dimensão organizacional da empresa? Para isso, a teoria econômica convencional adota uma hipótese crucial, que vai permitir a essa teoria simplesmente ignorar os problemas relativos à organização da empresa.

A hipótese adotada é a de que as pessoas dispõem de perfeita informação. Se elas são racionais, buscam tomar decisões coerentes com seus objetivos. E, uma vez que, além de racionais, elas possuam perfeita informação – ou seja, não desconheçam nenhuma informação relevante para alcançar seus objetivos –, as pessoas que administram a empresa (seus gestores) sempre tomariam as melhores decisões possíveis, *inclusive com relação à própria forma de organizar a empresa*. Por conseguinte, o estudo acerca da forma de organizar a empresa se tornaria irrelevante – a empresa *sempre* seria organizada da melhor maneira possível, de modo que empregue os recursos existentes da forma mais eficiente e, assim, maximize seus lucros. De acordo com a hipótese de perfeita informação, por consequência, seria possível analisar e deduzir o comportamento da empresa *diretamente* das propriedades da melhor tecnologia existente em dado momento, pois a organização da empresa seria, de maneira praticamente automática, aquela mais adequada para aplicar tal tecnologia no limite de sua eficiência.

Não se pode negar que a abordagem da empresa como questão essencialmente tecnológica permitiu avanços muito importantes no campo da Economia. Todavia, uma análise tão abstrata da empresa deve ser considerada *apenas como etapa inicial da investigação*, pois ela desconsidera várias questões importantes em uma Economia moderna. Por exemplo, uma questão importante, e no caso fundamental quando se trata de estudar a economia de empresa, diz respeito aos *determinantes dos limites da empresa*.

Perguntar o que determina os limites da empresa significa perguntar quais etapas do processo produtivo ela mesma irá executar, e que etapas do mesmo processo produtivo a empresa vai demandar de outras empresas (popularmente conhecida como decisão de "terceirização"). Por exemplo, a possível decisão de uma hipotética empresa, que fosse exclusivamente produtora de petróleo, de construir refinarias significaria uma ampliação dos limites da empresa, pois com essa decisão ela incorporaria uma etapa do processo produtivo de combustíveis que antes não executava (o refino). Já outra empresa de petróleo que decidisse sair da venda de combustíveis a varejo, por exemplo, vendendo a sua rede de postos de gasolina, representaria um caso de redução dos limites da empresa, pois ela deixaria de executar uma etapa do processo produtivo que antes fazia parte de suas atividades.

Teremos muita dificuldade para entender os limites da empresa (quais etapas do processo produtivo ela mesma vai executar, e quais etapas ela vai delegar a outras empresas) se for considerada *somente* sua dimensão tecnológica. Isso porque, para estudarmos o comportamento da empresa a partir das tecnologias que emprega, *precisamos saber de antemão quais etapas do processo produtivo ela executa e quais etapas não executa*, de forma que identifiquemos as tecnologias que a empresa efetivamente utiliza. O estudo do comportamento da empresa em função das tecnologias que ela utiliza pressupõe o conhecimento dos limites da empresa.

Contudo, não apenas no aspecto dos limites da empresa haverá dificuldades, caso adotemos a visão da teoria econômica convencional de que a empresa é apenas um problema tecnológico. Haverá problemas também para explicar as diferenças de desempenho entre empresas que atuam em um mesmo setor da Economia, ainda que levemos em consideração as diferenças no tamanho das empresas. Embora seja razoável admitir que empresas de tamanhos diferentes tenham desempenhos diferentes em termos de lucratividade, e que empresas em setores distintos também tenham diferenças em suas lucratividades, apenas essas diferenças de tamanho e de mercado não bastam para explicar as diferenças de desempenho.

Com efeito, o economista Luis M. B. Cabral, em seu livro *Introduction to Industrial Organization*,[4] aponta que, em torno de apenas 20% da diferença na lucratividade das empresas podem ser explicados por fatores tais como tamanho da empresa e setor econômico onde ela atua. Os 80% restantes da diferença de lucratividade entre as empresas parecem ser explicados por vantagens que elas desenvolvem nas suas atividades, e que são difíceis de ser imitadas por seus concorrentes. Essas vantagens podem envolver, por exemplo, a capacidade para desenvolver produtos mais adequados às preferências de seus consumidores, capacidade esta que seus concorrentes, por mais que tentem, não conseguem imitar.

As vantagens desenvolvidas pelas empresas e que não podem ser imitadas com facilidade pelos seus competidores possuem grande importância para o estudo de economia de empresa, pois determinam em grande medida que empresas serão bem-sucedidas em suas atividades. Empresas que hoje são líderes, como Toyota, Apple, Boeing, além de outras, assumiram o papel de liderança justamente por desenvolver capacidades na produção e comercialização de seus produtos que os rivais tinham dificuldade em imitar.

Entretanto, há uma consequência adicional da importância dessas vantagens que nos leva a considerar a abordagem convencional da empresa e sua ênfase tecnológica como parcial e, muitas vezes, inadequada. Como vimos, para se concentrar no aspecto tecnológico, a abordagem econômica convencional da empresa supõe não apenas que os indivíduos sejam racionais, mas também que possuam perfeita informação, ou seja, que disponham de todas as informações relevantes para desenvolver suas atividades. Ocorre, porém, que, se todos sabem tudo aquilo que é relevante sobre sua atividade, torna-se impossível explicar o desenvolvimento de

---

[4] CABRAL, Luis M. B. *Introduction to Industrial Organization*. Cambridge, Massachusetts: The MIT Press, 2000. p. 43.

capacidades peculiares à empresa que não possam ser imitadas facilmente pelos concorrentes, pois, afinal, *todos sabem tudo o que precisam saber*. O fato de que as vantagens desenvolvidas por empresas líderes não são fáceis de ser copiadas mostra que a *assimetria de informação* – que acontece quando nem todos os agentes envolvidos podem obter informações relevantes – é um elemento importante na competição entre as empresas.

Dessa forma, é preciso ir além da abordagem convencional, abandonando ao menos a hipótese de perfeita informação. Se supusermos perfeita informação, não teremos como explicar os frequentes conflitos entre acionistas e executivos das empresas, também um campo importante do estudo da economia de empresa. Se todos sabem tudo, os acionistas teriam como exercer um controle rígido sobre o comportamento dos executivos da empresa e prevenir conflitos. Obviamente, não é o que se verifica na prática, em um grande número de situações.

Isso não significa que a abordagem convencional não tenha méritos. Ela possui o mérito de ter elaborado de forma rigorosa os aspectos tecnológicos da empresa, e é por esse motivo que o primeiro capítulo deste livro é dedicado a ela. Todavia, é importante indagar como a assimetria de informação afeta a própria organização interna da empresa e suas decisões. Essa é a motivação dos três capítulos seguintes, quando discutiremos as teorias que abordam a empresa como um problema de agência, como um problema de custos de transação e como um problema de recursos e capacitações.

A quem se destina este livro?

Este livro se destina aos estudantes de graduação de Economia, Administração de Empresas, Contabilidade e Engenharia de Produção, nas disciplinas de Economia de Empresa, Microeconomia e Economia Industrial. Por ser voltado principalmente para estudantes de graduação, dentro do possível buscou-se evitar formalizações excessivamente complexas, em favor de uma exposição mais clara dos conceitos fundamentais de cada abordagem. Da mesma forma, evitaram-se os cálculos diferencial e integral, privilegiando-se ilustrações numéricas mais simples.

Apesar disso, seu conteúdo deve interessar também a estudantes de pós-graduação e a todos os leitores de nível superior que estejam interessados em conhecer abordagens em economia de empresa mais sofisticadas do que aquela que convencionalmente se apresenta em manuais de Microeconomia. A obra busca oferecer um panorama das abordagens econômicas da empresa voltadas para questões como os arranjos cooperativos entre empresas, os problemas de governança suscitados pela separação entre gestão e propriedade e o desenvolvimento das capacitações específicas da empresa.

Consideração final

Antes de passar ao livro propriamente dito, há ainda uma consideração final a fazer: esta obra não pretende apresentar *todas* as abordagens econômicas da empresa. Isso provavelmente seria impossível, em especial quando se consideram todas as variantes dentro de uma mesma abordagem. Buscou-se, portanto, apresentar aquelas abordagens que hoje fornecem a base mais frequente das análises econômicas da empresa moderna. Assim, algumas injustiças são inevitáveis nesse tipo de esforço, e pretende-se corrigir qualquer omissão mais sentida pelos leitores nas próximas edições. Desse modo, críticas e sugestões serão muito bem-vindas.

LEITURAS SUGERIDAS

Uma boa discussão dos diferentes enfoques em economia de empresa se encontra no capítulo de Michael Dietrich e Jackie Krafft, The Economics and Theory of the Firm, publicado no *Handbook on the Economics and Theory of the Firm*, editado pelos mesmos Dietrich e Krafft (1. ed. Cheltenham: Edward Elgar, 2012), ainda que a compreensão exija de antemão uma grande familiaridade do leitor com as várias correntes teóricas. A questão dos fatores que determinam as diferenças na lucratividade das empresas é abordada por Luis M. B. Cabral em seu livro *Introduction to Industrial Organization* (Cambridge, Massachusetts: The MIT Press, 2000), assim como o fato de que as empresas desenvolvem vantagens competitivas difíceis de ser imitadas.

1

A EMPRESA COMO FUNÇÃO DE PRODUÇÃO

Introdução

A abordagem convencional da empresa, que tradicionalmente é apresentada nos manuais de Microeconomia, teve sua origem nos trabalhos de economistas do final do século XIX e começo do século XX, particularmente William Stanley Jevons (1835-1882), Carl Menger (1840-1921), Alfred Marshall (1842-1924) e Francis I. Edgeworth (1845-1926). Embora esses economistas divergissem entre si em uma série de aspectos importantes, suas ideias foram combinadas e aprimoradas para formar o que hoje é o paradigma dominante no ensino de Economia, quando se trata de discutir empresas. Esse paradigma dominante se baseia em uma abordagem econômica da empresa como função de produção. Vamos nos referir a esse paradigma como a abordagem econômica convencional, ou, mais simplesmente, como abordagem convencional da empresa, que será a primeira abordagem econômica da empresa a tratarmos neste livro.

A visão da abordagem econômica convencional da empresa se concentra nos aspectos tecnológicos da empresa, em que a tecnologia reflete as possibilidades de que a empresa dispõe para transformar insumos (matérias-primas, energia, mão de obra etc.) em produtos. Junto com a ênfase tecnológica, a abordagem convencional se preocupa com o "equilíbrio" da empresa, isto é, com a determinação do nível ótimo de produção da empresa dadas as condições em que ela atua, sendo que "ótimo" aqui diz respeito a um nível de produção que, uma vez atingido, a empresa não teria nenhuma razão para alterar. Trata-se, assim, essencialmente de uma abordagem *estática* do funcionamento da empresa, pois não se refere à sua evolução ou ao seu crescimento ao longo do tempo.

Em contrapartida, a abordagem econômica convencional da empresa ignora os aspectos *organizacionais* da empresa, ou seja, não se preocupa em definir de que forma a empresa se estrutura, quais etapas do processo produtivo ela executa internamente, quais ela delega a fornecedores etc. A razão disso é que nessa abordagem o estudo da empresa é apenas um passo preliminar para o estudo do *mercado*: trata-se de estudar a empresa apenas para determinar a quantidade de seu produto que será oferecida e, por meio da interação entre oferta das empresas e demanda dos consumidores, o preço que iguala as duas (preço de equilíbrio).

Por concentrar suas atenções no mercado, a abordagem convencional trata a empresa um tanto superficialmente, como se fosse uma espécie de máquina fechada, onde insumos são combinados para gerar a oferta de um produto, a qual vai atender a uma demanda e resultar em um preço. Não obstante esse tratamento superficial, a abordagem convencional estabeleceu as bases da discussão econômica da empresa e ajudou a definir uma série de conceitos com respeito à tecnologia de produção que são muito úteis à análise. Assim, este capítulo trata inicialmente do conceito de função de produção, tendo em vista que esse é o conceito fundamental para a compreensão da empresa por parte da abordagem convencional. Em seguida, passaremos ao estudo do equilíbrio da empresa, em duas dimensões: no curto e no longo prazo. Por fim, discutiremos alguns problemas com a abordagem convencional da empresa. A apresentação será mantida propositadamente em um nível simples em termos matemáticos, com ilustrações aritméticas, Álgebra simples e gráficos, uma vez que o interesse principal neste livro é apresentar os conceitos e os princípios teóricos básicos.

1.1 A empresa como função de produção

Quando produzimos, combinamos alguns bens e serviços em novos produtos. Ao produzirmos um automóvel, combinamos bens (chapas de aço, vidro, borrachas, tintas etc.) e alguns serviços (trabalho na linha de montagem, trabalho administrativo etc.) em um bem distinto desses outros bens e serviços: o automóvel. Tudo o que é aplicado na produção é chamado em Economia de **fator de produção**.[1] Como toda empresa é, primordialmente, um empreendimento que visa à produção de bens ou serviços, nosso ponto de partida para a análise convencional da empresa será o conceito de *método de produção*. Um **método de produção**[2] é uma dada combinação

[1] Contudo, como veremos ao longo deste livro, outros autores preferem utilizar termos diferentes, como *recursos* ou *ativos*, dependendo da análise.

[2] Também pode-se falar em uma *técnica de produção*.

de fatores de produção necessários para a obtenção de uma dada quantidade de um bem ou serviço.

Por exemplo, um método de produção de bolo de chocolate nos informa quanto de chocolate, trabalho, farinha, vasilhas, leite etc. é necessário para a produção de um bolo. Embora o exemplo do nosso bolo de chocolate possa parecer prosaico, ele pode ser facilmente estendido a qualquer atividade produtiva, seja na agricultura, na indústria ou na área de serviços. Com efeito, o processo de produção de qualquer bem ou serviço não difere substancialmente do processo de produção de um bolo. Há sempre a necessidade de combinar outros produtos (como o leite e a farinha), equipamentos e ferramentas (como as vasilhas, o forno), além de trabalho, para se conseguir um bem ou serviço.

Usualmente, a abordagem convencional supõe a existência de mais de um método para a produção de uma dada quantidade de um mesmo bem. Por exemplo, podemos produzir nosso hipotético bolo com uma batedeira elétrica e pouco trabalho, ou apenas com um batedor de bolo manual e muito trabalho. Esses seriam dois métodos diferentes de fazer o mesmo bolo de chocolate. Um **método de produção eficiente** – em comparação com outro método – é aquele que utiliza pelo menos um fator de produção em quantidade menor e nenhum outro fator em quantidade maior, para produzir a mesma quantidade.

Para ilustrar o significado do conceito de método de produção mais eficiente, suponha que seja oferecida no mercado uma batedeira com melhor desempenho que não custe mais do que as batedeiras à disposição nem demande quantidade maior de algum outro fator de produção – como energia elétrica ou trabalho. O método de produção que utilizar essa nova batedeira será mais eficiente do que o método que utilizar as batedeiras convencionais, pois, por ter a nova batedeira melhor desempenho, será menos utilizada para produzir a mesma quantidade de pães e bolos do que as outras batedeiras.

A abordagem econômica convencional não supõe que haja necessariamente apenas um método eficiente para produzir um dado produto. Ela admite que possa haver vários métodos de produção para uma dada quantidade de produto, usando quantidades diferentes de fatores de produção, o que impediria uma comparação direta entre eles. Por exemplo, suponha que nosso hipotético bolo possa ser produzido com a utilização de uma batedeira elétrica e poucas horas de trabalho, ou com a utilização de um batedor manual e um número maior de horas de trabalho. É possível afirmar que um método é mais eficiente do que o outro?

Na verdade, não. O primeiro método utiliza equipamentos de maior valor (a batedeira elétrica), enquanto o segundo método utiliza equipamentos mais baratos (o batedor manual). Simultaneamente, o primeiro método utiliza pouco de um fator de produção – o trabalho – enquanto o segundo utiliza uma grande quantidade desse fator. Logo, não temos como comparar a eficiência dos dois métodos diretamente. A escolha irá depender do *custo* de se empregar cada método para produzir bolos. Desse modo, dependendo do valor do investimento em equipamentos (batedeira elétrica no caso do primeiro método de produção, batedor manual no caso do segundo método) e do valor do salário por hora de trabalho, um ou outro método pode ser mais interessante.

Em outras palavras, dependendo dos **preços relativos dos fatores de produção**, isto é, da proporção entre os preços dos fatores de produção (batedeira elétrica, batedor manual, hora de trabalho etc.), qualquer um dos dois métodos pode ser mais interessante do que o outro. Isso mostra que, frequentemente, *quando há mais de um método de produção e não é possível compará-los com respeito a sua eficiência relativa no emprego de fatores de produção, a escolha terá de ser feita por critérios econômicos, vale dizer, considerando seus custos*. Esse resultado é muito importante para a abordagem econômica convencional. Ele afirma que a escolha entre diferentes métodos de produção depende com frequência dos preços relativos dos fatores de produção.

Vamos *excluir* então todos os métodos de produção ineficientes, ou seja, aqueles métodos que empregam uma quantidade maior dos mesmos fatores para a mesma quantidade de produto, em relação a algum outro método. Façamos isso para todos os níveis de produção possíveis de se obter. Os métodos de produção que restarem serão os *métodos de produção eficientes*. Esses métodos não podem ser descartados sem que sejam conhecidos os preços dos fatores de produção. O conjunto de todos os métodos de produção eficientes constituirá uma **função de produção**. Veremos mais adiante que desses métodos de produção eficientes será escolhido um, que apresentará os menores custos.

De acordo com a abordagem econômica convencional, a empresa é simplesmente associada a uma função de produção, ou seja, *a empresa é entendida apenas como uma relação quantitativa entre fatores e produtos que incorpora todos os métodos de produção mais eficientes para gerar seu produto, em um dado momento*. A partir de uma função de produção que represente uma dada empresa poderemos dizer quanto será produzido para cada quantidade de fatores que a empresa utilize. Por exemplo, uma função de produção de um automóvel descreveria, por meio de uma tabela ou equação, quanto de eletricidade, chapas de aço, vidro, borracha, tintas, trabalho na linha de montagem, trabalho na administração da empresa etc. é necessário para que o automóvel seja produzido.

Perceba que os fatores considerados na função de produção devem ser entendidos da forma mais ampla possível, englobando tudo aquilo que é necessário, direta ou indiretamente, para a obtenção do produto final. O trabalho administrativo de uma secretária, embora não seja diretamente necessário à produção do automóvel, faz parte de sua função de produção, pois é necessário para que a empresa que fabrica o automóvel funcione do ponto de vista administrativo.

A função de produção, desse modo, reflete a maneira de produzir mais eficiente (com menor utilização de fatores para uma dada quantidade de produto a ser obtida), para todos os níveis de produção possíveis de se obter, dado o estado da tecnologia. Entretanto, de que tecnologia estamos falando? A função de produção reflete, por hipótese, o emprego da tecnologia mais eficiente conhecida. Isso porque, na abordagem econômica convencional, não há barreiras à difusão de tecnologias mais eficientes, o que torna novas tecnologias imediatamente disponíveis para todas as empresas que desejem utilizá-las.[3]

Vimos o que é uma empresa na abordagem econômica convencional. É necessário então dar um conteúdo mais operacional a essa visão da empresa. É o que faremos agora, discutindo como a abordagem convencional representa a empresa como uma função de produção.

1.2 A representação da empresa na abordagem econômica convencional

Como a empresa é concebida apenas como uma relação quantitativa entre fatores e produto, a abordagem convencional em geral representa a empresa algebricamente. Para representarmos a empresa algebricamente, alguns procedimentos preliminares são necessários. Em primeiro lugar, todos os fatores que são, na verdade, constituídos por esforço humano diretamente aplicado à produção são chamados de modo genérico de *trabalho* e representados por "L".

Em L se incorpora todo o esforço que auxilia, direta ou indiretamente, a produção da empresa. Por exemplo, a atividade do operário na linha de produção, a atividade da secretária atendendo telefonemas e agendando reuniões na administração da fábrica, os esforços dos executivos tomando decisões sobre o planejamento dos investimentos etc., *todos* devem todos ser incorporados à quantidade total de trabalho, L, que ajuda a gerar a produção.

Em contrapartida, todos os fatores que *não são* constituídos por esforço humano diretamente aplicado à produção são chamados genericamente de *capital* e representados pela letra "K". Por conseguinte, matérias-primas, energia, máquinas, equipamentos, instalações, o terreno onde a empresa se encontra instalada, tudo isso é capital.

Ao estabelecer uma relação quantitativa entre L e K, por um lado, e a quantidade de produto final obtida (representada pela letra "Q"), por outro, a abordagem econômica

[3] Ao mesmo tempo, nessa abordagem convencional, o mercado é suficientemente competitivo para pressionar todas as empresas a adotarem as tecnologias mais eficientes, sob pena de desaparecerem pela competição de preços, que obriga a produzir ao menor custo possível para não ser expulso do mercado. Ao final deste capítulo, discutiremos melhor a ideia de mercado competitivo nessa abordagem convencional.

convencional completa a sua caracterização da empresa como uma função algébrica – a função de produção conforme a **Equação 1.1** a seguir:

$$Q = f(L, K) \quad \textbf{(1.1)}$$

A **Equação 1.1** apenas determina que a quantidade produzida (Q) é uma função matemática de L e K. Outras representações algébricas mais complexas são igualmente possíveis. Não apenas é possível desdobrar cada fator, K e L, em tantos itens de capital e tantos tipos diferentes de trabalho quanto desejarmos, como é possível também considerar que a empresa não produz apenas um produto Q, mas um vetor de produtos finais.

Por exemplo, supondo ainda que apenas um produto final seja obtido, em vez de agregarmos cada trabalho em uma quantidade total L, podemos separá-los, chamando o trabalho do operário na linha de produção de x_1, o trabalho da secretária de x_2 e assim por diante. Da mesma forma, poderíamos desagregar os itens de capital, chamando os computadores, por exemplo, de x_6, os programas que rodam nos computadores de x_7 etc. Com isso, obteríamos uma função de produção mais extensa, com n fatores, como a função que se encontra na **Equação1.2** a seguir:

$$Q = f(x_1 + x_2 + \ldots + x_6 + x_7 + \ldots x_n) \quad \textbf{(1.2)}$$

Todavia, esse procedimento apenas aumentaria a complexidade da análise, sem adicionar novidades significativas em relação à visão de empresa da abordagem convencional. Por esse motivo, vamos manter essa representação mais simples, por razões didáticas.

Além disso, do ponto de vista da economia de empresa, não nos interessa a relação quantitativa de produção entre fatores e produto final em si mesma: quanto pode ser produzido a partir de determinada combinação de fatores nos interessa apenas na medida em que essa relação dá origem a *custos de produção*. **Custos de produção** são os gastos incorridos pela empresa para realizar determinada produção. A questão dos custos é da maior importância na análise da empresa e será nosso próximo assunto.

1.3 Da função de produção aos custos de produção da empresa

Os custos de produção[4] da empresa são muito importantes porque, quando comparados com as receitas da empresa, vão ajudar a determinar em que medida a

[4] No restante deste capítulo não utilizaremos mais a expressão "custos de produção", mas apenas "custos". No capítulo seguinte, veremos que há outro tipo de custos que afeta a empresa: os custos de transação.

empresa está sendo bem-sucedida em suas atividades. Uma empresa na qual os custos superam a receita de venda de seus produtos, ou serviços, é uma empresa que está produzindo um valor menor do que o valor dos recursos que utiliza para produzir. Um empreendimento com esse resultado não pode se sustentar por muito tempo.

Entretanto, qual é a origem dos custos da empresa? Os custos da empresa têm sua origem no fato de que a empresa emprega recursos produtivos (equipamentos, matérias-primas, mão de obra etc.) para realizar sua produção, sendo que esses recursos têm um valor que deve ser pago pela empresa. Desse modo, um dos elementos que irá compor os custos da empresa são os *preços* que ela paga pelos fatores de produção que utiliza. O outro elemento será a *quantidade* de fatores de produção que ela utiliza. Essa quantidade é determinada pela tecnologia que a empresa usa, que definirá em que quantidades os fatores de produção devem ser combinados para gerar dado produto. Vamos começar estudando, assim, a tecnologia que a empresa utiliza, expressa em sua função de produção.

Uma primeira consideração importante a ser feita é a de que os custos de uma empresa são sempre medidos como um *fluxo*. Temos então de considerar a diferença entre *estoques* e *fluxos*.

Uma **variável de estoque** é aquela que pode ser mensurada em *um ponto do tempo*. Por exemplo, o capital que uma empresa possui investido pode ser medido em uma data específica: faz sentido falar em estoque de capital da empresa no dia 31 de dezembro de 2009.

Já uma **variável de fluxo** é aquela que pode ser medida e compreendida somente em um *intervalo de tempo*. Por exemplo, quando analisamos a produção de uma empresa, os dados somente fazem sentido depois de especificarmos o período em que a produção foi realizada: uma produção de 7 mil livros em uma empresa no Brasil não informa nada, a menos que especifiquemos se o intervalo considerado foi o de um ano ou de um trimestre. Os custos, assim como a produção, são um fluxo para a teoria econômica. Portanto, produção e custos podem ser medidos mensal, trimestral, anualmente etc. Vamos supor que todas as variáveis de fluxo aqui apresentadas sejam medidas anualmente e, por isso, evitaremos indicar o período a que se referem.

Para passarmos da função de produção aos custos de produção, temos de considerar, inicialmente, os preços dos fatores utilizados pela empresa, ou seja, o *preço médio* do trabalho total agregado utilizado pela empresa (L) e o *preço médio* do total de capital agregado que a empresa emprega (K).

Como encontrar, porém, os preços médios do trabalho e do capital "agregados"? Uma empresa utiliza trabalhadores que executam um número muito diversificado de tarefas: há os operários, os executivos, as secretárias, o pessoal de manutenção etc. Da mesma forma, uma empresa emprega uma grande diversidade de itens de capital: pode haver máquinas, computadores, prédios, estoques de matérias-primas etc.

Vejamos então como é possível calcular os preços médios do trabalho (L) e do capital (K). Vamos iniciar com o caso do trabalho. Como estamos agregando todos os diferentes tipos de trabalho em uma única variável L, temos de definir como preço do trabalho total utilizado pela empresa a *remuneração média* dos trabalhadores, ponderada pela importância dos diferentes tipos de trabalho.

Assim, considere o caso de uma editora que também possua uma gráfica para imprimir seus livros. Apenas para simplificar, vamos imaginar que a empresa emprega apenas dois tipos de trabalho: operários na linha de produção de livros, que chamaremos de L_1, e o trabalho na administração da empresa, que chamaremos de L_2. Obviamente, em qualquer empresa, seja uma editora de livros ou de outra espécie, há muitos outros tipos de trabalho, mas podemos adotar essa simplificação apenas para ilustrar como se calcula o preço do trabalho agregado (L) empregado pela empresa.

Suponha então que a remuneração, isto é, o salário, dos operários que compõem L_1 seja dado por w_1, e o salário dos administradores que compõem L_2 seja dado por w_2. A remuneração média dos trabalhadores da empresa, ou o preço médio do trabalho empregado pela empresa, ao qual chamaremos de w^*, será dado pela **Equação 1.3** a seguir:

$$w^* = \frac{w_1(L_1) + w_2(L_2)}{L_1 + L_2} \qquad \textbf{(1.3)}$$

Para exemplificar o cálculo do preço médio do trabalho, imagine que $L_1 = 11$ operários, $L_2 = 7$ administradores, $w_1 = \$ \ 8.400,00$ por ano e $w_2 = \$ \ 12.000,00$ anuais (obviamente os valores não se pretendem realistas, mas apenas ilustrativos). Para encontrarmos o valor do preço do trabalho w^*, bastaria fazer a conta a seguir, aplicando essas informações à **Equação 1.3** anterior, como se encontra a seguir:

$$w^* = \frac{8.400,00(11) + 12.000,00(7)}{11 + 7} = \$ \ 9.800,00$$

Assim, o preço médio (anual) do trabalho L para a empresa seria $w^* = \$ \ 9.800,00$.

Um procedimento análogo será adotado para o cálculo do preço médio do capital empregado pela empresa, que chamaremos de r. Contudo, embora seja fácil compreender a afirmação de que a remuneração do trabalho (salários e ordenados) constitui o preço pago pela empresa para obter o trabalho necessário a sua produção, falar em um "preço" pago pelo capital pode soar estranho, uma vez que o capital é remunerado pelo lucro. Se o lucro representa o ganho do capital aplicado à atividade produtiva, como se pode afirmar que ele é o "preço pago pelo capital"?

Para entendermos o conceito de **lucro como preço do capital**, vamos analisar o caso de um dos ativos da editora que imprime os próprios livros. Considere então a linha de produção dos livros da empresa. A empresa investiu ao adquirir seu parque gráfico. Todavia, esse parque gráfico poderia ser utilizado para outros fins. Por exemplo, poderia ser empregado na produção de jornais, revistas, folhetos, *folders*, cartões de visita, convites etc. Quando a empresa decidiu utilizar seu parque gráfico para produzir livros e não jornais ou outros tipos de publicações, ela "sacrificou" essas alternativas de emprego das mesmas instalações e equipamentos.

Mais precisamente, *a empresa sacrificou as taxas de retorno que ela poderia ter obtido empregando seu parque gráfico em outra atividade* que não a produção de livros. Portanto, quando a empresa decidiu investir na impressão de livros utilizando seu parque gráfico, ela esperava obter desse investimento uma taxa de retorno ao menos tão elevada quanto a taxa de retorno que seria obtida na melhor alternativa de emprego do mesmo parque gráfico. Vamos supor que a taxa de retorno anual na melhor alternativa de emprego do parque gráfico é a taxa obtida na impressão de jornais, de 14% ao ano. Então o emprego desse mesmo parque gráfico na produção de livros deve resultar em uma taxa de retorno de, *ao menos*, 14%, para que o investimento se justifique.

Como a taxa de 14% é o mínimo que o empresário espera obter em um ano para não ter feito um mau negócio ao aplicar o parque gráfico na produção de livros, e não na produção de jornais, essa taxa representa o *custo de oportunidade* que ele tem ao empregar o parque gráfico na impressão de livros. Desse modo, **custo de oportunidade** é o retorno obtido na segunda alternativa mais rentável de aplicação do fator de produção. Como representa a melhor taxa de retorno alternativa ao emprego do parque gráfico na produção de livros, a taxa de retorno da aplicação do parque gráfico na produção de jornais, de 14% ao ano, nos fornece o custo de oportunidade da aplicação do parque gráfico em livros. Ou seja, a taxa de 14% é o mínimo de retorno que a produção de livros tem de satisfazer para que o negócio valha a pena. Por isso, é um *custo* para a empresa.

Vamos supor, por exemplo, que o administrador financeiro da empresa informasse ao nosso hipotético empresário que a taxa de retorno sobre o investimento na produção de livros foi de 12% no ano. Isso significaria um retorno em princípio positivo em termos contábeis, mas, na verdade, do ponto de vista econômico, essa taxa de 12% resultou em um *prejuízo*, uma vez que foi inferior ao seu custo de oportunidade de 14%. Somente o valor do retorno sobre o investimento realizado na produção de livros que vier a superar os 14% seria considerado um ganho econômico. Dessa maneira, a taxa de retorno de 14% corresponde ao preço a ser "pago" pelo capital investido na produção de livros, pelo fato de esse capital não ter sido empregado na produção de jornais.

Apenas o lucro que exceder a esse "preço", que é o custo de oportunidade do capital, poderá ser considerado *lucro econômico*. Por conseguinte, **lucro econômico** *é o lucro obtido além do custo de oportunidade de todos os itens de capital da empresa*. No exemplo, lucro econômico seria a parcela da taxa de retorno que a aplicação do parque gráfico na produção de livros viesse a obter, que superasse a taxa de retorno de 14% – a taxa de retorno na melhor alternativa de emprego do parque gráfico (a produção de jornais). Não esqueça esse conceito de preço do capital como custo de oportunidade da empresa, pois ele será importante ao longo deste capítulo.

Portanto, o **preço do capital da empresa** (representado por r*) é, na verdade, *a média dos custos de oportunidade dos ativos de capital empregados pela empresa, ponderada pelo valor de cada tipo de ativo*. Retomando nossa hipotética empresa, o preço do capital (ou o custo de oportunidade do capital) da empresa seria a média ponderada dos custos de oportunidade das máquinas para a produção de livros, do edifício, dos transformadores elétricos, do papel estocado etc.

Suponha (também como simplificação meramente ilustrativa) que a empresa utilize apenas dois tipos de capital: os equipamentos gráficos (que chamaremos de K_1) e o edifício onde a administração da empresa opera (que chamaremos de K_2).[5] Em uma primeira abordagem, ignoraremos o fato de que esses ativos se depreciam ao longo do tempo. Isso não é realista, mas, como nosso interesse é apenas introduzir o conceito de preço do capital, não há perdas significativas em ignorar – apenas por enquanto – a depreciação e supor que o capital tenha duração indefinida. Mais adiante, ao tratarmos dos custos fixos, vamos abandonar essa suposição irreal e analisar o preço do capital incluindo a depreciação.

O preço médio do capital da empresa (r*), sem considerar a depreciação, é dado pela média ponderada das taxas de lucro que constituem o custo de oportunidade dos equipamentos gráficos (r_1) e do edifício (r_2), conforme a **Equação 1.4** a seguir:

$$r^* = \frac{r_1(K_1) + r_2(K_2)}{K_1 + K_2} \tag{1.4}$$

Conforme vimos, o custo de oportunidade do investimento na produção de livros (o qual chamamos de r_1) é de 14% ao ano, e vamos supor agora que o custo de oportunidade do edifício (ao qual chamaremos de r_2) seja de 20% para o mesmo período.[6] Suponhamos ainda que o valor dos equipamentos gráficos seja de $ 100.000

---

[5] A empresa utiliza vários outros itens de capital, principalmente matérias-primas (como papel e tinta), que são indispensáveis à produção. Vamos omitir esse item de capital, para não sobrecarregar a exposição, pois ele seria tratado da mesma maneira que os dois itens aqui considerados: calculando-se seu preço médio.

[6] O custo de oportunidade do edifício pode ser a taxa de retorno sobre esse investimento que é sacrificada, por exemplo, porque a empresa utiliza o edifício para as próprias operações, em vez de alugar a outra empresa.

e o do edifício, mais as suas instalações, de $ 500.000.[7] O preço médio do capital seria, portanto, dado por:

$$r^* = \frac{0{,}14(100.000) + 0{,}20(500.000)}{100.000 + 500.000} = 19\%$$

Esse preço do capital r de 19% nada mais é do que o **custo de oportunidade do capital** empregado pela empresa, isto é, o retorno mínimo que ela espera obter por ano.

Estamos agora prontos para estabelecer a expressão completa dos custos de uma empresa, a partir dessas informações mais os nossos conhecimentos da função de produção. Relembrando: a função de produção de uma empresa é dada pela **Equação 1.1**, que repetimos a seguir, para sua maior comodidade:

$$Q = f(L, K)$$

Podemos inverter o sentido dessa equação e considerar as quantidades de trabalho (L) e capital (K) sendo determinadas pela quantidade a ser produzida – maior produção, por exemplo, exigiria em princípio mais trabalho e mais capital. Se considerarmos a quantidade de trabalho e de capital como determinadas pela quantidade a ser produzida, podemos trabalhar com a **função de custo total da empresa**, que, em uma representação simplificada, pode ser vista na **Equação 1.5** a seguir:

$$CT = w^*L + r^*K \qquad \textbf{(1.5)}$$

Na **Equação 1.5**, CT representa o custo total, que é o resultado da soma do custo do trabalho (w^*L) e do custo do capital (r^*K). Tanto w^* como r^* são calculados da forma que acabamos de ver.

Para facilitar nossa análise, suponhamos inicialmente que a quantidade de capital é um parâmetro para a empresa. Isto é, vamos supor que a empresa não esteja disposta a alterar a quantidade de capital que aplica na produção e que, se houver a necessidade de ajustar a quantidade produzida, para mais ou para menos, a empresa fará o ajuste apenas alterando a quantidade de trabalho. Mais adiante iremos suspender essa suposição, mas ela se revelará uma hipótese simplificadora útil para iniciarmos os estudos de custos da empresa.

Na prática, isso significa que, por exemplo, diante de um aumento na demanda por seus livros, a empresa contrataria turnos extras de trabalhadores no processo de

[7] Obviamente, os valores são meramente ilustrativos, para esclarecer os conceitos.

produção dos livros e novos trabalhadores para a administração, mas não expandiria suas instalações administrativas nem adquiriria mais equipamentos gráficos. Na terminologia econômica, essa é uma situação de *curto prazo*, que gera um comportamento particular dos custos da empresa, a ponto de justificar uma análise à parte e a definição de uma *família de custos de curto prazo*. Esse será o nosso próximo assunto.

1.4 Os custos da empresa no curto prazo

Os conceitos de curto prazo e de longo prazo em Economia não possuem uma dimensão temporal precisa. Em outras palavras, não há um limite preciso separando o longo prazo do curto prazo. Isso porque o que diferencia o curto do longo prazo é, na verdade, a *amplitude do horizonte de decisões* do empresário. Se, para responder a variações na demanda de seu produto, o empresário decidir manter fixa a quantidade de um dos fatores produtivos (capital ou trabalho) e apenas ajustar a quantidade do outro fator às necessidades da produção, diz-se que a empresa se encontra no **curto prazo**. Caso contrário, isto é, se o empresário decidir ajustar simultaneamente a quantidade de todos os fatores de produção para responder a variações na demanda pelo seu produto, diz-se que a empresa se encontra no **longo prazo**.

Portanto, o que caracteriza o curto prazo é o fato de que nem todos os fatores de produção serão ajustados para responder a variações nas necessidades de produção da empresa. A razão de se denominar o horizonte de decisões do empresário, que não contempla o ajuste de todos os recursos da empresa, de "curto prazo" tem a ver com o fato de que determinados recursos empregados pela empresa não podem ter sua quantidade ajustada rapidamente. Com frequência, isso pode acontecer porque novos ativos de capital demandam investimentos que levam tempo para se materializar. Por exemplo, a expansão de uma fábrica requer obras para ampliar a área construída, encomenda de novas máquinas – sendo que, no caso de bens de capital sob encomenda, eles não se encontram prontos para serem entregues, mas têm de ser construídos –, ajustes na estrutura da rede elétrica etc.

Como vários recursos empregados pela empresa não podem ter sua quantidade ajustada com rapidez, isso faz com que o empresário considere a possibilidade de atender a variações da demanda sem promover ajustes em todos os fatores produtivos empregados pela empresa. Isso ocorre especialmente quando as variações na demanda da empresa são percebidas pelo empresário como flutuações passageiras, que não significam uma mudança no seu nível normal de produção. Situações desse gênero levam o empresário a promover ajustes apenas na quantidade de mão de obra, deixando a quantidade de capital inalterada. Por conseguinte, ao analisarmos a empresa no curto prazo, vamos supor que a quantidade que permanecerá fixa será a de capital.

Representamos essa situação na **Equação 1.6** a seguir, colocando uma barra vertical sobre a quantidade de capital na função de produção, para indicar que a quantidade de capital não será alterada:

$$Q = f\,(L, \bar{K}) \qquad \textbf{(1.6)}$$

A **Equação1.5**, ajustada para o fato de que a quantidade de capital agora é fixa, nos fornece os **custos totais de curto prazo** (CTCP), que se encontram na **Equação 1.7** a seguir:

$$CTCP = w^{*}L + r^{*}\bar{K} \qquad \textbf{(1.7)}$$

Contudo, não apenas o fator de produção capital é um parâmetro para a empresa. Se supusermos que ela é suficientemente pequena em relação à dimensão dos mercados em que adquire seus fatores de produção, podemos supor que variações na quantidade empregada desses fatores por parte da empresa não afetarão os preços dos fatores nos respectivos mercados. Em outras palavras, para a empresa, tanto w* como r* serão dados, independentemente da quantidade que decidir produzir. O fato de a empresa, por exemplo, aumentar a quantidade produzida não deve afetar os salários que paga ou o custo de oportunidade do seu capital. Podemos representar isso da mesma forma que fizemos com o fator capital, com uma barra superior, como na **Equação 1.8** a seguir:

$$CTCP = \bar{w}^{*}L + \bar{r}^{*}\bar{K} \qquad \textbf{(1.8)}$$

É fácil perceber que o termo é constante. Assim, podemos representá-lo por F, para manter em mente que se trata de uma grandeza fixa. Com isso, a equação do custo total de curto prazo **(1.8)** se reduz a:

$$CTCP = \bar{w}^{*}L + F \qquad \textbf{(1.9)}$$

Vamos atentar para o termo F na **Equação 1.9** acima. Esse termo representa o custo fixo. **Custo fixo** é o custo que independe da quantidade que a empresa produz.[8] Por exemplo, se a empresa aluga um galpão para fabricar seus livros, esse é um custo fixo: o valor do aluguel a ser pago não depende da quantidade produzida pela empresa. Trata-se de algo completamente diferente do que ocorre, por exemplo com as despesas

[8] Vamos escrever simplesmente "custo fixo" em vez de "custo fixo de curto prazo", uma vez que existem fatores fixos apenas no curto prazo, e assim a adição da expressão "de curto prazo" seria redundante.

com mão de obra na linha de produção dos livros: essas despesas aumentarão caso a empresa aumente sua produção – pois terá de contratar mais operários ou pagar turnos extras –, ou diminuirão caso a empresa reduza sua produção – pois nesse caso os turnos de trabalho serão reduzidos, ou trabalhadores serão dispensados.[9] Em função disso, na **Equação 1.9** os custos totais de curto prazo irão variar apenas se a quantidade de trabalho (L) variar.

Qual é, então, a exata natureza dos custos fixos? Considere novamente a nossa editora. Vimos anteriormente que o preço do capital r de 19% é o custo de oportunidade do capital empregado pela empresa. Uma vez realizado o investimento, ele deve gerar um lucro de 19% ao ano para cobrir seu custo de oportunidade, independentemente da quantidade produzida. Desse modo, o custo de oportunidade será um componente importante dos custos fixos da empresa.

Contudo, o preço do capital deve incorporar um segundo elemento, além do custo de oportunidade do capital. Esse segundo elemento é a **taxa de depreciação do capital**, a taxa segundo a qual o capital tem de ser recuperado e o investimento amortizado. Isso porque – ao contrário do que supusemos inicialmente – o capital tem uma duração limitada. Equipamentos, máquinas, edificações etc. desgastam-se com o uso, e esse desgaste deve ser incluído nos custos, compondo um fundo de depreciação, de forma que a empresa seja capaz de investir novamente em máquinas, equipamentos, edificações e todos os demais itens de capital. Se isso não for feito, o capital da empresa vai se desgastar, e a empresa não conseguirá investir em novo capital.

Por isso temos de considerar não apenas o fator r correspondente a cada tipo de capital, mas também um fator de depreciação d, que definirá qual parcela do valor inicialmente investido em cada item de capital terá de ser recuperada – e assim fará parte dos custos – a cada ano. Por exemplo, se o prazo de depreciação dos equipamentos gráficos da empresa é de dez anos, então o fator d anual que corresponderá a esse ativo da empresa será $d_1 = 0,1$, significando com isso que 10% do valor investido nos equipamentos gráficos deverá ser recuperado a cada ano.

Com isso, ao final de dez anos, o valor investido nos equipamentos gráficos terá sido totalmente recuperado, e a empresa estará em condições de investir em uma nova linha de equipamentos, ou em qualquer outro tipo de equipamento, ou até mesmo em outro negócio. Isso significa que, após dez anos, a empresa terá total liberdade para decidir o que fazer com respeito ao capital que antes se encontrava investido nos equipamentos gráficos. A empresa pode até optar por investir em um setor completamente diferente daquele em que vinha investindo (a produção de livros). Isso terá

[9] Também é diferente do que ocorre com a despesa com matérias-primas, que segue o comportamento da quantidade produzida, assim como a mão de obra.

muita importância na distinção entre o *curto* e o *longo prazo* na análise das decisões da empresa, como veremos ainda neste capítulo.

Desse modo, a **Equação 1.4** seria alterada e assumiria a forma da **Equação 1.10** a seguir:

$$r^* = \frac{(r_1 + d_1)(K_1) + (r_2 + d_2)(K_2)}{K_1 + K_2} \quad \textbf{(1.10)}$$

Suponhamos que a taxa de depreciação anual do primeiro tipo de ativos de capital – os equipamentos gráficos – seja de 20% ao ano, e que a taxa de depreciação do segundo tipo de ativos de capital – o edifício – seja de 4% ao ano. Ou seja, no caso do edifício, vamos considerar a taxa de depreciação do edifício $d_2 = 0{,}04$, de forma que o edifício esteja totalmente depreciado em 25 anos (os valores são simplesmente ilustrativos).

O preço do capital incluindo a depreciação, ou seja, r*, seria agora dado por:

$$r^* = \frac{(0{,}14 + 0{,}20)(100.000) + (0{,}20 + 0{,}04)(500.000)}{100.000 + 500.000} = 24\%$$

A diferença entre os 19% que encontramos anteriormente e os 24% que encontramos agora refere-se ao fato de a taxa de 24% ser a **taxa bruta de retorno do investimento** em ativos de capital, ou seja, o preço do capital – seu custo de oportunidade – mais a depreciação do capital. Ao incorporar esses dois componentes, o preço do capital se converte no **preço de uso do capital**, ou seja, no custo de se empregar uma unidade do capital. Esse custo de uso incorpora tanto o custo de oportunidade quanto a necessidade de recompor o capital investido (determinada pela sua taxa de depreciação). Serão exatamente esses dois elementos que vão compor o custo fixo anual da empresa, que possui essa natureza exatamente porque a quantidade de capital é fixa. Segue-se então que o custo fixo da empresa é dado pela expressão:

$$F = \bar{r}^*\bar{K} = (24\%)(100.000 + 500.000) = 144.000{,}00$$

Vamos agora definir as principais funções de custo médio de curto prazo. Em primeiro lugar, temos a função de **custo médio total de curto prazo** (CMeCP). O termo "médio" significa sempre um valor por unidade produzida. Dessa forma, o custo médio total de curto prazo é o custo total de curto prazo dividido pela quantidade produzida, conforme representado na **Equação 1.11** a seguir:

$$\text{CMeTCP} = \frac{\text{CTCP}}{Q} = \frac{\overline{w}^{*}L}{Q} + \frac{F}{Q} \qquad \textbf{(1.11)}$$

Vejamos inicialmente o termo dado por F/Q na **Equação 1.11**. Deve estar claro que, à medida que a empresa expande sua produção, o termo F/Q deve declinar. Isso faz sentido, uma vez que o termo F/Q representa o **custo fixo médio**, ou CFMe (os custos fixos divididos pela quantidade produzida). Como a parcela dos custos fixos, representada por F, é constante, à medida que Q aumenta, o CFMe tem, naturalmente, de declinar.

Isso tem coerência: é caro investir em equipamentos e edifícios se a empresa produzir poucos livros, pois o custo do investimento vai se distribuir em uma quantidade reduzida de livros, tornando o peso desses custos em cada livro muito elevado (o que acabará se refletindo nos preços finais dos livros). Contudo, esse peso do custo fixo médio se dilui caso a produção aumente. A **Tabela 1.1** a seguir ilustra esse fato para o nosso exemplo da editora:

Tabela 1.1 – Diluição do custo fixo médio com o aumento da produção

Quantidade de livros produzidos (Q)	Custo fixo ($) $F = \bar{r}^{*}\bar{K} = (24\%)(100.000 + 500.000)$	Custo fixo médio (CFMe) ($) $\frac{F}{Q} = \frac{\bar{r}^{*}K}{Q}$
500	144.000,00	288,00
1.000	144.000,00	144,00
2.000	144.000,00	72,00
5.000	144.000,00	28,80
10.000	144.000,00	14,40

A **Tabela 1.1** ilustra o declínio no CFMe com o aumento na quantidade produzida. O passo inicial consiste em calcular o custo fixo total da empresa. Esse valor é obtido pelo produto da taxa de retorno bruta ($\bar{r}^{*}$) pelo capital total da empresa. Vimos que essa taxa de retorno é de 24%, que aplicada ao capital total da empresa (600.000,00) produz um valor para o custo fixo – incluindo custo de oportunidade do capital mais depreciação – de $ 144.000,00 conforme se encontra na segunda coluna da **Tabela 1.1**. O passo seguinte consiste apenas em dividir esses $ 144.000,00 pela quantidade de livros produzida, de forma que obtenhamos o CFMe, gerando os valores obtidos na terceira coluna da **Tabela 1.1**. Obviamente são valores que diminuem com o aumento da produção.

Podemos sintetizar esse comportamento do CFMe da empresa em um gráfico, como no **Gráfico 1.1** a seguir, que representa o comportamento que se espera do CFMe, supondo-se que a quantidade produzida varie suavemente, de forma que obtenhamos uma curva contínua. O leitor deve notar que a curva do CFMe se aproxima do eixo das abscissas com o aumento da produção, representando o fato de que, para quantidades produzidas muito grandes, o peso do CFMe em cada unidade – cada livro – se aproxima de zero.

Gráfico 1.1 – Custo fixo médio

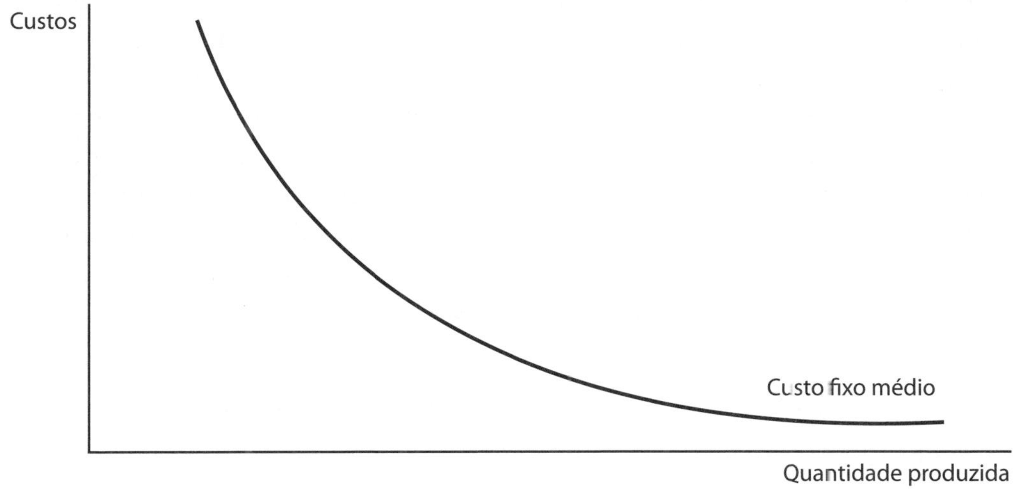

Agora vamos examinar o termo que representa a grandeza variável do custo médio total de curto prazo, que é dado por $(\overline{w}*L)/Q$ na **Equação 1.11**, que vimos anteriormente. Como essa é a parte variável do custo médio total de curto prazo, vamos chamá-la de **custo variável médio**[10] (CVMe).[11] Como esse termo vai se comportar quando a empresa variar a quantidade de produção, ou seja, variar Q? Para entendermos isso, temos de conhecer o conceito de **produtividade média do trabalho** (PMeL). A produtividade média do trabalho é definida como Q/L, ou seja, quantidade produzida por trabalhador. Fica fácil então perceber que a fração L/Q é o inverso da

[10] Vamos omitir mais uma vez a designação "de curto prazo" do custo variável, porque, assim como no caso do custo fixo, a distinção entre fixo e variável faz sentido apenas no curto prazo. Logo, se falarmos em custo variável – ou fixo –, isso já indica que estamos tratando do curto prazo.

[11] Como você deve ter percebido, estamos apresentando como fator variável apenas o trabalho, e não as matérias-primas. Trata-se de um procedimento irrealista, apenas para simplificar a exposição, e para não termos de dividir o capital K em duas parcelas: uma parcela fixa (a linha de produção e as instalações) e uma parcela variável (o estoque de matérias-primas), pois a análise seria exatamente a mesma.

produtividade média do trabalho (Q/L). Portanto, L/Q é igual a 1/PMe. Assim, podemos reescrever o CVMe como:

$$\text{CVMe} = \frac{\overline{w}^{*}L}{Q} = \frac{\overline{w}^{*}}{\frac{Q}{L}} = \frac{\overline{w}^{*}}{\text{PMeL}} \qquad \textbf{(1.12)}$$

A **Equação 1.12** nos informa que a parte variável do custo médio total de curto prazo varia inversamente em relação à PMeL, uma vez que a taxa de salário $\overline{w}^{*}$ não é afetada pela variação na quantidade produzida pela empresa (e a consequente variação na quantidade de trabalho L). Desse modo, tudo o que precisamos saber para determinar o comportamento do CVMe é o comportamento da produtividade média do trabalho, PMeL.

Para determinar a produtividade média do trabalho, a abordagem convencional recorre à **lei dos rendimentos marginais decrescentes**. Essa lei afirma que, se mantivermos a quantidade de um dos fatores de produção constante, ou seja, *no curto prazo*, ao aumentarmos a quantidade produzida, a produtividade do fator de produção variável em algum momento começará a decrescer. Graficamente, teríamos algo como o comportamento que se encontra no **Gráfico 1.2** a seguir.

Gráfico 1.2 – Produtividade média do trabalho

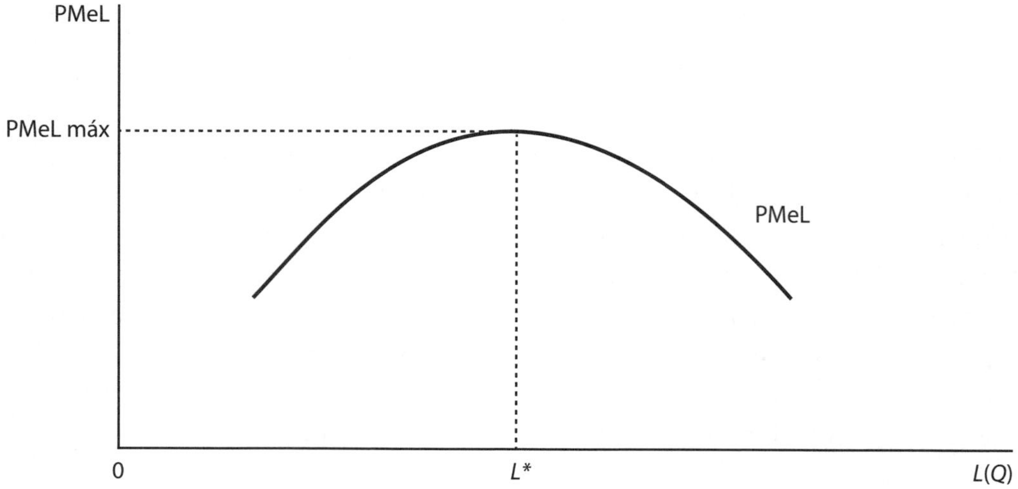

No **Gráfico 1.2**, vemos que a PMeL primeiro cresce, atinge então um valor máximo (indicado como PMeL máx.) para uma quantidade de trabalho L*, e, depois, declina com o aumento da quantidade de trabalhadores. No **Gráfico 1.2**, escrevemos

L(Q) no eixo horizontal das abscissas para que você não esqueça que a quantidade de trabalho varia em função da quantidade produzida (Q).

Qual seria, então, a razão desse comportamento da PMeL? A razão, na verdade, é simples. De acordo com a abordagem convencional, existe uma proporção ótima para que os fatores de produção sejam combinados de forma eficiente, isto é, com a maior produtividade possível. Se nos afastarmos dessa proporção ótima – ao mantermos a quantidade de um fator fixo (o capital, K) e aumentarmos a quantidade de outro fator (o trabalho, L) –, o fator cuja quantidade aumentou – fator variável – vai se tornar "excessivo" em relação ao fator fixo, o que reduzirá a produtividade do fator variável. Em outras palavras, teremos muitos trabalhadores na nossa editora em relação às dimensões da linha de produção e das instalações administrativas. Isso diminuirá a produtividade dos trabalhadores, pela atuação da lei dos rendimentos marginais decrescentes.

Esse ponto é importante e merece ser destacado. A atuação da lei dos rendimentos marginais decrescentes, que reduz a produtividade dos trabalhadores, é resultado *apenas* do aumento da proporção de trabalhadores em relação ao estoque fixo de capital. Ela representa o fato de que, à medida que aumenta o número de trabalhadores para uma quantidade constante de máquinas e equipamentos, a combinação entre trabalho e capital se afasta cada vez mais da combinação que seria eficiente, o que acaba por reduzir a produtividade dos trabalhadores. Não se trata, portanto, de um problema causado por uma circunstância eventual de, ao aumentar o número de trabalhadores, serem contratados trabalhadores menos eficientes (menos capazes ou menos experientes). Ainda que sejam contratados trabalhadores com o mesmo nível de eficiência, o simples fato de que a proporção entre trabalhadores e capital variou provocará mudanças na produtividade do trabalho.

Desse modo, o que a lei dos rendimentos marginais decrescentes reflete é a impossibilidade de aumentar indefinidamente a produção sem que sejam ajustados *todos* os fatores de produção. É fácil perceber o absurdo a que seríamos conduzidos diante da ausência dessa lei. Sem a lei dos rendimentos marginais decrescentes, seria impossível negar a afirmação de que todos os livros adquiridos no mundo poderiam ser produzidos em uma única fábrica, sem que sequer fosse necessário ampliá-la, isto é, mantendo-se fixas as instalações da fábrica, bastando apenas aumentar a quantidade de trabalho. É justamente a lei dos rendimentos marginais decrescentes que elimina essa possibilidade implausível.

Considerada assim a lei dos rendimentos marginais decrescentes, a **Tabela 1.2** a seguir ilustra o que seria um comportamento típico dos custos variáveis, para o exemplo que estamos utilizando da editora (os números atribuídos ao salário médio e à quantidade de trabalhadores são meramente ilustrativos).

Tabela 1.2 – Custo variável e custo variável médio

Quantidade de livros produzidos	$\overline{w}$* ($)	*L*	Custo variável ($) (=$\overline{w}$*L)	Custo variável médio ($) (CVMe = custo variável/ quantidade)
500	9.800,00	5	49.000,00	98,00
1.000	9.800,00	6	58.800,00	58,80
2.000	9.800,00	9	88.200,00	44,10
5.000	9.800,00	18	176.400,00	35,28
10.000	9.800,00	60	588.000,00	58,80

Na **Tabela 1.2**, temos o comportamento que a abordagem convencional espera do CVMe. Para pequenos volumes de produção, o CVMe até declina com o aumento da quantidade produzida, pois há escassez de trabalho em relação ao volume de investimentos realizados em ativos de capital, e, portanto, o aumento do número de trabalhadores com a ampliação da produção contribui para um melhor fluxo de trabalho e maior produtividade. Com isso, ao se contratar mais trabalhadores, a produtividade aumenta, e o custo variável por unidade produzida, isto é, por livro fabricado, declina. Assim é que o CVMe para a produção de apenas 1.000 livros ($ 58,80) é inferior ao valor registrado quando apenas 500 livros são produzidos ($ 98,00).[12]

Ao serem produzidos 2.000 livros, o CVMe ainda sofre uma redução significativa, atingindo agora o valor de $ 44,10. E, assim, o CVMe segue se reduzindo na **Tabela 1.2** até a produção de 5.000 livros. No entanto, ao dobrarmos a produção de 5.000 para 10.000 livros, o CVMe aumenta de $ 35,28 para $ 58,80. Isso acontece porque, ao prosseguirmos com o aumento da quantidade produzida, o excesso de trabalho em relação ao capital desaparece, e a lei dos rendimentos marginais decrescentes começa a fazer sentir seus efeitos em termos de queda de produtividade e aumento de custos.

Podemos descrever o mesmo comportamento com o auxílio de um gráfico, supondo que a produção de livros varie continuamente, e não “aos saltos”, como apresentamos na **Tabela 1.2**. Pela **Equação 1.12**, sabemos que o CVMe varia inversamente em relação à PMeL, logo seu comportamento é oposto àquele apresentado no **Gráfico 1.2**, conforme se encontra descrito no **Gráfico 1.3** a seguir:

[12] Não devemos esquecer que os valores utilizados são sempre apenas ilustrativos.

Gráfico 1.3 – Custo variável médio

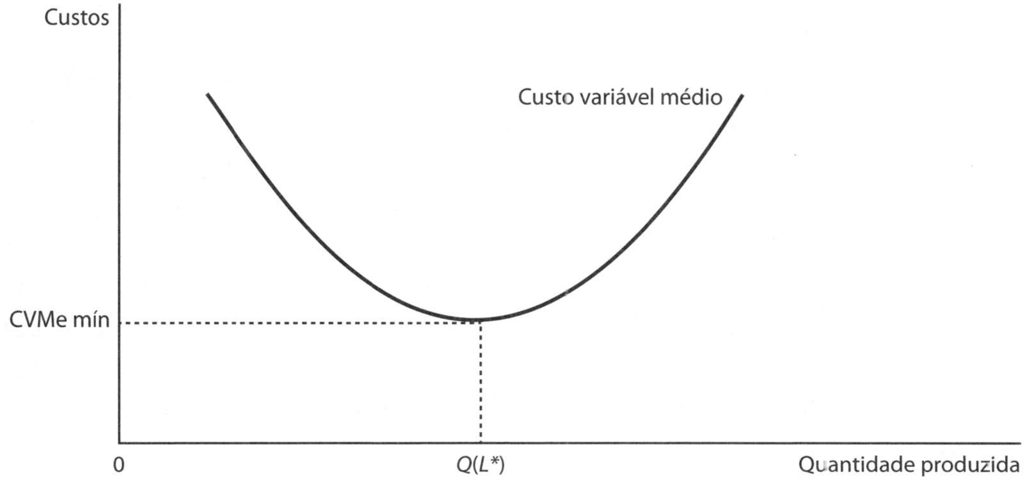

É importante deixar bem claro por que o formato da curva de CVMe é o inverso do formato da curva de PMeL, pois a mesma relação entre produtividade e custos vai reaparecer mais tarde, quando tratarmos do custo marginal da empresa. Maior produtividade significa maior produção *por trabalhador*, com o que o custo do trabalhador – seu salário – se distribui por uma quantidade maior de produtos, "pesando" menos em cada produto. Logo, o custo por unidade diminui. Já menor produtividade significa menor produção *por trabalhador*, com o que o custo do trabalhador – seu salário – se distribui por uma quantidade menor de produtos, "pesando" mais em cada produto. Logo, o custo por unidade aumenta nesse último caso. Portanto, podemos esperar sempre uma relação inversa entre produtividade e custos. Isso foi enfatizado no **Gráfico 1.3**, quando indicamos com Q(L*) que a quantidade produzida para a qual o CVMe é mínimo (indicado como CVMe mín.) é aquela que corresponde ao volume de trabalho L*, para a qual a PMeL é máxima.

Agora que sabemos qual é o comportamento do CFMe e do CVMe, estamos em condições de definir o comportamento do CMeCP (o custo médio total de curto prazo). Basta para isso considerar que, para pequenos volumes de produção, o peso do CFMe deverá ser muito maior do que o peso do CVMe. É fácil perceber o motivo disso. Quando a empresa aluga um galpão para iniciar sua produção, mas ainda produz uma quantidade muito pequena, o valor do aluguel – um custo fixo – se distribui por uma quantidade pequena de unidades de produto, e com isso tem um peso muito grande no custo de cada unidade produzida. Ao mesmo tempo, como há poucos trabalhadores empregados, sua produtividade ainda é elevada – pois há algo como uma "escassez" de trabalhadores em relação às máquinas e aos equipamentos. Em função disso, a produtividade dos trabalhadores é elevada, e o peso do salário deles nos custos se distribui sobre uma quantidade *proporcionalmente* maior de unidades produzidas, reduzindo o CVMe.

A situação se inverte para níveis elevados de produção. Há então um grande volume de unidades sendo produzidas e, como o custo fixo não se altera, esse mesmo montante passa a se distribuir por uma quantidade maior, de forma que o seu peso em cada unidade individual produzida se reduz. Já o CVMe aumenta, pois a produtividade dos trabalhadores diminuiu com o aumento da quantidade produzida – pois agora há muitos trabalhadores para a mesma quantidade de capital, com a consequência de que há um "excesso" de trabalhadores em relação aos equipamentos e às máquinas disponíveis, o que reduz sua produtividade, e, assim, o peso do salário dos trabalhadores se distribui sobre uma quantidade *proporcionalmente* menor de unidades produzidas, elevando o CVMe.

Portanto, para pequenos volumes de produção, o CMeCP se encontra muito mais próximo do CFMe do que do CVMe. Para grandes volumes de produção, ocorre o contrário. A **Tabela 1.3** a seguir ilustra esse comportamento.

Tabela 1.3 – Custos médios de curto prazo

Quantidade de livros produzidos (Q)	Custo variável médio ($) (CVMe)	CVMe como % do CMeCP	Custo fixo médio ($) (CFMe)	CFMe como % do CMeCP	Custo total médio de curto prazo ($) (CMeCP)
500	98,00	25,4	288,00	74,6	386,00
1.000	58,80	29,0	144,00	71,0	202,80
2.000	44,10	38,0	72,00	62,0	116,10
5.000	35,28	55,1	28,80	44,9	64,08
10.000	58,80	80,3	14,40	19,7	73,20

Considere as informações da **Tabela 1.3** para o nível de produção de 500 livros, um nível muito baixo. O CFMe representa aproximadamente 75% do CMeCP, sendo o CVMe responsável pelos 25% restantes. Já para um nível de produção elevado, de 10.000 livros, a situação se inverte: o CFMe representa pouco menos do que 20% do CMeCP, sendo o CVMe responsável por 80% deste último. Dessa maneira, a **Tabela 1.3** ilustra o fato de que o CFMe tem um peso muito maior do que o CVMe em níveis reduzidos de produção, e o CVMe, um peso muito maior nos níveis mais elevados de produção.

Esse padrão se encontra descrito no **Gráfico 1.4** a seguir, sempre supondo que, de modo diferente do que ocorre nas tabelas, a produção varia continuamente (isto é, sem grandes saltos).

Gráfico 1.4 – Custos médios de curto prazo

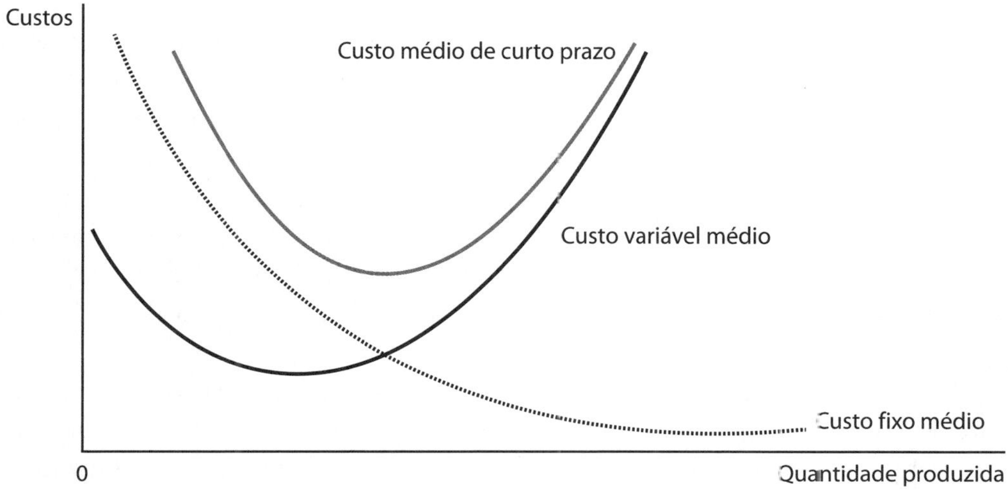

No **Gráfico 1.4** podemos perceber que, para quantidades pequenas, ou seja, pontos no eixo representando Q próximos à origem, a curva de CMeCP se aproxima da curva de CFMe. Já para quantidades mais elevadas de produção, a curva de CMeCP se aproxima da curva de CVMe.

Com isso, já conhecemos as principais curvas de curto prazo da empresa, exceto uma curva muito importante, que é a de custo marginal de curto prazo. Essa é uma curva essencial para determinar o comportamento da empresa na abordagem convencional. Na verdade, trata-se de dois conceitos abstratos – conceito de custo marginal e conceito de receita marginal – que refletem uma concepção da tomada de decisões da empresa por parte da abordagem convencional, que é bastante peculiar. Vamos tratar desses dois conceitos, inicialmente na perspectiva de curto prazo.

1.5 O equilíbrio da empresa no curto prazo: custo marginal e receita marginal

Além de conhecermos os custos da empresa, temos de conhecer também qual será seu comportamento. Para a abordagem convencional da empresa, que a vê apenas como função de produção, determinar o comportamento da empresa significa apenas determinar a quantidade que ela vai produzir, em *equilíbrio*. Aqui há dois pontos a serem destacados. O primeiro deles diz respeito à questão da escolha da quantidade a ser produzida como a preocupação central do estudo do comportamento da empresa. O segundo ponto é o conceito de equilíbrio e suas peculiaridades. Vamos começar pela questão da preocupação com a quantidade produzida, por ser relativamente mais simples.

O leitor deve estar considerando, e com razão, que essa preocupação exclusiva com a questão da quantidade a ser produzida empobrece as várias dimensões das decisões da empresa. Com efeito, uma empresa não decide apenas quanto produzir em determinando instante do tempo. Ela escolhe também – e às vezes principalmente – quais as características do produto que produzirá; quanto investirá na pesquisa e no desenvolvimento de novos produtos; em que novos mercados a empresa atuará etc. Reduzir tudo isso a uma discussão acerca de quanto produzir é, sem dúvida, deixar de lado dimensões cruciais da vida de uma empresa moderna. Qual é a razão de uma opção assim restritiva?

Antes de esclarecermos as razões dessa opção, é preciso deixar claro que essa concentração excessiva no problema das quantidades – por parte da abordagem convencional da empresa – não se limita apenas ao estudo da empresa em uma situação de concorrência perfeita. O mesmo tipo de enfoque é adotado em outras estruturas de mercado – mesmo em situações de monopólio. A razão dessa opção restritiva é a visão que a abordagem econômica mais convencional da empresa tem do *mercado* em que essa empresa atua, seja qual for o tipo de mercado. Contudo, o que se entende por "mercado"?

De acordo com a abordagem convencional da empresa, um mercado é simplesmente o resultado do encontro de vendedores e compradores. Ele pode ter uma dimensão geográfica clara (como o mercado de automóveis de uma região de um país) ou mais difusa (como o mercado internacional de automóveis). Todavia, sendo o resultado do encontro de vendedores e compradores, o mercado será sempre representado pelas quantidades que os vendedores estão dispostos a oferecer a cada preço de mercado (sua curva de oferta) e pelas quantidades que os compradores estão dispostos a adquirir a cada preço de mercado (sua curva de demanda).

Portanto, dada a demanda dos compradores, as características de um mercado se encontram adequadamente "resumidas" pelas quantidades que as empresas decidem produzir e pelos preços a que estão dispostas a oferecer essas quantidades. É como se soubéssemos tudo o que precisássemos saber de um mercado ao conhecermos a demanda, quanto cada empresa produz e os preços de seus produtos.

Trata-se de uma caracterização de mercado bastante abstrata que se reflete no espectro de decisões que o empresário tem de tomar, de acordo com essa abordagem. Com efeito, a abordagem convencional se concentra nas decisões dos empresários quanto a que quantidades eles devem produzir. Já as características do produto, de que forma e quanto o produto será diferente dos produtos de seus concorrentes etc. não são questões elaboradas em detalhe por esse tipo de abordagem.

Essa abordagem também concentra sua atenção na análise da empresa que atua em um **mercado perfeitamente competitivo**. Curiosamente, contudo, a abordagem convencional não supõe que esse tipo de mercado exista na prática. Pelo contrário, é uma *construção ideal*, de forma que, *por definição*, as condições de competição por preços sejam as mais intensas possíveis. Uma vez assumido que o mercado é competitivo, o comportamento da empresa é deduzido imediatamente em uma condição ideal de competição, uma vez que supomos que a empresa vise à maximização de lucros, e esse comportamento se limita, como veremos a seguir, à decisão de quanto a empresa produzirá.[13]

Um mercado perfeitamente competitivo apresenta as seguintes *características*:

1) **Produtos homogêneos** do ponto de vista do consumidor. Isso significa que o consumidor não diferencia produtos que atendam às mesmas necessidades, ainda que sejam fabricados por empresas diferentes ou apresentem marcas comerciais diferentes. Uma vez que o consumidor não percebe diferenças entre produtos que atendem à mesma necessidade, ele se preocupará somente em comparar os preços, e por isso comprará o mais barato. Com isso, a competição por preços é intensificada.[14]
2) **Perfeita informação**. Isso significa que tanto vendedores quanto compradores conhecem todas as informações importantes sobre o mercado e o produto que está sendo transacionado. Desse modo, por exemplo, é impossível alguém comprar um produto caro desnecessariamente, por não saber que havia outra oferta mais barata no mercado. Tampouco é possível alguém vender um produto por um preço mais baixo porque não sabia que havia outro comprador disposto a dar mais pelo produto. Entre outros efeitos, a hipótese de perfeita informação impõe um único preço no mercado, o que intensifica a competição por preços.
3) **Livre mobilidade dos fatores de produção**. Essa hipótese significa que capital e trabalho podem se deslocar livremente entre as atividades da Economia,

[13] A abordagem convencional não trata apenas da empresa perfeitamente competitiva, mas também das situações em que a empresa possui poder de mercado, denominado *concorrência monopolística*. Contudo, a maior parte da análise na abordagem convencional se concentra na empresa competitiva, e por isso vamos nos limitar aqui apenas a esse tipo de empresa.

[14] Quando os consumidores percebem produtos que atendem às mesmas necessidades como diferentes, de acordo com o fabricante ou a marca comercial, o preço deixa de ser a única variável a afetar suas decisões de compra. Por exemplo, ao considerar a compra de um carro, um consumidor que valorize uma marca ou um fabricante não levará apenas o preço em consideração, podendo adquirir um carro de sua marca preferida ainda que ele custe um pouco mais caro do que um automóvel equivalente de outra marca. Com isso, a competição por preço é atenuada.

sem enfrentar nenhuma barreira. Se alguma atividade apresenta rentabilidade maior do que algumas outras atividades, o capital aplicado em atividades menos rentáveis simplesmente fluirá para o setor mais rentável, sem enfrentar nenhum custo extra em relação aos custos que os capitais que já se encontram no setor mais rentável enfrentam. O mesmo aconteceria com o trabalho. Essa hipótese garante que novas empresas se instalem em setores nos quais a oferta é relativamente escassa em relação à demanda, e com isso a rentabilidade é maior, de forma que intensifica a competição por preços.

4) **Produtores e consumidores atomizados** (em que "atomizados" significa muito pequenos em relação ao tamanho do mercado no qual atuam). Essa hipótese garante que nenhum produtor ou comprador consiga manipular os preços no mercado com suas decisões individuais acerca de quanto produzir ou adquirir. Isso porque, por exemplo, se houvesse um grande produtor no mercado, ele poderia forçar uma elevação de preços, bastando apenas reduzir sua produção. Ou, alternativamente, um comprador poderia forçar uma baixa no preço do mercado apenas ao reduzir suas compras. Essa hipótese impede que algo assim aconteça, forçando todos a competir ao preço de mercado.

Essas quatro hipóteses garantem que a competição por preços será a mais intensa possível, mas de uma maneira muito particular. A competição não se dará com cada empresa fixando os preços de seus produtos, uma vez que, se as três primeiras hipóteses limitam severamente a liberdade da empresa para fixar seus preços, a última hipótese reduz de maneira efetiva a empresa a uma mera "tomadora de preços". Isto é, a última hipótese reduz a empresa a um agente que apenas se informa sobre o preço de mercado do seu produto, pois é muito pequena para afetar o mercado. Nesse sentido, resta à empresa apenas se adaptar da melhor forma ao preço que o mercado determinar, *e essa adaptação se resume a definir qual quantidade a ser produzida, dado o preço — a respeito do qual ela nada pode fazer —, tornará os seus lucros máximos.*

Note que a abordagem convencional não afirma que algum mercado no mundo concreto funcione realmente assim. Ela escolhe o mercado competitivo como seu ideal, e a partir dele constrói uma teoria do comportamento da empresa, de modo análogo ao que a Geometria faz: a partir de conceitos primitivos, como os conceitos de ponto, reta etc., constrói suas demonstrações, sem com isso supor que esses conceitos possam ser encontrados no mundo real.

Todavia, a abordagem convencional não se limita ao mercado ideal perfeitamente competitivo, ainda que concentre sua atenção nesse tipo particular de estrutura de mercado. Mercados imperfeitamente competitivos, em que as empresas desfrutam de poder de mercado, também são objeto da abordagem convencional. No apêndice a este capítulo estudaremos brevemente essa situação em que a empresa possui poder de mercado.

Essa teoria do comportamento da empresa também está alicerçada na ideia de *equilíbrio*. Para os economistas mais ortodoxos, a ideia de equilíbrio guarda um sentido muito próximo ao de uma espécie de "repouso satisfeito": um agente econômico está em equilíbrio quando esse agente não obtém nenhuma vantagem com a mudança de sua situação. Desse modo, uma empresa está em equilíbrio quando não lhe for possível aumentar seus lucros, alterando a quantidade produzida, ao preço vigente no mercado. Todo esforço da abordagem econômica convencional da empresa se desenvolverá no sentido de determinar a quantidade de equilíbrio.

Para a determinação do equilíbrio, dois outros conceitos fundamentais são necessários: o já mencionado conceito de custo marginal, e o conceito de receita marginal. Vejamos então o significado do conceito de custo marginal para a empresa, de acordo com a abordagem convencional da empresa como função de produção.

1.5.1 Custo marginal

A definição de custo marginal é muito simples: o **custo marginal de curto prazo** é o aumento no custo total resultante de a empresa produzir um pouco mais, mantido fixo ao menos um dos fatores produtivos. Dito de outra forma, o custo marginal é o impacto no custo total quando a empresa aumenta *marginalmente* a sua produção, dado o fator fixo.[15] Para se ter uma noção do significado da ideia de "produzir um pouco mais" na definição do custo marginal, considere a escala de produção que apresentamos nas **Tabelas 1.1**, **1.2** e **1.3**: naquelas tabelas, a variação na produção de livros atinge até 10.000 unidades. Ocorre que, comparada com a escala máxima atingida, de 50.000 unidades, essa ainda é uma variação muito grande. O custo marginal pressupõe uma variação muito pequena na produção. Na escala adotada, que varia de 500 a 50.000, o custo marginal seria o impacto nos custos da empresa resultantes da produção de apenas mais um livro.

Como, porém, calcular o custo marginal de curto prazo? Obviamente, no curto prazo, o custo marginal é igual às mudanças nos valores do custo variável, resultante de um pequeno aumento de produção, pois o custo fixo não se altera com a modificação na quantidade produzida.[16] Por exemplo, o custo marginal de curto prazo (abreviadamente CMgCP) resultante da decisão de se produzir o 5.001º livro será dado pela expressão:

$$\text{CMgCP}\ (5.001^{\underline{o}}) = \text{CTCP}(5.001) - \text{CTCP}(5.000)$$

[15] Daí o sentido do termo "marginal": trata-se de uma pequena variação, ou variação *na margem*. Para os leitores familiarizados com cálculo matemático, trata-se da derivada do custo total em relação à quantidade produzida, dCT/dQ, desde que a função custo seja contínua.

[16] Você deve ter percebido que o custo fixo não se altera com a variação da quantidade produzida, mas que o custo fixo *médio* (custo fixo total dividido pela quantidade produzida) obviamente se altera de acordo com a quantidade produzida.

em que CMgCP (5.001º) representa o custo marginal de produção de curto prazo do livro número 5.001, CTCP(5.001) representa o custo total de curto prazo da produção de 5.001 livros e CTCP(5.000) representa o custo total de curto prazo da produção de 5.000 livros. Assim, seja o custo total de produzir 5.000 livros de $ 320.400,00.[17] Seja também o custo de produzir 30.001 livros de, digamos, $ 320.465,00. Então, o custo marginal de curto prazo do livro de número 5.001 seria de $ 320.465,00 – $ 320.400,00 = $ 65,00.[18]

O leitor deve notar que chegaríamos ao mesmo resultado se, em vez de calcularmos o custo marginal pela diferença entre os custos totais resultantes da produção de 5.000 e 5.001 livros, tivéssemos utilizado a diferença entre os custos variáveis resultantes da produção de 5.000 e 5.001 livros. Isso porque, vale lembrar, a parcela do custo fixo no custo total não se altera quando a produção de livros varia.

Então, qual será o comportamento do custo marginal de curto prazo quando a empresa variar sua quantidade produzida? Sendo uma média, o CVMe dependerá do custo marginal de curto prazo de uma forma muito simples: para o CVMe declinar, o custo do último livro produzido tem de ser menor do que a média – ou seja, menor do que o próprio CVMe –; caso contrário, a média não se reduzirá. Se o CVMe estiver aumentando, o custo do último livro produzido tem de ser maior do que a média – maior do que o próprio CVMe –, ou a média não se reduzirá.

Portanto, se, para dado nível de produção, o CVMe *diminuiu* ao se produzir mais um livro, isso pode acontecer somente se o custo desse livro adicional for *menor* do que o custo variável médio de um livro até ali. Alternativamente, se, para outro nível de produção, o CVMe *aumentou* ao se produzir mais um livro, isso pode acontecer somente se o custo desse livro adicional for *maior* do que o custo variável médio de um livro para esse nível de produção. Desse modo, sempre que o CVMe estiver diminuindo, o custo marginal de curto prazo deverá ser inferior ao CVMe.

Em contrapartida, se o CVMe estiver aumentando, o custo marginal de curto prazo terá de ser maior do que o CVMe. Dado que a curva de CVMe tem, aproximadamente, a forma de um "U", e que o custo marginal de curto prazo é menor do que o CVMe quando este decresce, e maior do que ele quando o CVMe aumenta, segue-se que o custo marginal de curto prazo é igual ao CVMe no ponto de mínimo desse último. Isso se encontra no **Gráfico 1.5** a seguir.

---

[17] Esse valor foi obtido multiplicando-se o CMeCP obtido na **Tabela 1.3** – no valor de $ 64,08 – pela quantidade produzida de 5.000 livros.

[18] Para sermos mais precisos, o custo marginal seria dado por [CTCP(5.001) – CTCP(5.000)]/2. Ou seja, pela variação nos custos totais proporcionalmente a uma pequena variação (1 unidade) na quantidade produzida. Para quem é mais familiarizado com a notação algébrica, a fórmula seria CMgCP = ΔCTCP/ΔQ, sendo $\Delta Q = 2$.

Gráfico 1.5 – Relação entre custo marginal, custo variável médio e custo médio total de curto prazo

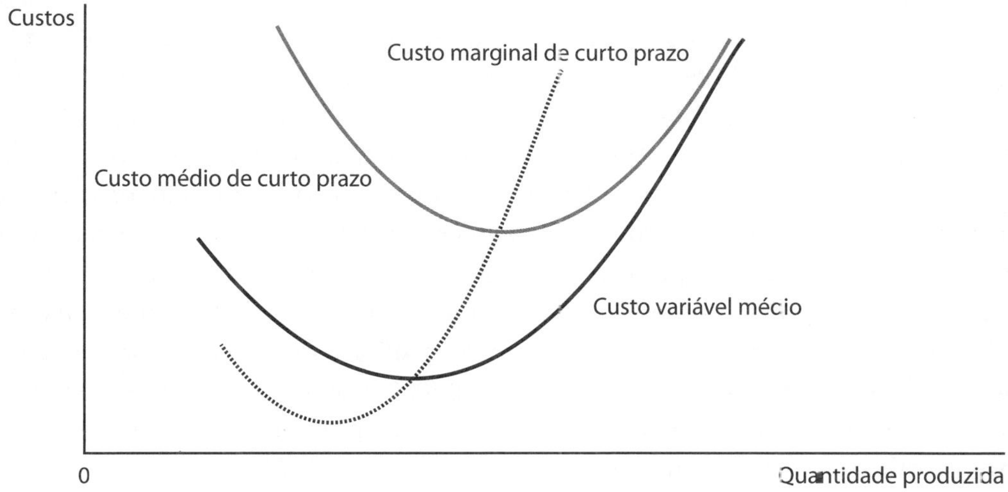

Como o CMeCP também é uma média e também possui formato em "U", apenas se situando acima da curva de CVMe, a mesma relação com o custo marginal de curto prazo se aplica, como também pode ser visto no **Gráfico 1.5**.

Vale destacar que o formato das curvas CVMe, CMgCP e CMeCP são todos resultado da lei dos rendimentos marginais decrescentes. É essa lei que nos diz que, mesmo que inicialmente a produtividade cresça no curto prazo, em algum momento a produtividade começará a decrescer, o que resulta nas curvas terem formato aproximadamente em "U".

Com isso, temos uma primeira noção do custo marginal de curto prazo, e sabemos que ele reflete o impacto nos custos da empresa quando ela decide fazer variar sua produção. Quando, porém, a empresa decide variar sua quantidade produzida, essa ação não afeta apenas os custos; afeta também sua receita. O conceito que capta esse efeito é o de receita marginal, que passaremos a discutir agora.

1.5.2 Receita marginal

A **receita marginal**, de forma análoga ao custo marginal no nosso exemplo, é a variação na receita total resultante de uma pequena variação na produção e na venda de livros (vamos supor, mais um livro).[19] Se a empresa for suficientemente grande para

[19] Também por analogia ao custo marginal, o conceito de receita marginal se expressa matematicamente pela derivada da receita total em função da quantidade produzida: dRT/dQ.

que suas decisões afetem o preço do seu produto no mercado, a receita marginal tanto pode ser positiva como negativa. Isso porque, nesse caso, a empresa obtém aumento de receita por vender uma unidade a mais, sendo obrigada, porém, a reduzir um pouco o preço cobrado nas unidades que já vendia antes, pois é a única forma de conseguir aumentar a demanda pelo seu produto e ampliar as vendas de seus livros.

Dito de outra forma, ao decidir produzir e vender 5.001 livros em vez dos 5.000 que vendia antes, a receita da empresa por um lado aumenta como resultado da venda de um livro a mais – o de número 5.001, mas, por outro lado, a receita da empresa também tende a se reduzir, porque, para vender 5.001 livros, ela precisa cobrar um preço um pouco menor do que aquele que obtinha quando vendia um número ligeiramente menor de livros (5.000). Uma vez que a empresa tem de vender todas as unidades ao mesmo preço, vender 5.001 livros significa vendê-los *todos* por um preço menor do que se a empresa vendesse apenas 5.000. Isso acontece porque as empresas e os indivíduos aceitam comprar mais de qualquer bem ou serviço – e isso inclui livros – apenas se o preço for menor.

Qual fator, então, predominará? A tendência de aumento da receita pela maior quantidade vendida, ou a tendência de queda na receita pela redução do preço de mercado do bem?

A resposta vai depender do nível de atendimento da demanda aos preços vigentes. Se apenas uma pequena parcela da demanda estiver sendo atendida, é mais provável que a redução no preço para que as quantidades adicionais de livros sejam adquiridas seja tão pequena, que a receita marginal seja positiva. Em contrapartida, se uma parcela expressiva da demanda já estiver sendo atendida, é provável que reduções expressivas de preços tenham de ser feitas para que quantidades adicionais de produto sejam adquiridas, e o resultado final pode ser uma receita marginal negativa.

Todavia, não é nesse tipo de situação – em que a empresa é uma grande empresa, com poder para afetar os preços de seus produtos com a quantidade que decidir produzir – que a abordagem convencional concentra sua atenção. Pelo contrário, a situação em que esse tipo de abordagem concentrou sua análise é exatamente o caso oposto, no qual a empresa é tão pequena que não consegue afetar o preço de mercado de seu produto, mesmo que reduza a sua produção a zero ou, inversamente, multiplique a quantidade produzida. Ou seja, a preocupação central da abordagem convencional da empresa é o caso em que a empresa atua em um *mercado perfeitamente competitivo*, que já vimos.[20]

No caso do mercado perfeitamente competitivo, como a empresa é muito pequena para afetar o preço de mercado, *ela não é obrigada a reduzir o preço na quantidade que já vendia*

[20] No apêndice a este capítulo, é estudada brevemente a abordagem convencional do caso em que a empresa não é perfeitamente competitiva, mas possui poder de mercado.

antes para aumentar suas vendas. Isto é, a empresa é tão pequena que ela pode vender toda a sua produção pelo mesmo preço, pois sua produção não afeta o preço de mercado. Seja qual for a quantidade que decidir produzir e vender, obterá por unidade adicional sempre o mesmo valor: o preço de mercado, que não se altera com a quantidade vendida. Desse modo, a receita marginal (ou RMg), no caso de um mercado perfeitamente competitivo, é sempre constante e igual ao preço de mercado, que abreviaremos por p. O **Gráfico 1.6** a seguir descreve esse comportamento da curva de RMg, supondo-se um preço qualquer p^*.

Gráfico 1.6 – Receita marginal de uma empresa perfeitamente competitiva

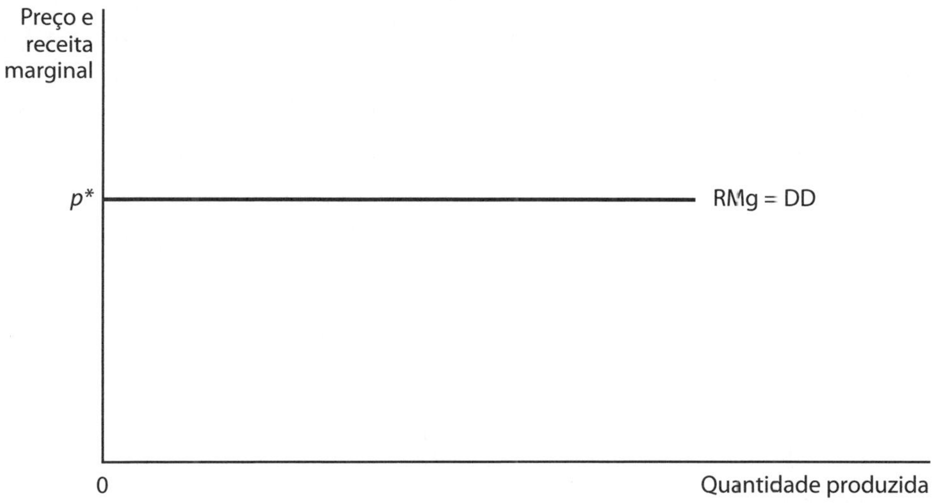

Vale notar, no **Gráfico 1.6**, que a curva de RMg é também a curva de demanda (DD), pois a mesma curva que nos informa que a cada unidade a mais produzida e vendida a receita total aumenta pelo preço também nos diz que, ao preço p^*, a empresa pode vender quanto quiser (toda a extensão da curva), pois ela é tão pequena que, mesmo que aumente muito a produção, continuará tão pequena que não afetará o preço de mercado (p^*).

Com os conceitos de custo marginal de curto prazo (CMgCP) e receita marginal (RMg), já estamos em condições de compreender como a abordagem convencional analisa o processo de decisão da empresa. Como vimos, a preocupação dessa abordagem é com a quantidade que a empresa vai produzir – no nosso exemplo, quantos livros a empresa produzirá. Para *cada livro*, há um valor de CMgCP e um valor de RMg. Se, para dada unidade de produção, a RMg é maior do que o CMgCP, isso significa que a produção daquela unidade é lucrativa, pois ela adiciona mais à receita da empresa do que aos seus custos. É exatamente isso que esperamos que ocorra para volumes de produção relativamente reduzidos, pois a produtividade do trabalho tende a aumentar, fazendo que o CMgCP seja reduzido e superior à RMg (sem esquecer que a RMg, no caso de um mercado perfeitamente competitivo como o que estamos supondo, é igual ao preço).

Todavia, essa situação não irá durar indefinidamente. Em algum momento, a lei dos rendimentos marginais decrescentes começará a se fazer sentir, reduzindo a produtividade e elevando os custos. O CMgCP começará então a se elevar, enquanto a RMg permanecerá constante e igual ao preço. Com isso, chegará o momento em que a produção de mais uma unidade – mais um livro – implicará um valor de CMgCP associado a esse livro igual à RMg ou ao seu preço de venda, com o que os lucros da empresa não aumentarão com a produção do livro. Nesse ponto, não vale a pena para a empresa aumentar mais sua produção, pois outro livro adicional apresentaria um CMgCP maior do que o preço – e do que a RMg –, reduzindo os lucros que a empresa acumulou nos livros anteriormente produzidos.

Esse último livro (para o qual o CMgCP = RMg = preço do livro) determina a quantidade total que a empresa produzirá, como se encontra no **Gráfico 1.7** a seguir.

Gráfico 1.7 – Equilíbrio de uma empresa perfeitamente competitiva no curto prazo

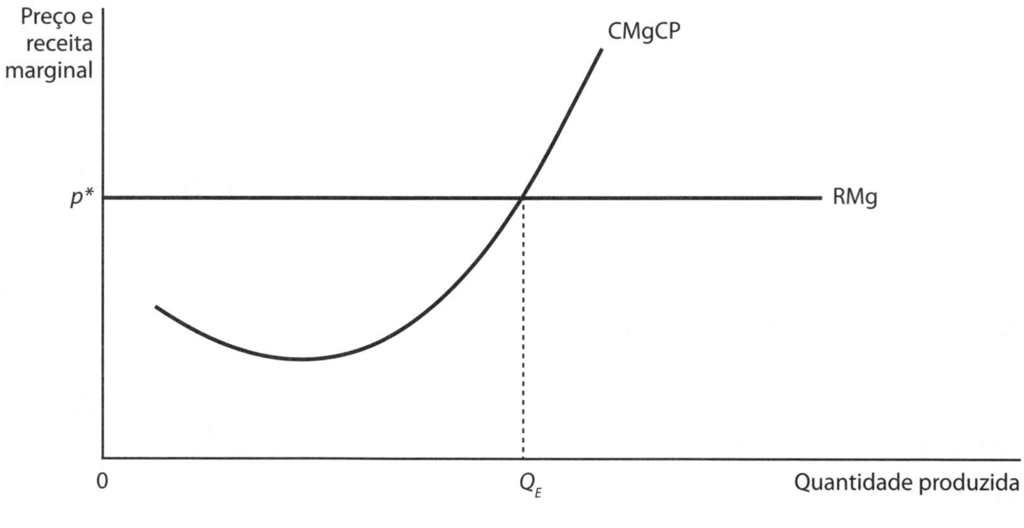

No **Gráfico 1.7**, vemos que o volume de produção de equilíbrio (Q_E) é aquele para o qual o CMgCP – que é o aumento de custo total com o último livro produzido – é igual ao preço (p), que é a RMg da empresa (no **Gráfico 1.7**, indicamos o preço específico que vigora no mercado por p*). Por exemplo, se o preço de mercado do livro for de $ 65,00 – que corresponde ao nosso p* no **Gráfico 1.7** –, e supusermos, tal como fizemos antes, que o custo marginal do livro número 5.001 é de $ 65,00, então, em equilíbrio, a empresa produzirá 5.001 livros.

Isso porque uma produção inferior a, por exemplo, 5.000 livros resultará no livro de número 5.000 apresentando um custo marginal um pouco inferior a $ 65,00, que é o custo marginal do livro 5.001 (nunca esquecendo que isso ocorre em função da lei dos rendimentos marginais decrescentes). Contudo, sendo inferior a $ 65,00, o custo marginal do livro 5.000 é também menor que o preço. Portanto, a produção do livro de número 5.000 ainda aumenta os lucros da empresa e, dessa forma, 5.000 ainda não é a quantidade que maximiza os lucros. Somente ao produzir o livro de número 5.001 é que os lucros da empresa atingirão seu valor máximo, pois, a partir daí, em função da lei dos rendimentos marginais decrescentes, o custo marginal será maior que $ 65,00 – e, assim, também maior que o preço de mercado. Com isso, obtemos como resultado a quantidade de 5.001 livros.

Ocorre, porém, que, quando observamos as empresas no mundo real, nenhuma empresa parece se preocupar com o cálculo do custo marginal. Assim, qual é o sentido de se calcular a quantidade de equilíbrio Q_E a ser produzida pela empresa como aquela que resulta da igualdade entre custo marginal e receita marginal? Essa é uma crítica recorrente ao conceito de custo marginal (e também é um pouco duvidoso que as empresas se preocupem em identificar sua curva de receita marginal), que merece ser considerada agora.

A resposta é que os conceitos de custo marginal e receita marginal são apenas instrumentos teóricos para representar uma decisão simples da empresa. É razoável supor que a empresa ampliará sua produção enquanto seus lucros aumentarem com isso. É também razoável supor que a empresa não aumentará sua produção se isso reduzir seus lucros. Caso a empresa aja assim, ela produzirá uma quantidade que maximizará seus lucros. A forma teórica de expressar esse comportamento simples é exatamente dizendo que a empresa está produzindo uma quantidade tal que o custo marginal é igual à receita marginal. Se ao ampliar a produção a empresa aumenta seus lucros, a receita marginal é maior do que o custo marginal. Se ao ampliar sua produção seus lucros diminuem, é porque o custo marginal supera a receita marginal. Desse modo, custo marginal e receita marginal são conceitos teóricos que representam de maneira *abstrata* um comportamento simples: produzir aquela quantidade para a qual o lucro é o maior possível.

Dito isso, a pergunta seguinte é: a empresa apresenta lucro ou prejuízo no seu equilíbrio de curto prazo? Note que ao produzir a quantidade para a qual o custo marginal é igual à receita marginal a empresa está maximizando seu lucro. No entanto, máximo lucro não significa *lucro positivo*. Isso porque, do lucro que é acumulado a cada livro adicional produzido, temos ainda de subtrair os custos fixos da empresa. Ao realizarmos essa subtração, o resultado pode ser positivo, negativo ou nulo. Para entendermos isso, considere inicialmente o **Gráfico 1.8**.

Gráfico 1.8 – Equilíbrio de uma empresa perfeitamente competitiva – lucro positivo

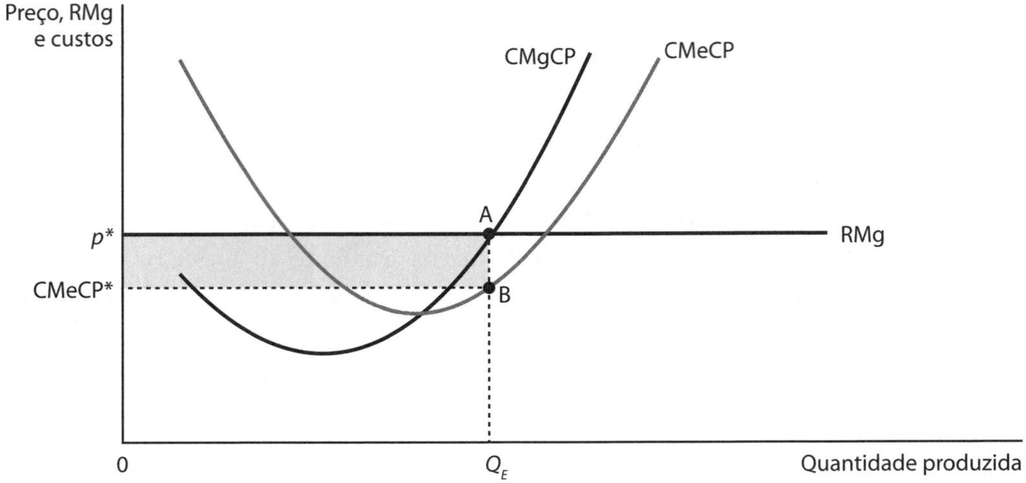

O **Gráfico 1.8** descreve uma situação em que o nível de produção Q_E é tal que o preço é *maior* do que o custo médio total de curto prazo para esse nível de produção – basta uma rápida inspeção visual para identificar que a linha do preço (RMg) se situa *acima* da curva de CMeCP para o nível de produção Q_E. Nesse caso, o lucro é *positivo*.

Para compreender por que o lucro no caso é positivo, a princípio deve-se considerar que o lucro nada mais é do que a diferença entre a receita total e o custo total. A receita total é o resultado do produto entre o preço e a quantidade total produzida: $p^* \times Q_E$, que corresponde à área do retângulo formado por p^*, A, Q_E e 0 (a origem do gráfico). Já o custo total será o resultado do produto entre o custo médio de curto prazo referente à quantidade produzida (CMeCP*) e a própria quantidade: CMeCP* × Q_E,[21] que corresponde à área do retângulo formado por CMeCP*, B, Q_E e 0 (a origem do gráfico). Como a área do retângulo que representa a receita ($p^* \times Q_E$) é maior do que a área do retângulo que corresponde ao custo (CMeCP* × Q_E), a diferença entre receita e custo é positiva, e os lucros são maiores do que zero. Para destacarmos essa diferença, a área em que o retângulo p^*AQ_E0 excede o retângulo CMeCP*BQ_E0 foi sombreada. Se recordarmos que o CMeCP inclui o custo de oportunidade do capital investido, um preço p^* (= RMg = CMg) maior do que o CMeCP significa que a empresa está obtendo lucro econômico. O **Gráfico 1.9** a seguir descreve uma situação inversa.

[21] Você não deve esquecer que CMeCP = custo médio de curto prazo/quantidade produzida. Assim, CMeCP* × Q_E = custo total de curto prazo de Q_E.

Gráfico 1.9 – Equilíbrio de uma empresa perfeitamente competitiva – lucro econômico negativo

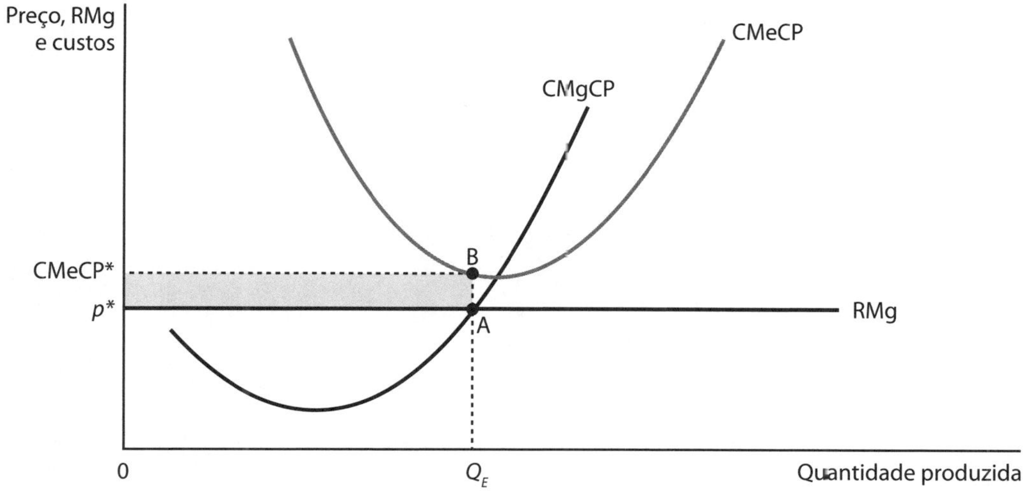

O **Gráfico 1.9** mostra uma situação em que o custo médio de curto prazo correspondente ao nível de produção Q_E (determinado pela igualdade entre o preço e o custo marginal) é *maior* do que o preço. Para verificar isso, novamente examinamos a receita total obtida com a produção realizada (Q_E) e o custo total dessa mesma produção. Como sempre, a receita total obtida pela empresa é determinada pelo produto $p^* \times Q_E$, que novamente corresponde à área do retângulo delimitado p^*, A, Q_E e 0. O custo total que corresponde à produção Q_E, da mesma forma, é determinado pelo produto CMeCP* × Q_E, sendo mais uma vez medido pela área do retângulo delimitado por CMeCP*, B, Q_E e 0. Basta uma rápida inspeção para perceber que o retângulo que corresponde ao custo total é maior do que o retângulo que corresponde à receita total. Destacamos esse fato sombreando a área em que o retângulo dos custos (CMeCP*BQ_E0) supera o retângulo da receita (p^*AQ_E0). Nesse caso, o lucro econômico é *negativo*,[22] embora a empresa esteja maximizando seu lucro – ou, neste caso, minimizando seu prejuízo –, pois está fazendo receita marginal igual ao preço.

Por último, temos a situação em que a empresa não obtém nem lucro, nem prejuízo, retratada no **Gráfico 1.10**.

[22] Você deve recordar, contudo, que lucro econômico negativo não significa *necessariamente* que a empresa apresente prejuízo contábil. Significa apenas que a empresa não está cobrindo o custo de oportunidade do capital investido, conforme vimos no início do capítulo.

Gráfico 1.10 – Equilíbrio de uma empresa perfeitamente competitiva – lucro econômico nulo

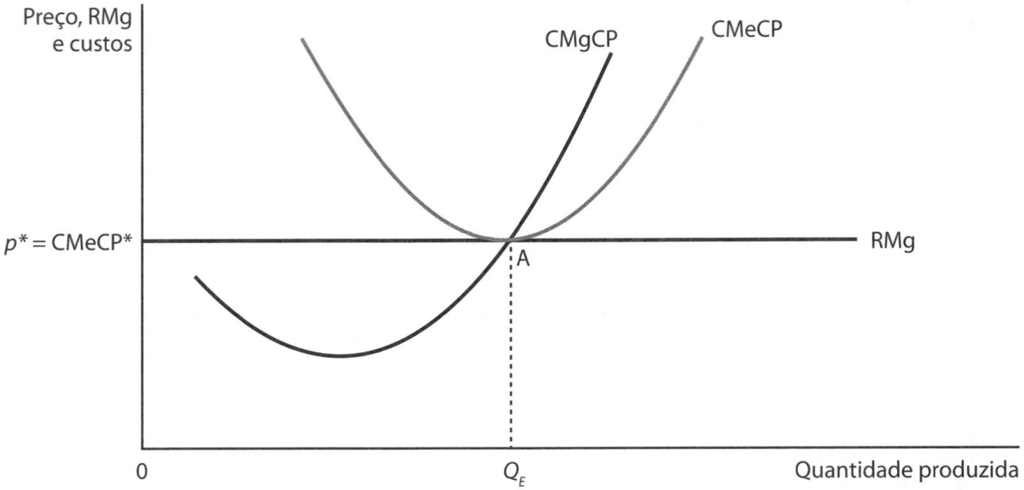

O **Gráfico 1.10** descreve uma situação em que o nível de produção Q_E é tal que o preço é *igual* ao custo médio total de curto prazo para esse nível de produção – basta uma rápida inspeção visual para identificar que a linha do preço (RMg) se situa no mesmo nível da curva de CMeCP para o nível de produção Q_E. Dito de outra forma, a receita total obtida pela empresa determinada pelo produto $p^* \times Q_E$, e que corresponde à área do retângulo delimitado p^*, A, Q_E e 0, é igual ao custo total que corresponde à produção Q_E, determinado pelo produto CMeCP* × Q_E e que pode ser medido pela mesma área do retângulo que mede a receita. Nesse caso, como a receita se iguala ao custo incluindo o custo de oportunidade, o lucro econômico é nulo.

Com isso, a abordagem convencional resolve seu principal problema, que é encontrar a quantidade de equilíbrio que a empresa produzirá no curto prazo, de forma que maximize o lucro possível. Com esse resultado, a abordagem convencional dirige sua preocupação para o equilíbrio de longo prazo da empresa perfeitamente competitiva, assunto do qual passamos a tratar agora.

1.6 Os custos da empresa no longo prazo

Se o empresário admite variar a quantidade de *todos* os fatores produtivos, ou seja, se a empresa se encontra no longo prazo, ele terá liberdade para ajustar a combinação de recursos produtivos de forma que utilize aquela combinação que resultará na quantidade de produto de que necessita *ao menor custo possível*. Dito de outra forma, ele poderá ajustar a quantidade de capital e trabalho de modo que encontre aquela combinação dos dois fatores de produção que seja *a mais eficiente* – ou seja, a mais produtiva – e, portanto, produz ao menor custo. Assim, temos uma relação importante: *no longo prazo, a empresa produzirá qualquer quantidade de produto que seja necessária, sempre ao menor custo possível.*

E o que garante esse resultado? Ele é garantido fundamentalmente por duas hipóteses da abordagem convencional:

- A primeira hipótese é a de que uma mesma quantidade de produto pode ser produzida com inúmeras combinações diferentes de fatores de produção, ou, em termos um pouco mais técnicos, trata-se da hipótese de **função de produção com coeficientes variáveis**.
- A segunda hipótese é a de que os empresários são racionais, no sentido específico de que buscam obter o máximo de lucro possível do seu negócio. É a hipótese de **maximização de lucros**.

Vamos iniciar pela hipótese de coeficientes variáveis. O que realmente ela significa?

Imagine uma fazenda produtora de cereais. Há inúmeras combinações diferentes de fatores de produção que permitem obter aproximadamente a mesma quantidade de cereal. Pode-se utilizar uma quantidade maior ou menor de fertilizantes, terra, herbicidas, irrigação, maquinaria na preparação do solo, trabalho humano nas suas diferentes fases etc., para se obter uma dada quantidade de cereal.

Por exemplo, pode-se compensar uma quantidade menor de máquinas e equipamentos com uma quantidade maior de trabalho para se obter uma mesma safra. Ou, ainda, pode-se reduzir a quantidade de herbicidas em troca de mais terra, máquinas e sementes, de modo que se obtenha uma mesma colheita. Trata-se, portanto, de uma função de produção de coeficientes variáveis, pois é possível variar bastante a quantidade dos diversos fatores e, ainda assim, obter mais ou menos a mesma quantidade de cereal.

A hipótese de maximização de lucro pode ter lhe soado óbvia. Afinal, parece muito razoável que, tendo investido seu capital em um negócio, o empresário busque então o maior lucro possível. Contudo, essa hipótese também deve ser considerada com algum cuidado. Imagine, por exemplo, uma empresa que tenha acabado de ingressar em um mercado. Suponha que ela seja já de um tamanho considerável e, assim, que não assuma o preço de mercado como um parâmetro fixo que sua produção não consegue afetar. Ou seja, suponha que a empresa não atue em um mercado perfeitamente competitivo, mas sim em um *mercado oligopolizado*. Chama-se **mercado oligopolizado**, ou **oligopólio**, o mercado em que há um número suficientemente pequeno de produtores para que alguns deles consigam afetar os preços de seus produtos com suas decisões acerca de quanto produzir.

É provável que, sendo nova no mercado oligopolizado, nossa hipotética empresa resolva vender a um preço mais reduzido, ainda que isso não resulte no maior lucro possível, desde que sua participação no mercado aumente rapidamente. Isso porque, sendo nova no mercado, é importante para a empresa garantir que seus produtos sejam conhecidos pelos consumidores, e isso pode ser alcançado apenas com um volume significativo de vendas. Em termos mais técnicos, a empresa estaria *maximizando o crescimento no mercado*, e não seus lucros. Essa é uma hipótese válida, dependendo da situação, e justifica que consideremos com algum cuidado a hipótese de maximização de lucros.

Seja como for, a abordagem convencional pressupõe que, no longo prazo, a empresa produzirá qualquer quantidade de produto que seja necessária, sempre ao menor custo possível, e que os empresários visarão à maximização de seus lucros. Seja então a quantidade total de trabalho que a empresa utiliza e seja a quantidade de capital total da empresa. Sejam $\overline{w}^*$ a taxa média de salário e $\overline{r}^*$ o preço do capital, esse último medido pelos custos de oportunidade das aplicações alternativas dos diferentes tipos de capital utilizado pela empresa, mais a taxa de depreciação.

Assim, o **custo total de longo prazo** da empresa, que chamaremos de CTLP, pode ser obtido da **Equação 1.9**, que vimos anteriormente, com uma pequena alteração, com apresentado na **Equação 1.13** a seguir:

$$CTLP = \overline{w}^*(L) + \overline{r}^*(K) \qquad \textbf{(1.13)}$$

A **Equação 1.13** representa aquilo que os economistas consideram *custo total de longo prazo* da empresa. A pequena alteração é o fato de que agora não estamos mais escrevendo a quantidade de capital (K) com uma barra em cima. Isso porque, no longo prazo, a empresa possui toda a liberdade para decidir quanto de capital deseja investir na atividade. Assim, o capital é variável, junto com a quantidade de trabalho (L). A empresa não se encontra mais "amarrada" a um investimento feito no passado: *seu investimento já foi totalmente amortizado*. A letra K na fórmula anterior representa *capital que pode ser investido no setor* e, portanto, *novo capital*.[23]

Em termos do nosso exemplo hipotético, se a empresa decidir realizar novamente o mesmo investimento e contratar os mesmos trabalhadores, esses cálculos seriam dados por:

$$\begin{aligned} CTLP &= 9.800{,}00(11 + 7) + 0{,}24(500.000{,}00 + 100.000{,}00) \\ &= 176.400{,}00 + 144.000{,}00 = 320.400{,}00 \end{aligned}$$

[23] Assim, a taxa de depreciação incorporada em r* é a taxa de depreciação do *novo* capital que a empresa vier a investir, e não do capital que já foi totalmente depreciado.

O CTLP de $ 320.400,00 corresponde ao custo total de longo prazo (anual) para a nossa hipotética fábrica de livros, caso ela realize um investimento em capital equivalente a $ 600.000,00 e contrate uma quantidade de trabalho igual a 18 trabalhadores.[24] Obviamente, se a empresa decidir por uma **escala de produção** diferente, ou seja, por um volume de capital e número de trabalhadores distintos, o seu CTLP será diferente também. Assim, um fator fundamental na decisão de longo prazo da empresa será sua escala de produção, bem como a maneira pela qual ela afeta os custos da empresa. Por isso, iniciaremos o estudo do equilíbrio da empresa no longo prazo pelo conceito de *retornos de escala*.

1.7 Retornos de escala, custos médio e marginal no longo prazo

Para podermos entender o comportamento do *custo* médio *da empresa no longo prazo*, precisamos antes conhecer o conceito de *retornos de escala*. Os **retornos de escala** identificam a variação obtida na produção quando varia a escala de produção da empresa, ou seja, quando variam todos os fatores que a empresa utiliza *em uma mesma proporção*. Por exemplo, os retornos de escala podem identificar o que acontece com a produção da empresa se ela dobrar de tamanho, isto é, se ela dobrar a quantidade de todos os fatores que emprega. Ou, alternativamente, se ela aumentar seu tamanho em uma vez e meia o tamanho original, aumentando para isso a quantidade de todos os fatores na mesma proporção.

Contudo, por que devemos aumentar todos os fatores na mesma proporção para analisar o efeito da escala da empresa sobre a quantidade produzida? Há uma razão simples para isso: trata-se do problema representado pela função de produção de proporções fixas, que vimos anteriormente. Esse problema pode ser ilustrado com o exemplo de uma empresa de táxis, com que procuramos ilustrar as características da função de produção de coeficientes fixos.

Vamos assim imaginar que desejamos conhecer de que maneira a escala afeta a produção de viagens dos táxis da empresa e, por um motivo qualquer, dobramos o número de motoristas, mas aumentamos em apenas 30% o número de veículos. Nesse caso, não estamos aumentando todos os fatores utilizados pela empresa na mesma proporção: veículos e motoristas estão sendo aumentados em proporções diferentes. Como isso afetará a análise a respeito dos efeitos da escala sobre a produção da empresa?

É fácil ver que, nesse caso, o resultado da nossa análise sobre a variação da escala será distorcido. Isso porque o aumento de produção não será afetado apenas pela

[24] Mais uma vez, estamos ignorando os custos com a aquisição das matérias-primas, para não complicar a exposição.

variação de escala de produção, mas também pelo fato de que alguns motoristas ficarão ociosos. A única maneira de evitar distorções desse tipo – particularmente evidentes no caso de funções de produção de coeficientes fixos – é medindo os efeitos de escala ao fazer *todos* os fatores – táxis e motoristas no nosso exemplo – variarem em uma mesma proporção.

Se fizermos *todos os fatores* variarem na mesma proporção, três situações podem ocorrer:

1) **Retornos crescentes de escala** (também conhecidos como **economias de escala**). Nesse caso, ao variarmos todos os fatores em uma mesma proporção, a produção aumenta em uma proporção *maior* que a magnitude em que os fatores variaram. Por exemplo, há retornos crescentes de escala se, ao dobrarmos o tamanho de uma empresa, sua produção triplica.
2) **Retornos decrescentes de escala** (também conhecidos como **deseconomias de escala**). Nesse caso, ao variarmos todos os fatores em uma mesma proporção, a produção aumenta em uma proporção *menor* que a amplitude em que os fatores variaram. Por exemplo, há retornos decrescentes de escala se, ao dobrarmos o tamanho de uma empresa, sua produção atinge uma quantidade inferior ao dobro da produção original.
3) **Retornos constantes de escala** (neste caso se diz que não há nem economias nem deseconomias de escala). Nessa situação, ao variarmos todos os fatores em uma mesma proporção, a produção aumenta em uma proporção igual à extensão em que os fatores variaram. Por exemplo, há retornos constantes de escala se, ao dobrarmos o tamanho de uma empresa, sua produção também dobra.

Outra possibilidade é a presença de **economias de escopo**. Diz-se haver economias de escopo quando é mais barato produzir determinadas quantidades de bens ou serviços diferentes em uma mesma planta produtiva do que produzir as mesmas quantidades de cada bem ou serviço em unidades produtivas diferentes. No nosso exemplo, pode ser mais barato produzir determinadas quantidades de livros e revistas no mesmo parque gráfico do que investir em um parque gráfico para a mesma quantidade de livros e em outro para a mesma quantidade de revistas. No caso contrário, em que os custos são mais elevados na produção conjunta, diz-se haver **deseconomias de escopo**. Para simplificar nossa análise, vamos considerar apenas a presença de retornos de escala, mas em determinadas situações concretas economias de escopo podem ser muito importantes.

O efeito dos retornos de escala sobre o custo da empresa por unidade produzida é direto. Consideremos inicialmente o caso dos retornos crescentes de escala. Para isso, vamos retornar à **Equação 1.13**, que reproduzimos a seguir:

$$CTLP = \overline{w}^*(L) + \overline{r}^*(K) \qquad \textbf{(1.13)}$$

Assim, suponha que a quantidade de fatores dobre e, com isso a produção da empresa triplique. Pela função de custo total de longo prazo – a **Equação 1.13** – é fácil ver que o novo custo total (o qual chamaremos de $CTLP_1$) deverá ser o dobro do custo total antes da mudança de escala (que vamos chamar de $CTLP_0$. para indicar que é o CTLP *antes* da mudança no tamanho da empresa):

$$CTLP_1 = \overline{w}^*(2L) + \overline{r}^*(2K) = 2[\overline{w}^*(L) + \overline{r}^*(K)] = 2CTLP_0 \qquad \textbf{(1.14)}$$

Você deve ter notado que, na expressão anterior, dobramos os dois tipos de fatores utilizados pela empresa, L e K, respeitando a exigência da análise dos retornos de escala de que todos os fatores variem em uma mesma proporção.

Esse efeito é captado pelo *custo médio de longo prazo* da empresa. O **custo médio de longo prazo** (CMeLP) nada mais é do que o CTLP dividido pela quantidade produzida. Ou seja:

$$CMeLP = \frac{CTLP}{Q} \qquad \textbf{(1.15)}$$

O que acontecerá então com o CMeLP? Vamos chamar o CMeLP *antes* da mudança da escala de produção de $CMeLP_0$, e o CMeLP *depois* da mudança de escala de $CMeLP_1$, por analogia com o que fizemos com o CTLP. Também vamos chamar a quantidade produzida pela empresa antes da mudança de escala de Q_0, e a quantidade produzida depois da mudança de escala de Q_2. O $CMeLP_1$ será igual a:

$$CMeLP_1 = \frac{CTLP_1}{Q_1} \qquad \textbf{(1.16)}$$

Sabemos que $Q_1 = 3Q_0$, pois fomos informados pelo nosso exemplo de que a produção depois da mudança de escala é o triplo da produção original. Também sabemos da **Equação 1.14** que o $CTLP_1 = 2CTLP_0$. Substituindo essas duas informações na **Equação 1.16**, resulta que:

$$CMeLP_1 = \frac{CTLP_1}{Q_1} = \frac{2CTLP_0}{3Q_0} = \frac{2}{3} CMeLP_0$$

Assim, o $CMeLP_0$ é *menor* (2/3) do que o $CMeLP_2$. *Esse é o efeito dos retornos crescentes de escala: o CMeLP se reduz com o aumento da escala produzida, pois a produção cresce mais rapidamente do que a quantidade de fatores empregada*. Nos exercícios ao final do capítulo, você será convidado a desenvolver outros casos (em que a produção cresce em proporção menor ou igual aos fatores de produção), para mostrar que *o efeito de retornos decrescentes de escala é aumentar o CMeLP*; e que, *no caso de retornos constantes de escala, o CMeLP permanece constante*.

A presença de retornos crescentes, decrescentes ou constantes de escala é um dado tecnológico, extraído da função de produção da empresa e que exige uma consulta ao engenheiro (ou engenheiros) que trabalha com a produção da empresa. Assim, não é possível dizer nada *a priori*, de um ponto de vista puramente teórico. Contudo, a abordagem convencional não encara isso como um impedimento, e usualmente supõe uma curva de custo médio de longo prazo em formato de "U", conforme o **Gráfico 1.11** a seguir.

Gráfico 1.11 – Custo médio de longo prazo

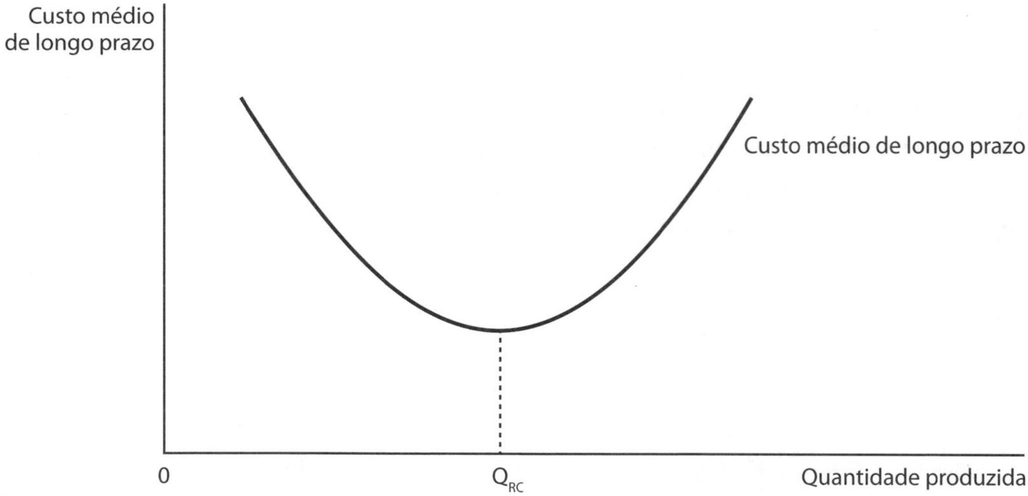

No **Gráfico 1.11**, temos o formato típico de uma curva de CMeLP de acordo com a abordagem convencional. O segmento descendente do "U", até a quantidade Q_{RC}, corresponderia ao fato de que a empresa a princípio se encontraria em uma situação de retornos crescentes de escala, basicamente em função do ganho de produtividade obtido com a utilização de unidades de equipamentos maiores e maior divisão do trabalho.[25]

Já a parte ascendente do "U" corresponderia à situação de retornos decrescentes de escala, causados principalmente por problemas de comunicação interna e controle em grandes empresas. No ponto representado pela escala Q_{RC}, a empresa obteria retornos constantes de escala, pois seria o momento de transição entre os retornos crescentes e os decrescentes.

Além das razões técnicas apontadas anteriormente, esse formato da curva de CMeLP também garante que, no equilíbrio da empresa e do setor, como veremos na próxima seção, a empresa produzirá ao menor custo de longo prazo – e com a maior eficiência possível. Assim, esse formato atende igualmente a uma *necessidade de demonstração de um resultado teórico*, e não apenas a uma realidade tecnológica qualquer.

Uma vez definido o formato da curva de CMeLP, fica fácil saber o formato da curva de custo marginal de longo prazo. De modo parecido com o que ocorre com o custo marginal de curto prazo, o custo marginal de longo prazo é o aumento de custo resultante de um pequeno aumento na quantidade produzida, porém com um acréscimo importante: o custo marginal de longo prazo é calculado para a combinação mais eficiente de todos os fatores para cada nível de produção – ao contrário do custo marginal de curto prazo, em que um dos fatores era suposto como fixo.

Portanto, o **custo marginal de longo prazo** (CMgLP) *é o aumento no custo total de longo prazo resultante de um pequeno aumento da quantidade, depois de os fatores de produção terem sido ajustados para produzir ao menor custo possível*. Isso faz sentido, tendo em vista que, no longo prazo, a empresa pode fazer variar a quantidade de todos os fatores que utiliza, e, sendo por hipótese os empresários racionais, não há motivo para que decidam produzir com uma combinação de fatores ineficiente.

Adicionalmente, vale a mesma relação entre CMgLP e CMeLP que entre seus equivalentes de curto prazo: se o CMeLP está declinando, o CMgLP tem de ser menor que o CMeLP. Já se o CMeLP está aumentando, o CMgLP tem de ser maior que o CMeLP. Como o CMeLP tem formato de "U", o CMgLP tem de cortar o CMeLP no ponto de mínimo desse último, como se encontra no **Gráfico 1.12** a seguir.

[25] Uma maior divisão do trabalho só é possível em unidades maiores, com um maior número de trabalhadores, o que permite maior especialização. Com a maior especialização, aumenta-se a produtividade do trabalho.

Gráfico 1.12 – Custo médio e custo marginal de longo prazo

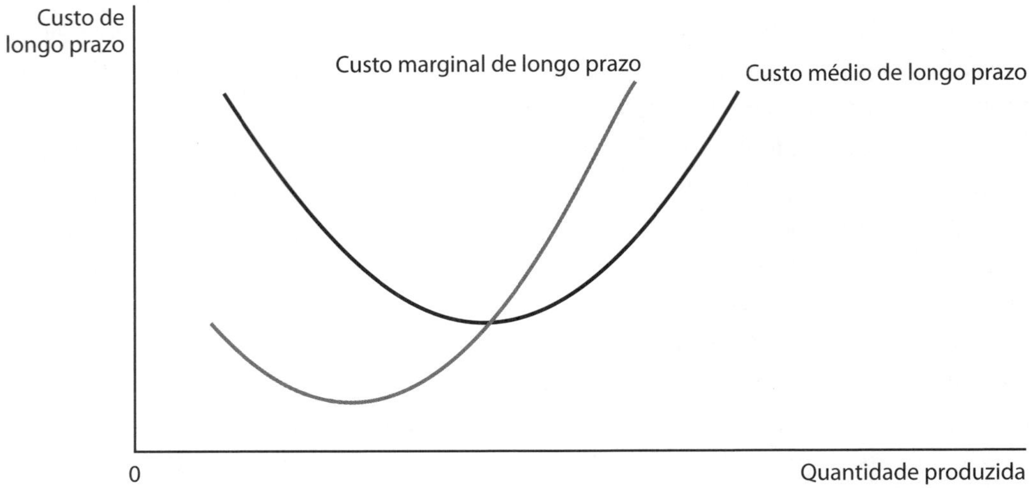

Agora temos todas as ferramentas de que precisamos para analisar não apenas o equilíbrio da empresa, como também o equilíbrio do setor de atividade em que a empresa atua no longo prazo.

1.8 Equilíbrio da empresa competitiva no longo prazo

Sendo a situação um equilíbrio de longo prazo, há um número adequado de empresas no setor, todas operando na escala mais lucrativa possível. Ou seja, há fábricas de livros suficientes para atender à demanda e gerar ganhos normais para as empresas do setor. Contudo, o que garante que haverá um número adequado de empresas no longo prazo? A hipótese de livre mobilidade dos fatores de produção. Isso porque, se as empresas estiverem obtendo lucros positivos (**Gráfico 1.8**), significa que há um número insuficiente de empresas no setor; com isso, há pouca oferta, e assim os preços se tornam elevados. A livre mobilidade fará então que entrem novas empresas atraídas pela perspectiva de lucros, aumentando a oferta e reduzindo os preços até que os lucros se reduzam a zero.

Em contrapartida, se houver um número excessivo de empresas, haverá muita oferta e o preço se reduzirá, tornando os lucros negativos (**Gráfico 1.9**). Com isso, empresas deixarão o setor (pois não conseguirão cobrir os custos de oportunidade do capital investido), reduzindo a oferta e aumentando o preço até que o lucro se torne zero. Se o número de empresas for adequado, as empresas terão lucro zero (**Gráfico 1.10**), e não haverá nem entrada nem saída de empresas.

Como todas as empresas operam à mesma escala, podemos então representar a situação das empresas por qualquer uma delas. Seja então uma empresa qualquer, atuando em um setor perfeitamente competitivo no longo prazo, representada no **Gráfico 1.13** a seguir. Depois de pagar os salários do volume de mão de obra empregado na escala de menor custo para a quantidade produzida (Q^*), a empresa obtém uma taxa de retorno que é igual ao custo de oportunidade do capital investido, como podemos ver do fato de que p^* se situa sobre o ponto da curva de CMeLP, que corresponde à escala eficiente em CMeLP(Q_E).

Gráfico 1.13 – Equilíbrio no setor em que a empresa competitiva atua

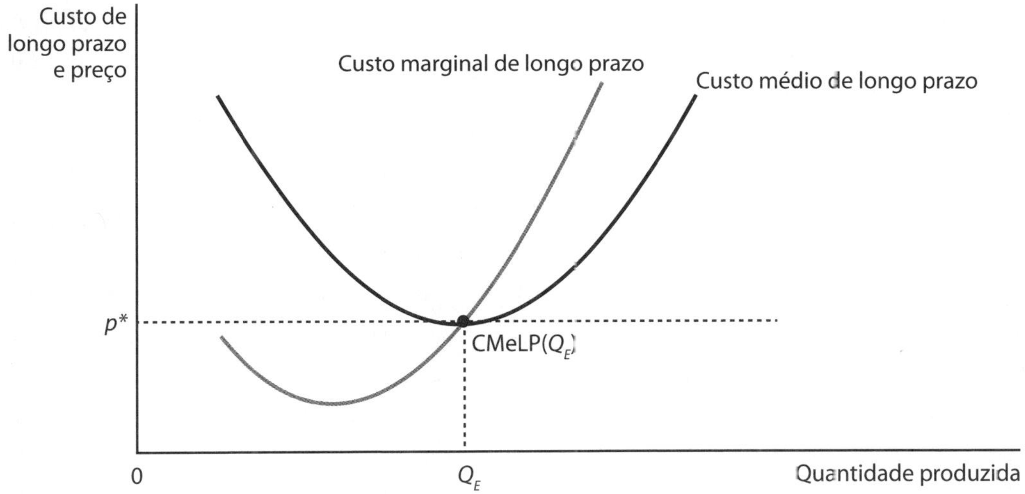

No longo prazo, a empresa produzirá a quantidade para a qual o CMgLP é igual à RMg, que, por sua vez, é igual ao preço. Isso porque qualquer quantidade para a qual a receita marginal e o preço sejam diferentes do custo marginal de longo prazo resultaria em um lucro que não é máximo, em exata semelhança com o que acontece no caso do curto prazo. Somente neste caso, representado pelo **Gráfico 1.13**, o setor estará em equilíbrio, com cada empresa produzindo Q_E.

Há razões, portanto, para que a abordagem convencional veja a situação representada no **Gráfico 1.13** como o resultado final da empresa em um mercado perfeitamente competitivo. Esse resultado, porém, tem uma importância adicional: ele mostra que em equilíbrio, desde que o número de empresas e suas escalas de produção já tenham se ajustado, cada empresa estará produzindo ao menor custo possível, depois de ajustar otimamente todos os fatores de produção. Teremos então um resultado *eficiente* no longo prazo. As empresas sobreviventes ao longo do tempo produzirão com os menores custos possíveis (desde que as condições do setor não se alterem), e assim vão operar de maneira eficiente.

1.9 Virtudes e problemas da abordagem convencional da empresa como função de produção

A abordagem convencional da empresa como uma função de produção fornece conceitos muito úteis para a análise acerca de como uma dada tecnologia afeta os custos da empresa. Assim, temos uma teoria valiosa para a compreensão da dimensão tecnológica da empresa, em particular para a compreensão acerca de como a tecnologia da empresa afeta seus custos.

Essa compreensão, contudo, é obtida à custa de uma hipótese drástica: a de que os indivíduos possuem perfeita informação. Conforme vimos na Introdução, essa hipótese torna os problemas de organização da empresa irrelevantes, pois, havendo perfeita informação (e racionalidade), a constituição e a organização da empresa pelos seus gestores sempre acontecerá da melhor forma possível, e assim os limites da empresa serão apenas os limites da tecnologia que ela emprega.

Todavia, quando se abandona a hipótese de perfeita informação, toda uma série de questões muito importantes para a compreensão do funcionamento econômico da empresa surge. Por exemplo: dado que na empresa moderna é comum que os proprietários – seus acionistas – deleguem a gestão da empresa a executivos profissionais, o que acontecerá, uma vez que não haja mais perfeita informação, e os proprietários da empresa não tenham mais como conhecer as decisões que os executivos estão tomando e que afetarão o futuro da empresa? Esse tipo de questão constitui o cerne da pesquisa da Teoria Principal-Agente, e será o tema do nosso próximo capítulo.

LEITURAS SUGERIDAS

A abordagem convencional da empresa se encontra, em sua versão menos formalizada matematicamente, em qualquer manual de Microeconomia em nível de graduação. Os mais populares são: *Microeconomia*: princípios básicos, de Hal R. Varian (7. ed. Rio de Janeiro: Elsevier, 2006); *Microeconomia*, de Robert S. Pindyck e Daniel L. Rubinfeld (7. ed. São Paulo: Pearson, 2010); *Manual de microeconomia*, de Marco Antonio Sandoval de Vasconcellos e Roberto G. de Oliveira (2. ed. São Paulo: Atlas, 2000); *Microeconomia*: uma abordagem completa, de David A. Besanko e Ronald R. Braeutigam (Rio de Janeiro: LTC, 2004). Para o leitor interessado em uma formulação rigorosamente matematizada, a referência é *Microeconomic Theory*, de Andreu Mas-Colell, Michael D. Whinston e Jerry R. Green (New York: Oxford University Press, 1995). Uma referência com nível intermediário de formalização matemática é *Microeconomic Theory*: Basic Principles and Extensions, de Walter Nicholson e Christopher Snyder (South-Western College Pub, 2011).

QUESTÕES PARA REVISÃO

1) Explique por que a empresa considera os preços dos fatores como dados no momento de calcular seus custos.
2) Qual é a diferença entre curto e longo prazo para as decisões da empresa?
3) Por que é possível afirmar que, no curto prazo, a empresa pode operar com um tamanho ineficiente?
4) Explique por que a lei dos rendimentos marginais decrescentes é válida mesmo que o fator variável seja homogêneo, isto é, mesmo que não haja diferenças de qualificação nas unidades do fator que forem contratadas.
5) Explique a relação entre produtividade média e custo variável médio.
6) Explique a relação entre custo médio (seja de curto ou de longo prazo) e custo marginal (de curto ou de longo prazo).
7) Mostre que, no caso de retornos decrescentes de escala, os custos médios de longo prazo aumentam com o crescimento da escala de produção.
8) Mostre que, no caso de retornos constantes de escala, os custos médios de longo prazo permanecem constantes com o crescimento da escala de produção.
9) Qual é a importância da hipótese de livre mobilidade dos fatores de produção para garantir o equilíbrio no setor em que a empresa atua, no longo prazo?
10) Qual é a importância da hipótese de produtos homogêneos para garantir que a competição por preços seja máxima?

Apêndice ao Capítulo 1

A EMPRESA COM PODER DE MERCADO

Introdução

Conforme vimos neste capítulo, a abordagem convencional da empresa como função de produção usualmente supõe mercados perfeitamente competitivos. Todavia, mesmo essa abordagem convencional reconhece que a empresa pode atuar em mercados que não pareçam se adequar às hipóteses exigentes que caracterizam a competição perfeita (produtos homogêneos, perfeita informação de compradores e vendedores, livre mobilidade de recursos produtivos e grande número de vendedores e compradores, para que nenhum deles consiga individualmente, com suas decisões de compra e venda, afetar o preço do mercado).

Na verdade, os mercados mais importantes em uma Economia moderna parecem se distanciar muito dos atributos característicos de mercados perfeitamente competitivos. Em vários mercados, temos **produtos diferenciados**, isto é, produtos que atendem à mesma necessidade são percebidos como diferentes entre si de acordo com o fabricante que os produziu. Mais grave ainda, os compradores valorizam essas diferenças a ponto de alguns deles não abandonarem os bens ou serviços de sua marca favorita, mesmo que o preço seja mais caro do que os preços de seus concorrentes. Basta pensar no mercado de automóveis, computadores, companhias aéreas etc., e rapidamente você vai identificar que, nesses mercados, a indiferença entre produtores distintos que o modelo de mercado competitivo pressupõe não existe.

O problema quando se comparam os mercados de produtos diferenciados com o ideal dos mercados perfeitamente competitivos é que a pressão competitiva sobre os preços fica muito atenuada pela diferenciação de produtos e pela fidelidade dos consumidores a uma marca, pois agora a substituição entre produtos de diferentes empresas não é mais perfeita. Como resultado, os preços não se igualam mais ao custo marginal do produtor, mas permanecem acima dele, e tão mais acima quanto mais o produtor for capaz de diferenciar seus produtos e criar laços fortes e duradouros de fidelidade com sua demanda.

Também a hipótese de perfeita informação nem sempre é atendida nos mercados de uma Economia moderna. Por mais que os compradores se esforcem por conhecer melhor os bens e os serviços oferecidos no mercado, ainda assim uma série de características importantes desses produtos não serão conhecidas e avaliadas adequadamente pelos compradores. Ao mesmo tempo, as condições de venda praticadas pelos vendedores e a capacidade e o interesse de cada comprador de adquirir o produto não serão de conhecimento de todos os vendedores nem de todos os compradores. Por conseguinte, muitas vezes sequer é adequado falar em um "preço único no mercado", como faz a abordagem convencional com o mercado perfeitamente competitivo.

Da mesma forma, na Economia moderna, a hipótese de livre mobilidade de recursos produtivos é frequentemente violada em função da presença de *barreiras à entrada*. Uma **barreira à entrada** é qualquer condição em um setor da Economia que permita às empresas estabelecidas nele obter lucros superiores aos lucros que obteriam em concorrência perfeita, sem com isso atrair novas empresas para o setor. Em uma das referências fundamentais sobre o tema, de autoria de William G. Shepherd e Joanna M. Shepherd,[1] são listadas nada menos do que 22 fontes de barreiras à entrada admitidas na literatura econômica. Os autores dividem essas 22 fontes em *fontes externas de barreiras à entrada*, ou seja, fontes de barreiras à entrada que não resultam da adoção de alguma estratégia deliberada das empresas no setor para criar dificuldades para a entrada de novas empresas, e *fontes estratégicas e voluntárias de barreiras à entrada*, ou seja, aquelas fontes que resultam de uma ação deliberada das empresas estabelecidas no setor para criar dificuldades a novos entrantes. Vejamos esses dois tipos de fontes de barreiras à entrada, começando pelas fontes externas. Não vamos reproduzir todas as 22 fontes de barreiras à entrada listadas pelos autores. Eis algumas das mais importantes, que atuam com frequência em muitos setores da Economia:

- **Economias de escala** ou **retornos crescentes de escala**. Caso se trate de um setor com expressivas economias de escala (ou retornos crescentes de escala), como acontece, por exemplo, na produção de aviões, o custo médio será menor para grandes volumes de produção. Assim, para poder competir com as

[1] SHEPHERD, William G.; SHEPHERD, Joanna M. *The Economics of Industrial Organization*. Long Grove, Illinois: Waveland Press, 2004. p. 192.

empresas estabelecidas – que já atuam em grande escala –, um novo entrante terá de entrar produzindo também em grande escala. O aumento de oferta e de capacidade produtiva resultante produzirá uma queda de preços expressiva, que reduzirá o lucro e o interesse da nova empresa em ingressar no setor.

- **Vantagens absolutas de custos**. Essas vantagens podem ter diversas causas. Salários mais baixos, mão de obra com capacidade superior, acesso privilegiado a matérias-primas de maior qualidade ou a uma localização privilegiada.
- **Diferenciação de produtos**. Já mencionamos que diferenciar um produto significa conseguir que os compradores percebam o produto em questão como diferente dos produtos dos concorrentes, ainda que todos atendam à mesma necessidade. Vimos que a diferenciação de produtos viola a hipótese de produtos homogêneos do modelo de concorrência perfeita, e é um fato muito comum em vários setores da Economia. Nesses setores, o produto de um fabricante não é normalmente considerado igual ao de outro fabricante. Com isso, uma parcela dos compradores desenvolve fidelidade aos produtos do fabricante, o que lhe permite elevar seus preços sem com isso reduzir suas vendas a zero, como acontece no modelo de mercado perfeitamente competitivo. Em contrapartida, um novo entrante se vê obrigado a gastar com publicidade ainda mais do que as empresas estabelecidas, ou reduzir os preços de seus produtos, ou uma combinação de ambos, para reduzir a fidelidade dos compradores às empresas estabelecidas, o que reduz sua lucratividade.
- **Custos irrecuperáveis**. São os custos que a empresa não consegue recuperar se tiver de sair do negócio. Por exemplo, os gastos que a empresa realiza com o desenvolvimento de novos produtos ou processos produtivos, que não podem ser "revendidos" para outra empresa. Esses custos irrecuperáveis podem ser uma importante barreira à entrada, na medida em que os novos entrantes serão mais cautelosos ao ingressar em setores nos quais haja significativos custos irrecuperáveis, pelo risco de perdas significativas caso o investimento não seja bem-sucedido.
- **Custos de mudança (*switching costs*)**. Os custos de mudança resultam da presença de diferentes padrões tecnológicos em produtos que atendem às mesmas necessidades. A presença de diferentes padrões tecnológicos exige investimentos em treinamento e equipamentos específicos para o padrão escolhido, o que gera custos elevados em caso de mudança de padrão do comprador. Com isso, novos produtores no setor têm de arcar com esses custos de alguma forma, quer facilitando a transição dos compradores para o seu próprio padrão, quer reduzindo os preços de seus produtos com o novo padrão. Esse tipo de custo é muito comum, por exemplo, no setor de software.

- **Gastos com publicidade.** As empresas no setor podem adotar a estratégia deliberada de aumentar o grau de diferenciação do produto, ou seja, as empresas podem aumentar os gastos com publicidade, intensificando a percepção por parte dos compradores de que seu produto é diferente dos demais, e com isso acentuar esse tipo de barreira à entrada.
- **Patentes.** Por conferir ao seu proprietário o monopólio sobre uma tecnologia ou um produto, patentes constituem uma estratégia importante para estabelecer barreiras a novos competidores.

Basta essa breve lista para se perceber que a livre mobilidade de recursos produtivos está longe de se constituir a regra geral nos setores mais importantes de uma Economia moderna.

Por último, temos a hipótese de grande número de compradores e vendedores. É também fácil identificar vários setores na Economia moderna em que há um pequeno número de empresas atuando, cada uma delas com grande participação no mercado. Por exemplo, vamos tomar o caso da economia dos Estados Unidos, a mais moderna do mundo. Os últimos dados publicados sobre o nível de concentração na economia norte-americana em 2002 indicam que a soma das participações das quatro maiores empresas atingia 90,8% entre as cervejarias, 78,4% na produção de cereais matinais, 66,6% na produção de biscoitos e *cookies*, 95,3% na produção de cigarros, 67,1% na produção de bolsas femininas, 75,5% na produção de automóveis, 81,2% na produção de motores para veículos, 80,6% na fabricação de computadores e 80,2% na fabricação de aviões, apenas para citar alguns casos.[2]

Desse modo, mercados competitivos não vigoram em vários setores importantes das Economias modernas. Contudo, se esse tipo ideal de mercado não é a regra geral, como a abordagem econômica convencional da empresa trata aquelas que atuam em um *mercado imperfeitamente competitivo*? Esse será nosso próximo assunto.

A1.1 Análise da empresa com poder de mercado na abordagem convencional

O que significa afirmar que a empresa possui poder de mercado? **Poder de mercado** é a capacidade da empresa de praticar um preço para o seu produto acima do seu custo marginal. Conforme visto no Capítulo 1, em um mercado perfeitamente

---

[2] Cf. U.S. Department of Commerce. *Concentration ratios*: 2002 – manufacturing. Washington: U.S. Department of Commerce, 2006. Disponível em: <http://www.census.gov/prod/ec02/ec0231sr1.pdf>. Acesso em: 15 abr. 2015.

competitivo isso é impossível, ao menos no equilíbrio de longo prazo de uma empresa competitiva.

Na abordagem econômica convencional (em que a empresa é tratada como uma função de produção), o fato de a empresa possuir poder de mercado é abordado *a partir da sua demanda*. Para compreender isso, considere o **Gráfico A1.1** a seguir, em que reproduzimos a curva de demanda de uma empresa perfeitamente competitiva, conforme visto no Capítulo 1.

Gráfico A1.1 – Demanda da empresa em um mercado perfeitamente competitivo

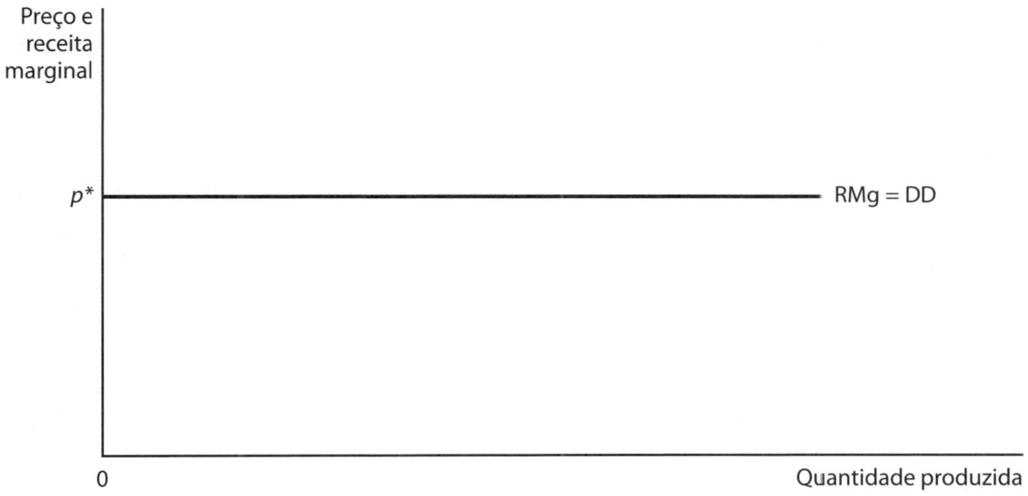

Na abordagem convencional da empresa com poder de mercado, a novidade surge na demanda. Não é mais possível supor que a empresa com poder de mercado se defronte com uma demanda tal que, qualquer que seja a variação na quantidade produzida pela empresa, o preço de mercado não se altere. Essa suposição era cabível no caso de empresas em mercados perfeitamente competitivos, em que por hipótese a empresa era muito pequena e todas as empresas produziam produtos com as mesmas características. Assim, se uma delas decidisse reduzir sua produção, o preço de mercado seguiria inalterado. Quando, porém, a empresa possui poder de mercado, isso não é mais verdade.

Essa situação pode acontecer por diferentes motivos. Um deles pode ser o fato de que, em decorrência de economias de escala, a empresa seja tão grande que uma variação na sua quantidade produzida, mesmo que moderada, afete em proporção significativa a oferta total e, assim, o preço do mercado. Nesse caso, a **escala mínima eficiente da empresa** – a menor escala de produção em que a empresa alcança o custo médio mínimo de longo prazo – é tal que a oferta da empresa a essa escala já atende a uma parcela expressiva do mercado total. Por exemplo, se à escala mínima eficiente uma empresa já produz 60% da oferta total de um produto em dado mercado, e ela decide diminuir sua produção em 20%, a oferta total do mercado se reduz em 12% (redução em 20% de 60% da oferta total). Uma redução em mais de 10% da oferta total obviamente terá impacto significativo no preço de mercado, e assim não é mais possível supor que o preço de mercado seja um "dado" para a empresa: ao reduzir (ou aumentar) a produção, a empresa com poder de mercado sabe que o preço vai se elevar (ou se reduzir).

Outra possível fonte de poder de mercado resulta da fidelidade dos consumidores às marcas vendidas pela empresa, de tal forma que seja possível aumentar o preço do produto sem reduzir as vendas a zero, porque apesar do aumento de preço uma parcela dos consumidores permanecerá fiel à marca. Em todas essas situações, o preço no mercado reage às decisões da empresa, e não é mais possível supor que o preço permaneça constante, qualquer que seja a quantidade produzida pela empresa.

Se a empresa possui poder de mercado, o mercado em que ela atua não é mais perfeitamente competitivo. Ele é dito um **mercado imperfeitamente competitivo**. Assim, a curva de demanda pelos produtos de uma empresa que atua em um mercado imperfeitamente competitivo assume a forma representada no **Gráfico A1.2** a seguir.

Gráfico A1.2 – Demanda da empresa em um mercado imperfeitamente competitivo

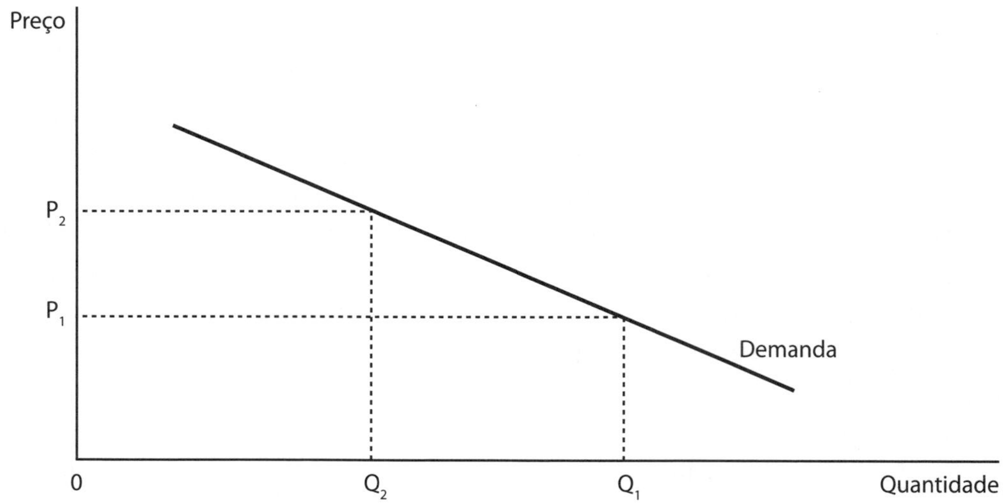

No **Gráfico A1.2** representa-se o fato de que, quando a empresa aumenta o preço do seu produto, a quantidade demandada não se reduz a zero. Com efeito, ao elevar o preço de P_1 para P_2, a quantidade demandada não se reduz a zero como no caso dos mercados perfeitamente competitivos, ou seja, a empresa não perde todos os seus consumidores, mas apenas se reduz de Q_1 para Q_2. Isso é característico dos mercados imperfeitamente competitivos, e pode acontecer por várias razões.

Por exemplo, pode ser que o produto da empresa seja diferenciado. Nesse caso, ao se reduzir a quantidade do produto diferenciado de Q_1 para Q_2, em vez de os consumidores simplesmente substituírem o produto em questão por um produto dos concorrentes, eles ainda permanecem fiéis à marca do produto da empresa e, com isso, o preço aumenta, uma vez que agora há uma quantidade menor de produto no mercado. Outra possibilidade é a de que a empresa seja grande e, por conseguinte, sua oferta represente uma parcela significativa da oferta total do mercado, por se tratar de um mercado muito concentrado (em que poucas empresas produzem) em função de significativas barreiras à entrada. Desse modo, ao reduzir sua oferta de Q_1 para Q_2, há uma redução expressiva na oferta total do mercado, de modo que o preço acaba por se elevar.[3]

Contudo, se o preço varia com a quantidade que a empresa produz, o que acontece com a receita marginal (RMg)? Vimos no **Gráfico 1.6** do Capítulo 1 que, se o preço de mercado não é afetado pelas decisões individuais da empresa, a receita marginal (o aumento na receita total da empresa resultante da venda de mais uma unidade) é, por definição, igual ao preço do produto. Como calcular agora a RMg da empresa? Para entendermos isso, construímos um exemplo hipotético muito simples. Considere assim a **Tabela A1.1** a seguir.

Tabela A1.1 – Exemplo de cálculo da receita total e da receita marginal

Quantidade	Preço por unidade	Receita total	Receita marginal (RMg)
1	10,00	10,00	–
2	9,50	19,00	9,00
3	8,50	25,50	6,50
4	7,40	29,60	4,10
5	6,20	31,00	1,40

[3] Como ilustração do que está sendo dito, suponha que em um mercado concentrado uma das empresas represente 60% do total da oferta do mercado. Imagine então que essa empresa decida reduzir a oferta de seu produto em 20%. A consequência será uma redução na oferta total do mercado de 12%, o que muito provavelmente terá como efeito elevar o preço de mercado do produto.

Na primeira coluna à esquerda da **Tabela A1.1**, temos a quantidade produzida e vendida por uma empresa hipotética, com algum poder de mercado. Ao oferecer a primeira unidade, o preço de mercado é de $ 10,00, conforme a segunda coluna. Com isso, podemos calcular sua receita total, que é de $ 10,00 × 1 unidade = $ 10,00 (terceira coluna). A receita marginal (RMg) não pode ser calculada, pois a RMg é a variação na receita total resultante da variação na quantidade produzida, e uma variação que vai de zero à primeira unidade não é definida matematicamente.

Caso a empresa hipotética com poder de mercado decida produzir duas unidades, o preço se reduz de $ 10,00 para $ 9,50. Na terceira coluna vemos que sua receita total será de $ 9,50 × 2 unidades = $ 19,00. Agora podemos calcular a receita marginal, pois ela é a variação na receita total quando a quantidade produzida sofre uma pequena variação.[4] A receita marginal é a diferença entre a receita total obtida com duas unidades e a receita total obtida com uma unidade, ou seja: $ 19,00 – $ 10,00 = $ 9,00. Da mesma forma, ao produzir três unidades, o preço se reduz para $ 8,50, com o que a receita total aumenta para $ 25,50, e a receita marginal diminui para $ 6,50 ($ 25,50 – $ 19,00). Você pode fazer as contas para a produção de quatro e cinco unidades, e verá que no exemplo apresentado a receita marginal diminui durante todo o tempo, porque a receita total cresce cada vez mais devagar, e a receita marginal se situa o tempo todo em um valor menor do que o preço. Por que acontecem esses dois fenômenos?

Na verdade, eles têm uma origem comum: o fato de que, quando uma empresa possui poder de mercado, ela só consegue vender mais reduzindo os preços. Com isso, sua receita total vai crescendo cada vez mais devagar, porque ela tem de reduzir cada vez mais os preços para vender mais uma unidade. Por exemplo, se ela produz produtos homogêneos, mas é grande em função de economias de escala, só vai conseguir vender mais baixando cada vez mais os preços, para motivar seus clientes a comprar mais do seu produto, e não outros produtos de que os clientes também necessitam. Considere uma empresa de cimento, por exemplo. Ela só vai conseguir vender cada vez mais cimento baixando cada vez mais os preços, pois as pessoas têm outras necessidades além de construir, e só vão abrir mão do consumo de outros bens para aumentar seus gastos com construções e reformas se a empresa baixar mais o preço do cimento. No caso de produtos diferenciados, como automóveis, somente baixando cada vez mais os preços é possível vencer a fidelidade dos compradores de carros de outros fabricantes. E assim por diante. Em função disso, a receita total cresce cada vez mais devagar, e a receita marginal diminui.

[4] Com certeza você vai observar que uma variação de uma para duas unidades não é uma "pequena variação" (na verdade, é uma variação de 100%!). Todavia, o interesse do exemplo é fornecer apenas uma ilustração simples do conceito de receita marginal, e não ser preciso, pelo que pedimos que você releve a imprecisão.

Por que, então, a receita marginal é menor do que o preço? Pelo simples fato de que a receita marginal mede o acréscimo à receita total quando aumentamos um pouco a produção, e esse acréscimo será menor do que o preço se este estiver baixando. Para entendermos isso, consideremos novamente a **Tabela A1.1**: ao se produzirem duas unidades, a empresa acrescentou $ 9,50 à sua receita total, *resultante da venda da segunda unidade que ela não vendia antes*, quando produzia apenas uma unidade. Todavia, a primeira unidade a empresa já vendia antes de reduzir o preço, e por um preço maior: $ 10,00; por conseguinte, nesta unidade que ela já vendia antes, a empresa sofre uma *perda resultante da redução do preço em* $ 0,50 (de $ 10,00 para $ 9,50). Sua receita marginal, portanto, é o acréscimo à receita resultante da venda da segunda unidade *menos* a perda provocada pela redução no preço da unidade que ela já vendia antes: $ 9,50 – $ 0,50 = $ 9,00.

O fato de que a RMg é inferior ao preço para a empresa que atua em mercados imperfeitamente competitivos se encontra representado graficamente no **Gráfico A1.3** a seguir.

Gráfico A1.3 – Demanda e receita marginal da empresa em um mercado imperfeitamente competitivo

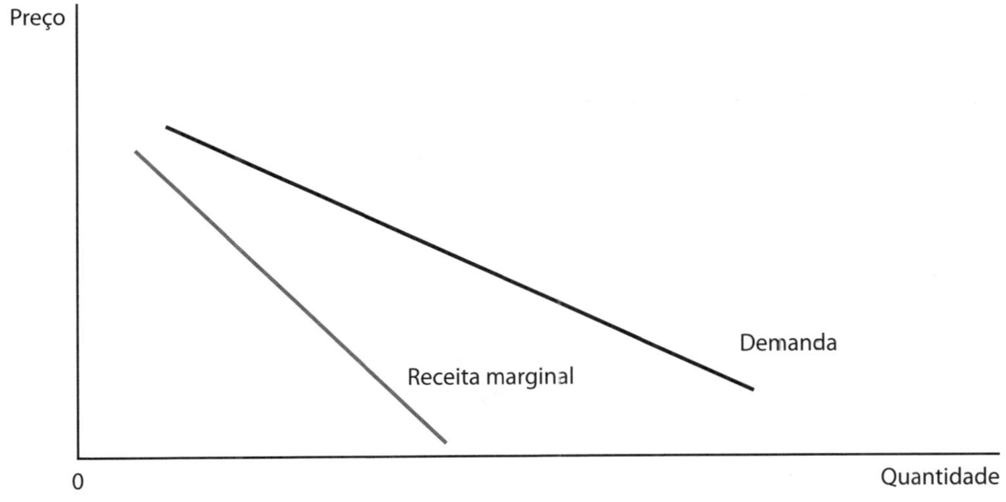

A razão disso é simples: para ampliar a quantidade produzida, a empresa tem de reduzir cada vez mais o preço, pelo simples fato de que a demanda está cada vez mais saturada. Isso pode acontecer, por exemplo, porque, para aumentar sua produção, a empresa tem de conquistar consumidores que possuem uma fidelidade cada vez mais forte aos produtos dos concorrentes, o que somente é possível ampliando ainda mais as reduções de preços, de forma que supere a maior fidelidade desses consumidores.

Ou, alternativamente, a empresa possui uma parcela já grande do mercado, de modo que a única forma de ampliá-la é fazendo com que alguns consumidores deixem de consumir outros bens e serviços *que atendam a outras necessidades* que esses consumidores também desejam, para consumir o produto da empresa em questão. Para isso, é preciso sem dúvida que haja uma significativa redução de preços. Essas reduções cada vez maiores nos preços são cada vez menos compensadas pelo aumento na quantidade vendida, de maneira que, a partir de algum momento, a RMg vai se tornar negativa.

O equilíbrio da empresa com poder de mercado acontece agora em um nível de produção para o qual a RMg iguala o custo marginal, e não mais onde o preço iguala o custo marginal, como no mercado perfeitamente competitivo. Isso porque a empresa avalia quanto cada unidade a mais acrescenta à diferença entre sua receita e seu custo. O valor que cada unidade produzida acrescenta à sua receita, conforme acabamos de ver, é sua receita marginal (que é inferior ao preço). O valor que cada unidade produzida acrescenta ao seu custo é o custo marginal (CMg), que vimos no Capítulo 1. O lucro da empresa aumentará enquanto cada unidade produzida acrescentar mais à receita da empresa do que ao seu custo. Esse lucro será máximo naquela unidade produzida em que a RMg for igual ao CMg. Se a empresa produzir mais do que isso, seu lucro total vai se reduzir, pois o CMg se tornará maior do que a RMg. Essa relação encontra-se descrita no **Gráfico A1.4**.

Gráfico A1.4 – Equilíbrio da empresa em um mercado imperfeitamente competitivo

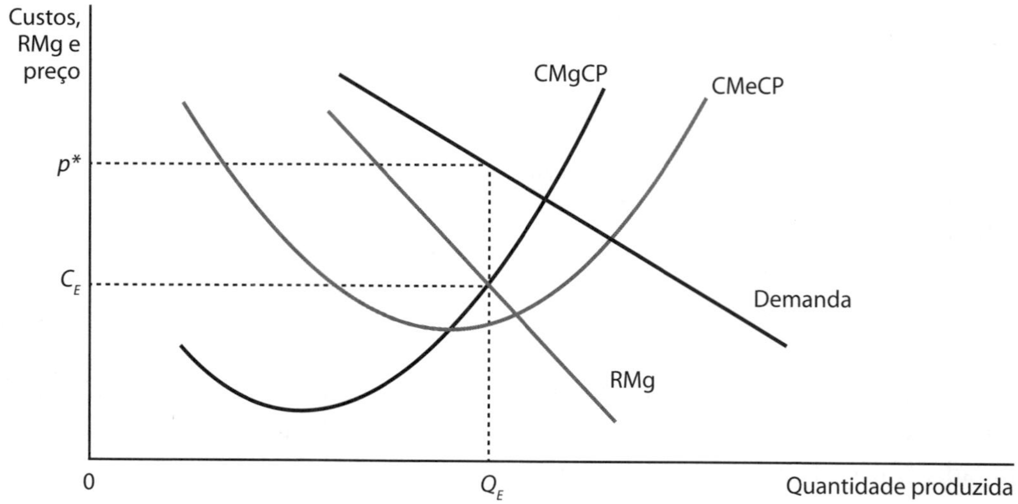

No **Gráfico A1.4**, temos a quantidade produzida pela empresa em equilíbrio, Q_E, a qual resulta da igualdade entre a RMg e o custo marginal de curto prazo, CMgCP. Note que, para quantidades inferiores a Q_E, a RMg é superior ao CMgCP, o que significa que cada unidade acrescenta mais à receita do que ao custo total, e com isso o lucro cresce, valendo a pena aumentar um pouco mais a produção. Em contrapartida, quantidades superiores a Q_E resultam em um CMgCP que supera a RMg, o que reduz o lucro acumulado e torna esses níveis de produção desinteressantes.

Dada a demanda com que a empresa se defronta, a quantidade Q_E resulta em um preço p^*, obtido ao se rebater a quantidade de equilíbrio Q_E até a curva de demanda da empresa. É importante notar que, para o volume de produção de equilíbrio Q_E, a empresa obtém um preço (p^*) que supera o custo médio daquele volume de produção Q_E. A razão disso é simples: como a empresa considera na sua RMg não apenas o ganho de receita pela produção adicional, mas também a perda de receita pelo fato de que a produção adicional vai resultar na redução de seu preço, ela termina por vender menos do que uma empresa perfeitamente competitiva (a qual, por tomar o preço como dado, considera apenas o ganho de receita pela produção adicional). Com isso, o preço tende a se situar acima do seu custo médio.

A1.2 Deficiência na análise da empresa com poder de mercado na abordagem convencional

Embora a análise da empresa com poder de mercado pela abordagem convencional seja bastante elaborada e formalizada, algébrica e graficamente, ela possui uma deficiência séria do ponto de vista da economia de empresa. Essa deficiência fica explícita quando passamos de uma situação de mercado perfeitamente competitivo para a situação em que as empresas possuem poder de mercado: na abordagem convencional, os dois tipos de empresa (sem e com poder de mercado) se diferenciam única e exclusivamente pelas características da demanda com que cada empresa se defronta: no caso do mercado competitivo, a empresa se defronta com uma demanda horizontal; no caso da empresa com poder de mercado, com uma demanda negativamente inclinada. Do ponto de vista dos custos, porém, ambas são descritas pela mesma família de custos de curto e de longo prazo.

Ocorre que é óbvio que uma grande empresa com poder de mercado deva apresentar uma *organização* diferente da de uma pequena empresa sem poder de mercado, e essa diferença *não* se limita apenas à escala de produção. Para entender isso, basta considerar algumas das principais fontes de poder de mercado, tais como o acesso a matérias-primas de qualidade superior (fonte de vantagens absolutas de custos) e a diferenciação de produto. Para assegurar o acesso a fontes privilegiadas de matérias-primas, a empresa tem de ter uma organização bastante ampla geograficamente – com grande frequência internacional –, pois nem sempre as fontes de matérias-primas de maior qualidade se encontram próximas dos grandes centros consumidores. O caso das grandes empresas produtoras de petróleo é típico nesse sentido: elas se organizam internacionalmente, para tentar garantir o acesso a fontes de petróleo com baixo custo de extração e elevada qualidade.

Em contrapartida, para diferenciar seu produto e com isso adquirir poder de mercado, a empresa deve investir em pesquisa e desenvolvimento de novos modelos de produtos, aprimorar características dos produtos já existentes etc., tudo isso acompanhado de campanhas de publicidade para divulgar e valorizar as particularidades de seus produtos. Esse tipo de investimento exige setores de marketing dentro da empresa bastante desenvolvidos, coisa que uma empresa que produza bens homogêneos – como se supõe em modelos de concorrência perfeita – não necessita. Desse modo, é razoável presumir que a organização desses tipos de empresa será diferente.

Assim, do ponto de vista da economia de empresa, a principal deficiência da abordagem convencional é o fato de que ela não consegue explicar as diferenças entre as empresas. Veremos ao longo deste livro como as teorias não convencionais da empresa procuram lidar com as diferenças entre elas e seus problemas de organização.

LEITURAS SUGERIDAS

A abordagem convencional da empresa com poder de mercado pode ser encontrada nos principais manuais de Economia industrial. Entre eles, podemos citar: *Modern Industrial Organization*, de Dennis W. Carlton e Jeffrey M. Perloff (4. ed. Boston: Pearson Addison Wesley, 2005); *Introduction to Industrial Organization*, de Luís M. B. Cabral (Cambridge, Mass.: The MIT Press, 2000); e *Economia Industrial*, editado por David Kupfer e Lia Hasenclever (2. ed. Rio de Janeiro: Elsevier, 2013).

2

A EMPRESA COMO UM PROBLEMA DE AGÊNCIA

Introdução

No capítulo anterior, estudamos a abordagem econômica da empresa que a trata como uma função de produção. Vimos que essa abordagem enfatiza exclusivamente os aspectos tecnológicos: muitos dos resultados que foram obtidos derivaram das propriedades tecnológicas da função de produção que representa a empresa, tais como: rendimentos marginais decrescentes (no curto prazo); retornos crescentes, constantes e decrescentes de escala (no longo prazo) etc. O problema com a abordagem econômica da empresa como função de produção é que seus aspectos propriamente *organizacionais* são deixados de lado. Dito de outra forma, os problemas de hierarquia entre os diferentes níveis de autoridade dentro da administração, assim como o problema da relação entre acionistas e executivos, simplesmente são ignorados na abordagem convencional da empresa como função de produção.

O fato ignorado pela abordagem convencional da empresa como uma função de produção, de que os administradores muitas vezes não são os proprietários da empresa, tem consequências muito importantes. Por desconsiderar que os administradores da empresa não são necessariamente seus proprietários, a abordagem convencional sugere que a gestão da empresa será *sempre* eficiente, pois o único objetivo considerado é a maximização de lucros, o qual enfrentaria apenas os limites da tecnologia existente na obtenção da máxima eficiência e do máximo lucro (dada a demanda pelo seu produto). Dito de forma mais simples: para a abordagem convencional, se os lucros não são maiores (no longo prazo), é porque a tecnologia disponível não permite.

Contudo, a separação entre os proprietários e os administradores não é um fenômeno recente: ele está na origem da grande empresa moderna e, desde o início, foram percebidos problemas nesse modelo de organização. Já no final do século XVIII, Adam Smith (1723-1790), no seu livro clássico intitulado *A Riqueza das Nações* (publicado em 1776), observava que:

> É sempre um conselho de diretores que administra os negócios de uma sociedade por ações. Na verdade, muitas vezes esse conselho está subordinado, sob vários aspectos, ao controle do conselho geral de acionistas. Mas é raro que a maior parte desses acionistas pretenda estar a par de qualquer das atividades da companhia, ou mesmo se incomode com isso, a não ser que prevaleça entre eles o espírito de facção. Contentam-se simplesmente em receber os dividendos anuais e semestrais que os diretores acharem apropriados. [...] No entanto, não se pode esperar que os diretores dessas companhias cuidem do dinheiro de outras pessoas com o mesmo cuidado preocupado com que os sócios de uma associação privada cuidam do seu, já que esses diretores administram dinheiro alheio, não o próprio. [...] Portanto, a negligência e a dissipação necessariamente sempre prevalecem, em maior ou menor grau, na administração dos negócios de uma companhia como essa.[1]

Com o surgimento das grandes empresas de produção em massa nos Estados Unidos, entre os anos 1840 e a Primeira Guerra Mundial, a organização da empresa como sociedade por ações, com separação entre propriedade e gestão[2] e diluição do capital por um grande número de acionistas, tornou-se o padrão entre as grandes empresas. Os Estados Unidos foram pioneiros na difusão desse modelo, como demonstrou o historiador Alfred D. Chandler Jr. (1918-2007), em seu famoso livro *The Visible Hand*: The Managerial Revolution in American Business.[3]

Essas transformações históricas na estrutura da gestão e propriedade da grande empresa moderna foram percebidas nos anos 1930 pelo advogado e diplomata Adolf A. Berle (1895-1971) e pelo economista Gardiner C. Means (1896-1988), em seu livro clássico *A Moderna Sociedade Anônima e a Propriedade Privada*, originalmente publicado

---

[1] SMITH, Adam. *A Riqueza das Nações*. v. II. São Paulo: Martins Fontes, 2003. p. 940-941.

[2] A separação entre propriedade e gestão teria ganhado impulso na empresa moderna a partir dos Estados Unidos em meados do século XIX, e somente mais tarde o modelo teria se popularizado nos principais países da Europa, sendo que na França, por exemplo, só teria realmente se difundido nas grandes empresas – controladas por associações de grandes famílias – após a Segunda Guerra Mundial. Cf. CHANDLER, Alfred; DAEMS, Herman. *Managerial Hierarchies*: Comparative Perspectives on the Rise of the Modern Industrial Enterprise. Cambridge, Massachusetts: Harvard University Press, 1980; e SCHMITZ, Christopher J. *The Growth of Big Business in the United States and Western Europe, 1850-1939*. Cambridge: Cambridge University Press, 1993.

[3] CHANDLER JR., Alfred D. *The Visible Hand*: The Managerial Revolution in American Business. Cambridge, Massachusetts: The Belknap Press, 1977.

nos Estados Unidos em 1932.[4] Berle e Means chamaram a atenção para a concentração econômica nos Estados Unidos no início do século XX e suas consequências, em particular o fato de que ela provocava a dispersão do capital acionário em um grande número de acionistas, todos com pequenas frações do capital total e, assim, sem a possibilidade de exercer controle efetivo sobre os executivos da empresa. Esse fato, aliado à presumida diferença entre os objetivos dos acionistas (que buscariam o maior lucro possível para a empresa) e os dos executivos (que buscariam privilégios pessoais e aumento de poder), estaria resultando em uma liberdade sem precedentes para os executivos das grandes empresas tomarem decisões sobre a produção e a distribuição da riqueza gerada, sem prestar contas quer aos acionistas, quer ao restante da sociedade.

Esses estudos históricos enfatizavam a insuficiência da abordagem convencional da empresa com seu tratamento simplificado da relação entre propriedade e gestão da empresa. Não é assim de surpreender que no *Handbook of Industrial Organization*, editado por R. Schmalensee e R. D. Willig,[5] em seu segundo capítulo, intitulado The Theory of the Firm (A Teoria da Firma, em tradução livre), os economistas Bengt R. Holmström e Jean Tirole (este último ganhador do prêmio Sveriges Riksbank em Ciências Econômicas em Homenagem a Alfred Nobel, em 2014[6]) observassem que no interior das grandes empresas os indivíduos agem por delegação de seus superiores, o que resultaria em uma complexa rede de subordinação hierárquica. Nesse contexto, afirmavam Holmström e Tirole, é razoável indagar quais forças seriam capazes de garantir que as decisões tomadas necessariamente maximizariam os lucros, como afirma a abordagem convencional da empresa.

Podemos assim afirmar que a coincidência entre propriedade e gestão é rara no universo das grandes empresas modernas. O mais comum é que a gestão dessas empresas seja profissional, sendo exercida por pessoas que não são os seus acionistas. Isso possui algumas vantagens, especialmente quando se trata de grandes empresas. A principal vantagem é a de que as pessoas que possuem capital para investir nem sempre possuem as habilidades e aptidões necessárias para administrar a empresa. Com efeito, exigir que o proprietário seja, ao mesmo tempo, o administrador da empresa significa exigir que aquele que possua o capital também tenha habilidades administrativas, o que obviamente nem sempre é o caso, uma vez que parte dessas

[4] MEANS, Gardiner C. *A Moderna Sociedade Anônima e a Propriedade Privada*. São Paulo: Nova Cultural, 1988.

[5] WILLIG, R. D. e SCHMALENSEE, R. (eds.). *Handbook of Industrial Organization*. Amsterdam: Elsevier Science Publishers, 1989.

[6] O prêmio Sveriges Riksbank em Ciências Econômicas em Homenagem a Alfred Nobel, estabelecido em 1968, é concedido pelo Banco Central da Suécia (o Sveriges Riksbank), com base na escolha de um comitê indicado pela Academia de Ciências da Suécia, que também indica o comitê que seleciona os ganhadores do famoso Prêmio Nobel, instituído em 1901 a partir da vontade de Alfred Nobel, e que premia contribuições importantes em Física, Química, Medicina, Literatura e Paz. A entrega dos diferentes prêmios acontece na mesma cerimônia, o que leva muitas pessoas a considerarem equivocadamente que se trata do mesmo prêmio, quando o prêmio para economistas não faz parte dos prêmios instituídos pela vontade de Alfred Nobel.

habilidades são talentos inatos. O fato de o proprietário ser também o gestor não representa um problema grave se a empresa é pequena, pois, nesse caso, as decisões administrativas são relativamente mais simples, e em geral não demandam capacidade gerencial em nível significativo. Contudo, se a empresa possui dimensões expressivas, as decisões gerenciais assumem uma complexidade bastante elevada, o que demanda capacidades e conhecimentos de gestores especializados e talentosos.

Adicionalmente, o fato de que os proprietários não precisam ser, ao mesmo tempo, gestores nas grandes empresas que adotaram a forma de **sociedade anônima** apresenta a vantagem de que esses proprietários podem investir em várias empresas ao mesmo tempo – por meio da aquisição de ações –, sem com isso se comprometer com a gestão das empresas em que investem, ao contrário do que ocorre com o proprietário de uma empresa individual. Desse modo, os acionistas estão livres para aplicar seu capital de modo diversificado em empresas que atuam em diversos setores, em relação aos quais não possuem nenhum conhecimento ou experiência pessoal, levando em consideração na sua decisão de investir apenas o lucro que dela resulta.

Caso estivessem obrigados a administrar a empresa em que investem, somente investiriam naqueles setores que lhes fossem familiares, o que reduziria significativamente a amplitude de suas opções. Com isso, a grande empresa constituída como sociedade anônima pode ter acesso a fontes de capitais muito mais amplas e diversificadas do que o empresário individual, o que aumenta de maneira sensível as possibilidades de crescimento da empresa que separou gestão de propriedade. A separação entre propriedade e gestão foi determinada exatamente pela necessidade de crescimento das corporações modernas.

Todavia, considerar os problemas de organização da empresa como uma cadeia de autoridade que vai dos acionistas aos níveis inferiores da estrutura hierárquica implica a necessidade de admitir o fato de que cada nível dessa cadeia de autoridade enfrenta problemas de informação sobre o comportamento dos níveis inferiores na estrutura de hierarquia. Por exemplo, os acionistas de uma empresa normalmente não conseguem acompanhar todas as decisões de seus executivos, nem conhecem com perfeição o ambiente em que a empresa atua, para avaliar a adequação dessas decisões. O mesmo acontece com os próprios executivos em relação às decisões dos níveis hierárquicos inferiores. Somos forçados, por conseguinte, a abandonar o pressuposto de perfeita informação (tão importante para a abordagem da empresa como função de produção, conforme vimos no primeiro capítulo) se quisermos estudar os problemas organizacionais da empresa.

Assim, foi desenvolvida uma abordagem econômica alternativa à abordagem convencional da empresa como função de produção (ainda que não seja antagônica à abordagem convencional), a qual enfatiza as consequências da assimetria de informação ao longo da cadeia hierárquica para a organização da empresa, com interesse especial na assimetria de informação entre executivos e acionistas: a abordagem da empresa como um problema de agência. **Problemas de agência** são problemas que resultam quando uma parte (o **principal**) delega a tomada de decisões à outra parte (o **agente**), caso o agente não tenha exatamente os mesmos objetivos do principal e este não possua informação adequada acerca das decisões do agente para avaliar se foram as mais adequadas.

Iniciaremos nossa discussão da empresa como um problema de agência com a abordagem conhecida como **Teoria Principal-Agente**. Discutiremos o problema da agência com relação ao fato de que, por não ser o proprietário da empresa, o executivo não costuma se empenhar da maneira que os acionistas gostariam. Em seguida, discutiremos uma abordagem alternativa do problema da agência, que é conhecida como **Teoria Positiva da Agência**. Estudaremos essa teoria a partir de sua contribuição mais conhecida: a análise de Michael C. Jensen e William J. Meckling (1922-1978) acerca de como o problema de agência entre acionistas e executivos afeta a empresa. Concluindo este capítulo, uma breve seção avalia a Teoria Principal-Agente e a Teoria Positiva da Agência como instrumentos para o estudo da empresa.

2.1 A Teoria Principal-Agente e o problema do incentivo

O problema do incentivo para que o agente atue no interesse do principal é um dos principais temas abordados pela Teoria Principal-Agente. Caso houvesse sempre uma correlação perfeita entre a ação ou decisão do agente e o resultado obtido pelo principal, a separação entre propriedade e gestão e, portanto, o fato de o principal não observar as ações do agente, não haveria problema nenhum: o principal poderia incentivar o agente a atuar do modo desejado pelo principal simplesmente remunerando o agente se o resultado desejado for alcançado. Por exemplo, se o desempenho de uma empresa medido por sua lucratividade depende única e exclusivamente do esforço de seus executivos (os agentes), bastaria aos acionistas (os principais) fixar a remuneração dos executivos de tal forma que fossem pagos apenas se o lucro máximo fosse atingido. É provável que isso solucionasse o problema, mesmo que os acionistas não pudessem observar como os executivos de fato se comportaram, pois, como o resultado obtido pelos acionistas dependeria exclusivamente do esforço dos executivos, o nível do esforço dos executivos poderia ser deduzido pelos acionistas levando em conta a lucratividade da empresa.

Ocorre, porém, que no mundo real dificilmente o desempenho de uma empresa depende apenas do esforço de seus executivos. Com efeito, o desempenho da empresa não raro é afetado por variáveis que se encontram fora do controle de seus executivos, tais como flutuações na conjuntura econômica do país e na internacional, mudanças na política econômica, inovações tecnológicas etc. Isso coloca de imediato um problema para a nossa solução anterior, quando o resultado da empresa dependia apenas do esforço dos executivos: agora, o resultado da empresa depende também de um conjunto de circunstâncias externo à empresa e fora do controle de seus executivos, atuando como um fator aleatório. Esse conjunto de circunstâncias é denominado **estado do mundo** ou **estado da natureza**.

Vamos supor, assim, que a variável de interesse para os acionistas seja o lucro da empresa, pois os dividendos pagos são uma proporção desse lucro. Se chamarmos o lucro efetivamente obtido pela empresa de π, o esforço despendido pelo executivo de e, e o estado do mundo de θ (representado pela letra grega teta), temos então que:

$$p = f(e, \theta) \qquad \textbf{(2.1)}$$

A **Equação 2.1** nos diz que a lucratividade é uma função do esforço do executivo e também de fatores aleatórios que o executivo não pode controlar. Desse modo, o executivo não tem como assegurar uma lucratividade elevada apenas com seu esforço: circunstâncias externas à empresa – o estado do mundo – também podem afetar os lucros. Vamos supor que esses fatores aleatórios possuam determinada amplitude de variação – isto é, os fatores aleatórios não apresentam um valor constante e que, portanto, possa ser antecipado com certeza –, mas que, ao longo do tempo, *em média*, o efeito dos fatores aleatórios que tendem a aumentar os lucros (dado o esforço dos executivos) seja exatamente compensado pela ação dos fatores aleatórios que tendem a diminuir os lucros (dado o esforço dos executivos). Dessa maneira, se o executivo se esforçar, *em média*, os lucros serão maiores do que se ele não se esforçar.[7]

Para ilustrar o papel de θ na **Equação 2.1**, considere a princípio a relação entre acionistas (que atuam como principal) e o executivo de uma empresa (que atua como agente).[8] Imagine que a empresa em questão seja uma editora, cujas vendas de livros dependam de fatores como: crescimento do emprego (e, portanto, do poder de compra dos leitores), reação nas redes sociais aos títulos lançados, lançamentos dos concorrentes etc. A combinação desses fatores constitui um estado do mundo, que pode atuar gerando um lucro maior ou menor, dado o *mesmo* esforço do executivo da editora.

---

[7] A hipótese de que os fatores aleatórios se compensam mutuamente ao longo do tempo não é essencial à análise, mas facilita bastante a exposição.

[8] Em toda a discussão que se segue vamos supor que, não obstante constituírem um grupo, os acionistas têm preferências idênticas em relação ao comportamento do executivo, e assim podem ser considerados constituintes de um único "principal". Com grande frequência não é assim que ocorre na prática, tampouco a Teoria Principal-Agente exige que assim o seja, pois essa teoria também discute casos de múltiplos principais (e múltiplos agentes). Contudo, isso tornaria a apresentação excessivamente complexa para uma introdução ao tema, portanto adotaremos essa simplificação.

Vale destacar que o mesmo tipo de análise também pode ser aplicado no interior das empresas, pois ao longo da cadeia hierárquica usualmente se verifica a mesma necessidade de o principal (no caso, um executivo em um nível hierárquico superior) distinguir o verdadeiro estado do mundo, e com isso estabelecer a recompensa do seu agente (um funcionário em nível inferior). Por exemplo, o desempenho da linha de produção da nossa hipotética editora pode ser afetado por aumentos ou diminuições imprevistos na oferta de matérias-primas, variações imprevistas na qualidade da assistência técnica dos equipamentos, softwares utilizados na editoração etc. Assim, nossa análise sobre a relação entre o executivo e os acionistas pode ser facilmente reproduzida para qualquer nível da escala hierárquica da empresa.

Em geral, a realidade é bastante complexa, o que torna muitas vezes difícil averiguar qual foi o nível de esforço realizado pelos agentes e como o fator θ afetou esse nível de esforço (no caso, o executivo da editora). Especialmente importante é o caso em que não é possível verificar o esforço que o agente realizou. Se não for possível identificar qual o esforço que o agente de fato realizou e o estado do mundo que efetivamente ocorreu, diz-se que *o esforço do agente e o estado do mundo não são observáveis*. Trata-se da situação em que a única informação de que o principal dispõe é o lucro obtido. Esse é o caso mais interessante para se analisar.

O fato de o esforço do agente e o estado do mundo não serem observáveis torna a remuneração do agente mais complexa, justificando um tratamento teórico mais sofisticado da forma pela qual essa remuneração é especificada nessas condições de incerteza, ou seja, da forma como deve ser elaborado o contrato entre principal e agente. Os economistas tendem a considerar um contrato qualquer compromisso mútuo entre partes que envolva uma transação econômica e seja garantido legalmente. Nossa preocupação com os contratos sob a perspectiva da Teoria Principal-Agente se restringe apenas às regras que determinam quais incentivos o tipo de remuneração paga ao agente oferece, visando a que ele atue no interesse do principal.

Há diferentes tipos de contratos possíveis, cada um estabelecendo diferentes incentivos de acordo com a maneira pela qual o agente é remunerado. Por exemplo, pode ser estabelecido um contrato de remuneração fixa em que a remuneração do agente é fixada independentemente do estado do mundo, do nível de esforço exercido pelo agente ou mesmo da rentabilidade do empreendimento. Um exemplo de contrato de remuneração fixa em que a remuneração do agente é estabelecida dessa maneira é o contrato salarial da maioria dos trabalhadores nas empresas: o valor de seu salário é fixado não importando o estado do mundo, seu próprio esforço ou os lucros da empresa. Nesse tipo de contrato, o ganho do agente (o salário) independe do seu nível de esforço, enquanto o ganho do principal é a diferença entre a rentabilidade do empreendimento e o salário do agente, e assim o principal arca com todo o risco do empreendimento. Chama-se **renda residual** o ganho que sobra para qualquer uma das partes (principal ou agente), depois de pagos os custos do empreendimento. Nesse caso, é o principal que obtém a renda residual. O indivíduo que tem direito à renda residual é chamado **demandante residual**.

Há também contratos em que a remuneração do principal – proprietário de uma marca comercial, ou de um terreno – é fixada independentemente dos diferentes estados do mundo, e o agente é quem assume a posição de demandante residual. É o que acontece, por exemplo, nos contratos de *arrendamento*. No caso de um contrato de arrendamento, o principal recebe um aluguel fixo pelo ativo arrendado – um terreno, um galpão, uma máquina ou uma marca comercial – não importando o estado da natureza, e o agente – quem explora o ativo arrendado – fica com a diferença entre a receita que resulta da exploração do ativo e os custos, incluindo o valor do aluguel. Assim, é o agente que fica com a renda residual. E, como ela pertence ao agente, ele tem todo o incentivo para maximizar o esforço e a rentabilidade do empreendimento, mas em contrapartida tem também de arcar com os riscos dos diferentes estados do mundo que podem afetar a rentabilidade do ativo.[9]

Outro tipo de contrato possível é o contrato com que se remunera o agente por meio de *participação nos lucros*. Esse tipo de contrato pode envolver duas parcelas na remuneração do agente: uma parcela que é fixa, ou seja, que não flutua quando os lucros variam, e outra parcela que representa um percentual dos lucros. Esse tipo de contrato pode ser observado nas organizações em que os funcionários ganham um salário fixo *mais* uma participação nos lucros da empresa. É também comum que se ofereça esse tipo de remuneração a executivos que comandam grandes empresas.

Há, na verdade, toda uma variedade de contratos possíveis. O problema é que o incentivo oferecido por eles depende da situação que envolve o contrato entre o principal e o agente. Para ilustrar isso, considere brevemente o contrato de remuneração fixa do agente: um contrato assim pode ser adequado quando o esforço individual do agente influencia pouco o resultado obtido pelo principal (esse é um dos motivos para ser o tipo de contrato mais usado para determinar a remuneração dos operários nas fábricas, tendo em vista que o esforço de cada trabalhador, individualmente, pode ser observado com facilidade e tem pouco impacto sobre o lucro final da empresa).[10] Contudo, o mesmo contrato de remuneração fixa não parece ser o tipo mais adequado quando o esforço do agente tem impacto significativo sobre o resultado do principal (por isso as pessoas pagam comissão na forma de percentual sobre o valor

---

[9] Se o ativo arrendado for um terreno destinado a cultivo agrícola, por exemplo, os fatores que compõem o estado do mundo que afeta o retorno do ativo são as variações nas precipitações pluviométricas, temperaturas excessivas, ocorrência de pragas etc. No caso de uma marca comercial, o estado do mundo pode ser afetado por flutuações na demanda do produto associado à marca, nos custos operacionais etc.

[10] O outro motivo é que, quanto menores a renda e a riqueza de um agente, menor a disposição do agente em questão em correr riscos, pois as variações nos seus ganhos podem acarretar uma perda de riqueza que reduza substancialmente seu bem-estar. Veremos isso ao discutir o conceito de *aversão ao risco* mais adiante.

da venda a um corretor de imóveis, quando desejam vender sua casa). Um contrato que se mostra eficiente em um caso pode ser ineficiente em outro. A questão então se torna escolher o melhor contrato para as circunstâncias específicas que envolvem a relação entre principal e agente. A primeira etapa para selecionar o melhor contrato é estudar quais são as características de um contrato eficiente. Esse será o nosso próximo tema.

2.1.1 As condições de um contrato eficiente

O conceito de eficiência empregado na análise dos contratos é o conceito econômico de **eficiência de Pareto**, em homenagem ao economista e sociólogo italiano Vilfredo Pareto (1848-1923), para quem uma situação é eficiente quando é *impossível* melhorar alguma pessoa sem piorar outra. As situações ineficientes, pelo contrário, seriam aquelas em que é possível melhorar alguém sem piorar ninguém, o que somente pode acontecer se existirem ganhos em potencial que não estejam sendo explorados, ou seja, se houver desperdício. Portanto, uma situação "Pareto--ineficiente" é aquela em que há desperdício, pois há algum ganho que seria possível, mas que não está sendo aproveitado. Nesse sentido, um **contrato eficiente** é aquele em que nenhuma das duas partes pode melhorar sua posição no contrato sem piorar a posição da outra parte.

Desse modo, um contrato promove a **eficiência na produção** quando maximiza a soma dos ganhos obtidos que podem ser repartidos entre o principal e o agente. Se o contrato em questão não maximizar os ganhos totais, então o contrato não é eficiente na produção, pois é possível melhorar a posição quer do principal, quer do agente, ou mesmo de ambos, sem piorar a situação nem do principal nem do agente. Somente no caso de um contrato que maximize os ganhos totais é que temos um contrato eficiente, pois, como a soma dos ganhos é máxima, a única maneira de aumentar o ganho de uma das partes é diminuindo o ganho da outra.

Mais especificamente: um contrato eficiente (que maximize os ganhos totais) terá de satisfazer duas condições:

1) Deve proporcionar um ganho suficiente ao agente para que ele aceite o contrato. Ou seja, o contrato deve definir uma remuneração para o agente que seja considerada satisfatória por ele, dada a tarefa que tem de realizar. Se o contrato não incorporar uma remuneração adequada, dada a tarefa que o agente deve realizar no interesse do principal, o agente pode simplesmente recusá-lo. Em termos formais, diz-se que o contrato deve satisfazer a condição de **restrição de participação** (do inglês *participation constraint*).

2) Deve fornecer os incentivos adequados para que, após a contratação, o agente desempenhe suas tarefas no interesse do principal. Também em termos formais, diz-se que o contrato deve satisfazer a condição de **compatibilidade de incentivos** (do inglês *incentive compatible*).

Vamos ilustrar a aplicação desses conceitos em uma situação muito simples de perfeita informação, ou seja, quando o principal sabe exatamente o esforço que o executivo realizou.

2.1.2 Contratos com perfeita informação

Com perfeita informação, isto é, se o principal conhece o esforço realizado pelo agente, é muito fácil implementar um contrato eficiente: basta estabelecer um contrato em que o agente receberá o valor do seu *custo de oportunidade* por realizar o nível desejado de esforço que maximiza os lucros da empresa, desde que o agente realize efetivamente esse nível de esforço. Caso contrário, o agente nada recebe. Essa proposta de contrato é eficiente de acordo com os critérios que acabamos de ver? A resposta é afirmativa: essa solução é eficiente, pois maximiza os ganhos conjuntos. Ao induzir o agente (o executivo) a realizar o esforço que maximiza os lucros para obter sua remuneração, o excedente conjunto – isto é, os lucros antes de se remunerar o agente – é consequentemente maximizado, alcançando-se assim a eficiência na produção.

Essa solução atende à restrição de compatibilidade de incentivos, pois induz o agente a agir no interesse do principal exercendo o nível de esforço que maximiza os ganhos do principal (se não o fizer, o agente nada recebe), e ao mesmo tempo atende à restrição de participação, pois o agente receberá a remuneração que corresponde ao seu custo de oportunidade para aquele nível de esforço; assim, ele não recusará o contrato. Vimos no Capítulo 1 que custo de oportunidade é o ganho obtido na segunda alternativa mais rentável de aplicação do recurso.[11] No caso, o custo de oportunidade do agente é o ganho na segunda melhor alternativa de emprego do agente que envolva esforço semelhante. Dessa maneira, um contrato que ofereça uma remuneração igual à compensação exigida pelo agente estará pagando seu custo de oportunidade e, portanto, atende à restrição de participação.[12] Temos nesse caso um contrato eficiente.

[11] No Capítulo 1, vimos o conceito de custo de oportunidade com relação aos lucros da empresa. O mesmo raciocínio se aplica aqui, mas agora com relação aos ganhos do executivo.

[12] Na verdade, a rigor, um contrato que oferece ao agente exatamente o seu custo de oportunidade deve apenas deixá-lo *indiferente* entre aceitar ou rejeitar o contrato. Aqui vamos convencionar – apenas para simplificar – que, caso seja oferecido ao agente um contrato que o deixe indiferente entre aceitá-lo ou rejeitá-lo, ele o aceitará. Se essa convenção o incomodar, você pode imaginar que os valores calculados ao longo do texto e que remuneram o agente exatamente pelo seu custo de oportunidade são na verdade apenas uma referência, e que o principal utiliza esses cálculos para oferecer contratos cujos valores aqui obtidos são acrescidos de um centavo ou um real, o valor mínimo suficiente para que o agente se decida por aceitar a oferta.

Adicionalmente, um contrato também é dito *primeiro melhor* ou *segundo melhor*. Um **contrato primeiro melhor** é aquele que permite ao principal se apropriar de todos os ganhos do empreendimento, deixando ao agente somente o estritamente necessário para que esse último aceite o contrato. Se uma restrição impede o principal de elaborar um contrato primeiro melhor, em que ele se aproprie de todos os ganhos, o contrato que pode ser efetivamente elaborado é dito um **contrato segundo melhor**. Assim, o caso que estamos analisando também envolve um contrato primeiro melhor, pois o contrato proposto permite ao principal obter todo o excedente do empreendimento (isto é, todo o lucro que excede a compensação exigida pelo agente).

Essa situação de perfeita informação foi apresentada aqui apenas para ilustrar como os conceitos relacionados à eficiência que acabamos de discutir se aplicam à análise de um contrato no modelo principal-agente, mas a situação de perfeita informação é de pouco interesse para a análise principal-agente. Isso porque, apesar de eficiente e primeiro melhor, esse contrato foi obtido em uma situação trivial e pouco interessante: a situação em que o principal tem perfeita informação acerca do esforço do agente (e na qual as variações do estado do mundo não afetam a rentabilidade do empreendimento). Trata-se de uma situação de pouco interesse, até porque na realidade os resultados das empresas são afetados por diferentes eventos, e não apenas pelo esforço dos executivos. Em outras palavras: há sempre **incerteza** quanto ao desempenho das empresas, incerteza essa provocada pelo fato de que as circunstâncias que afetam o funcionamento e a rentabilidade das empresas não são perfeitamente previsíveis.

Se há incerteza, há risco. Como os ganhos não são mais perfeitamente previsíveis, há o risco de perdas que diminuam a riqueza que as partes esperam obter do empreendimento. A consideração da incerteza na Teoria Principal-Agente, portanto, exige conhecer a atitude do principal e do agente com relação ao risco. Isso porque a recompensa exigida para participar de uma transação depende fundamentalmente da atitude que se tem em relação à incerteza envolvida nela. Indivíduos que têm maior dificuldade para aceitar riscos – que apresentam *aversão ao risco* – exigirão uma recompensa maior do que aqueles que não possuem a mesma aversão. Daí a necessidade de discutirmos previamente os tipos de preferências mais comuns que os indivíduos podem apresentar em relação ao risco: *aversão ao risco* e *neutralidade em relação ao risco*.[13]

2.1.3 Introduzindo incerteza: utilidade esperada

Mencionamos antes o fato de que, se o estado do mundo afeta a rentabilidade da empresa, e uma vez que o estado do mundo varie aleatoriamente, a situação se torna mais complexa para o principal. Isso porque em situações em que variações

[13] Além de neutralidade e aversão em relação ao risco, há um terceiro tipo de atitude: *propensão ao risco*.

do estado do mundo afetam os resultados da empresa, mas nas quais tais variações não podem ser antecipadas com exatidão, há também um *risco* inerente à atividade, e surge a questão acerca de como o risco deve ser compartilhado entre principal e agente. Desse modo, um contrato promove a **eficiência no compartilhamento de riscos** quando a maior parte dos riscos do empreendimento é suportada pela parte (seja principal ou agente) com maior disposição para aceitar riscos. Contudo, o que significa exatamente dizer que uma das partes na relação principal-agente está mais disposta a suportar riscos do que a outra? Como podemos analisar a disposição de uma pessoa para aceitar riscos? Precisamos estudar o comportamento do principal e do agente em relação ao risco.

O ponto de partida para a análise do comportamento do principal e do agente em relação ao risco é o conceito de *valor esperado*. O **valor esperado** nada mais é do que *a média dos diferentes resultados que podem acontecer, ponderados pela probabilidade de cada resultado.* Por exemplo, se uma aplicação financeira apresenta uma probabilidade de 50% de gerar um ganho anual de R$ 14.400,00, e uma probabilidade de 50% de produzir um ganho anual de R$ 40.000,00, o valor esperado E(R) do ganho anual de riqueza R a ser proporcionada por essa hipotética aplicação seria de:

$$E(R) = (0{,}5) \times (\text{R\$ } 14.400{,}00) + (0{,}5) \times (\text{R\$ } 40.000{,}00) =$$
$$= \text{R\$ } 7.200{,}00 + \text{R\$ } 20.000{,}00 = \text{R\$ } 27.200{,}00$$

Você deve ter percebido que o valor esperado não mede o valor que efetivamente vai ocorrer em determinado ano, pois, em um ano específico, ou a aplicação apresentará o ganho de R$ 14.400,00 ou um ganho de R$ 40.000,00. O valor esperado indica *a média do que deve acontecer, dadas as probabilidades de cada evento.* Essa média é muito importante, pois sintetiza *o ganho que se pode esperar em média da aplicação ao longo dos anos*, se as demais condições que afetam essa aplicação não se alterarem. Isto é, se pudermos calcular a média de ganhos anuais por um período bem longo, o valor dessa média estaria próximo de R$ 27.200,00.

Contudo, o conceito de valor esperado ainda não é suficiente para analisarmos a atitude do principal e do agente em relação ao risco. Para isso, os economistas dispõem do conceito de *utilidade esperada*. A **utilidade esperada** mede a utilidade (satisfação) que uma pessoa obtém de um possível resultado futuro, ponderada pela probabilidade desse resultado. A lógica de se ponderar a satisfação de um indivíduo com um possível resultado futuro pela probabilidade desse resultado é bastante intuitiva: normalmente, as pessoas não atribuem um nível elevado de satisfação a possíveis resultados futuros que tenham uma chance muito remota de acontecer. Basta pensar no caso de uma loteria muito concorrida: ainda que uma pessoa que aposta na loteria deseje muito ganhar o prêmio e obtenha uma grande utilidade caso de fato venha a ganhar, dificilmente ela atribuiria *a mesma utilidade* ao ato da aposta em si, se as chances de premiação fossem muito pequenas. Assim, embora o valor do prêmio em si possa gerar uma utilidade elevada para o apostador, como ele é ponderado pela probabilidade de ser premiado, e essa probabilidade é muito pequena, ele resulta em uma baixa utilidade esperada.

Daí que a utilidade esperada é calculada ponderando-se as utilidades que os diferentes ganhos podem proporcionar pelas suas probabilidades relativas. Desse modo, considere uma loteria que ofereça um número qualquer n de ganhos possíveis, sendo o valor de cada ganho dado por x_1, x_2, ... até x_n. As utilidades de cada ganho individual são dadas por: $U(x_1)$, $U(x_2)$, ... até $U(x_n)$. Suponha que a probabilidade de cada ganho seja p_1 para o ganho de x_1, p_2 para o ganho de x_2 e assim por diante, até a probabilidade p_n do n-ésimo ganho x_n, sendo que a soma das n probabilidades $p_1 + p_2 + ... + p_n$ é igual a 1, pois os eventos x_1, x_2, ..., x_n descrevem todos os resultados possíveis da loteria. A utilidade esperada será dada por:

$$UE = p_1[U(x_1)] + p_2[U(x_2)] + ... + p_n[U(x_n)] \qquad \textbf{(2.2a)}$$

Agora imagine uma loteria mais simples, que pode pagar um valor alto (x_1) ou um valor baixo (x_2), cada evento com suas probabilidades. Mais uma vez, se há apenas dois resultados possíveis, a soma de suas probabilidades deve ser igual a 1 e, portanto, se a probabilidade de x_1 for p_1, a probabilidade de x_2 terá de ser $(1 - p_1)$. A **Equação 2.2a** assumiria então a forma mais simples apresentada a seguir:

$$UE = p_1[U(x_1)] + (1 - p_1)[U(x_2)] \qquad \textbf{(2.2b)}$$

Na **Equação 2.2b**, temos que p_1 é a probabilidade do resultado x_1, $(1 - p_1)$ é a probabilidade do resultado x_2, $U(x_1)$ é a utilidade do resultado x_1 e $U(x_2)$ é a utilidade do resultado x_2. Essa forma mais simples de se representar a utilidade esperada será muito útil a seguir na nossa discussão.

Vista a definição de utilidade esperada, a questão se torna, portanto, o formato das funções de utilidade $U(x)$. Essas funções de utilidade podem ter diversos formatos. Vamos começar com o caso mais simples, que é o do indivíduo neutro em relação ao risco.

2.1.3.1 Neutralidade em relação ao risco

Para deixar claro o conceito de utilidade esperada, imagine que a utilidade que um indivíduo deriva de um ganho de R$ 14.400,00 seja U(R$ 14.400,00) = 14.400, e a utilidade que o mesmo indivíduo deriva de um ganho de R$ 40.000,00 seja U(R$ 40.000,00) = 40.000. Estamos assim supondo que o indivíduo seja capaz de atribuir números expressando sua satisfação, como se desse uma "nota" a cada nível de riqueza de acordo com sua satisfação ou utilidade, e que essa "nota" aumente na mesma proporção do aumento da riqueza. Sua função de utilidade seria dada então por:

$$U(R) = R \qquad \textbf{(2.3)}$$

Vejamos como calcular a utilidade esperada (UE) do indivíduo em questão, que resultará da aplicação da **Equação 2.2b** à sua função de utilidade na **Equação 2.3**: suponha que em dada situação o nosso indivíduo hipotético possua 50% de chances de ganhar R$ 14.400,00 e 50% de chances de ganhar R$ 40.000,00. A partir da função de utilidade da **Equação 2.3**, segue-se que a utilidade esperada (UE) será de:

$$UE = (0{,}5) \times U(R\$\ 14.400{,}00) + (1 - 0{,}5) \times U(R\$\ 40.000{,}00) =$$
$$= 0{,}5(14.400) + 0{,}5(40.000) = 7.200 + 20.000 = 27.200$$

Se a função de utilidade do indivíduo for aquela descrita na **Equação 2.3**, a *utilidade esperada* desse indivíduo de obter um ganho de R$ 14.400,00 com 50% de chances e um ganho de R$ 40.000,00 com 50% de chances será de 27.200.

Uma questão muito importante agora diz respeito à utilidade que esse indivíduo atribui ao *valor esperado* dos ganhos, quando comparado com a *utilidade esperada* que resulte desses mesmos ganhos. Isto é, uma vez que o indivíduo atribui uma utilidade esperada de 27.200 para ganhos de R$ 14.400,00 com 50% de chances e de R$ 40.000,00 com 50% de chances, *qual é a utilidade que ele obteria por receber com certeza o valor esperado dos ganhos*, isto é, por receber *com certeza* R$ 27.200,00? Ao fazermos essa pergunta ao indivíduo, na verdade estamos indagando o que ele prefere: correr o risco de receber R$ 40.000,00 com 50% de chances, mas também se arriscar a receber apenas R$ 14.400,00 com 50% de chances, ou receber o valor esperado de R$ 27.200,00 com certeza?

Vamos supor que o indivíduo diga que é *indiferente* entre correr o risco de receber R$ 40.000,00 com 50% de chances e receber R$ 14.400,00 com 50% de chances, ou receber com certeza o valor esperado de R$ 27.200,00. Chamando à riqueza que o indivíduo pode obter de R, ao valor esperado da riqueza de E(R), e à utilidade do valor esperado da riqueza de U[E(R)], se o indivíduo for indiferente entre receber o valor esperado da riqueza (R$ 27.200,00) ou correr o risco de ganhar R$ 40.000,00 com 50% de chances e ganhar R$ 14.400,00 também com 50% de chances, então *ele deverá atribuir uma utilidade ao valor esperado da riqueza idêntica à utilidade esperada dos ganhos*, isto é,

UE = U[E(R)] = 27.200. Isso é exatamente o que acontece dada a função de utilidade do indivíduo especificada na **Equação 2.3**, pois naquele caso temos que:

$$UE = (0,5) \times U(R\$\ 14.400,00) + (1 - 0,5) \times U(R\$\ 40.000,00) =$$
$$= 0,5(14.400) + 0,5(40.000) = 27.200$$

e

$$U[E(R)] = U[(0,5)(R\$\ 14.400,00) + (0,5)(R\$\ 40.000,00)] =$$
$$= U(R\$\ 27.200,00) = 27.200$$

O nosso hipotético indivíduo se mostra então indiferente entre um ganho que produza um lucro de R$ 27.200,00 *em média* e o mesmo ganho *com certeza*. Sendo o indivíduo indiferente entre os dois ganhos, pois ambos lhe fornecem a mesma utilidade, diz-se que, nesse caso, o indivíduo é *neutro em relação ao risco*. De forma geral, a característica da **neutralidade em relação ao risco** indica que o indivíduo não mostra preferência entre um resultado com certeza e o mesmo resultado em média, portanto, essa característica implica que *o indivíduo não é afetado pelo risco presente no segundo tipo de resultado* (daí sua "neutralidade").

2.1.3.2 Aversão ao risco

Vamos supor agora que o indivíduo tenha uma atitude diferente com relação ao risco. Pode ser que ele *não* goste de correr riscos. Na verdade, a disposição para correr riscos depende da riqueza do indivíduo. Um indivíduo com um volume expressivo de riqueza em geral se dispõe com maior facilidade a sujeitar uma parcela dessa riqueza a flutuações e riscos do que um indivíduo com poucos recursos, e para o qual uma perda pode significar uma dramática redução do seu bem-estar. Dessa forma, é razoável esperar que o indivíduo tenha um comportamento neutro em relação ao risco quando a parcela de sua riqueza afetada por dada flutuação não seja significativa em relação a sua riqueza total. Caso contrário, nosso hipotético indivíduo deve se mostrar mais resistente a assumir riscos.

Se o indivíduo não gosta de correr riscos, significa que ele prefere receber determinado valor *com certeza* a correr o risco de ganhar o mesmo valor *em média*. Em outras palavras, levando em conta nosso exemplo, ele iria preferir receber R$ 27.200,00 com certeza a correr o risco de ganhar apenas R$ 14.400,00 com 50% de chances, ainda que também tenha 50% de chances de ganhar R$ 40.000,00. Diz-se que um indivíduo possui **aversão ao risco** justamente se ele prefere receber determinado valor com certeza a correr o risco de ganhar o mesmo valor em média. Ou seja, a flutuação dos ganhos reduz a utilidade de um indivíduo avesso ao risco.

Vamos ilustrar isso com um exemplo muito simples. Suponha que desta vez a função de utilidade da riqueza U(R) do agente (que possui aversão ao risco) seja dada por:

$$U(R) = \sqrt{R} \quad \textbf{(2.4)}$$

A função de utilidade do agente descrita na Equação 2.4 expressa uma possível função de utilidade com aversão ao risco, pois nela a utilidade de um ganho com certeza é maior do que a utilidade de um mesmo ganho em média.[14] Para visualizar isso, vamos aplicar a função de utilidade da **Equação 2.4** ao nosso exemplo hipotético. Já vimos que o agente tem a chance de ganhar R$ 14.400,00 com 50% de chances ou R$ 40.000,00 também com 50% de chances. Sua utilidade esperada, portanto, dada a função de utilidade da riqueza na **Equação 2.4**, será:

$$UE = [(0{,}5)(\sqrt{R\$\ 14.400})] + [(0{,}5)(\sqrt{R\$\ 40.000})] = [(0{,}5)(120) + (0{,}5)(200)] = 160$$

Vejamos agora a utilidade do valor esperado dessa mesma riqueza, caso o agente receba esse valor *com certeza*, que chamamos de U[E(R)]:

$$U[E(R)] = \sqrt{[(0{,}5)(R\$\ 14.400) + (0{,}5)(R\$\ 40.000)]} = \sqrt{R\$\ 27.200} \cong 164{,}9$$

Como a utilidade do valor esperado da riqueza (164,9) é maior do que a utilidade esperada (160), o indivíduo prefere receber o valor esperado com certeza a correr o risco de ganhar R$ 14.400,00 com 50% de chances e R$ 40.000,00 com 50% de chances.[15]

Não apenas a utilidade esperada de um indivíduo com aversão ao risco é menor do que a utilidade do valor esperado pago com certeza, mas também sua utilidade diminui quando a amplitude de variação dos resultados possíveis aumenta. Para exemplificar isso, suponha agora que nosso hipotético indivíduo avesso ao risco

---

[14] Isso não acontece por acaso, mas porque a função U(R) na **Equação 2.3** é estritamente côncava. Funções estritamente côncavas são aquelas em que uma reta unindo dois pontos na curva da função se situa sempre abaixo da própria curva. No caso que estamos estudando, a função U(R) será estritamente côncava se, dados dois valores de riqueza R_1 e R_2, com $R_2 > R_1$, para qualquer k tal que $0 < k < 1$, for verdade que: $U[kR_1 + (1-k)R_2] > kU(R_1) + (1-k)U(R_2)$. Você poderá verificar por si mesmo que a função $U(R) = \sqrt{R}$ atende a essa condição.

[15] Já um indivíduo com **propensão ao risco** é aquele cuja utilidade esperada supera a utilidade do mesmo valor esperado. No nosso hipotético exemplo, um indivíduo com propensão ao risco *preferiria* a proposta de receber R$ 14.400,00 com 50% de chances e R$ 40.000,00, também com 50% de chances, à proposta de R$ 27.200,00 com certeza. Como em geral esse caso não é o usual na Teoria Principal-Agente, ele não será discutido aqui.

possua a chance de ganhar R$ 6.400,00 com 50% de chances, e R$ 48.000,00 também com 50% de chances. Você poderá perceber rapidamente que o valor esperado neste segundo caso também é de R$ 27.200,00, mas a amplitude de variação aumentou, o que significa que o risco embutido na proposta também se elevou. Com isso, a utilidade esperada *UE* do agente diminui:

$$UE = [(0,5)(\sqrt{R\$\ 6.400,00})] + [(0,5)(\sqrt{R\$\ 48.000,00})] = [(0,5)(80) + (0,5)(219,09)] \cong$$
$$\cong 40 + 109,5 \cong 149,5$$

Embora o ganho esperado seja o mesmo que antes, a amplitude de variação dos ganhos aumentou e com isso a utilidade do agente diminuiu (agora é 149,5, enquanto antes era 164,9). É fácil perceber que isso não ocorre quando o indivíduo é risco neutro, pois, conforme vimos anteriormente, ele não se preocupa com a variação nos ganhos, mas sim com o valor esperado deles. Vale notar que indivíduos que possuem aversão ao risco podem apresentar *graus* distintos de aversão, de acordo com a maneira pela qual a flutuação nos ganhos afeta sua utilidade. Ou seja, quando dois indivíduos com diferentes graus de aversão ao risco são confrontados com uma *mesma situação* que envolva possibilidades de ganhos (com as respectivas probabilidades) idênticas, o indivíduo com maior grau de aversão ao risco será aquele que terá a menor utilidade, ainda que a situação seja idêntica para os dois. O grau de aversão ao risco mede, portanto, o grau de conservadorismo do indivíduo.

Vimos anteriormente que um contrato promove a eficiência no compartilhamento de riscos quando a maior parcela de riscos do empreendimento é suportada pela parte (seja principal ou agente) com maior disposição para aceitar riscos. Agora temos um critério claro para examinar a **eficiência no compartilhamento de riscos**: um contrato eficiente no compartilhamento de riscos é aquele em que a parte que apresenta o menor grau de aversão a risco, ou que é neutra em relação ao risco, assume a maior parcela dos riscos do empreendimento. Desse modo, por exemplo, um contrato que distribui igualmente os riscos entre uma parte avessa ao risco e outra que é neutra em relação a ele não promove um compartilhamento eficiente de riscos, pois se os riscos que são suportados pela parte avessa a eles fossem todos transferidos para a parte que é neutra em relação ao risco, a utilidade dessa última não seria afetada (exatamente porque é neutra em relação ao risco), enquanto a utilidade da parte avessa em relação ao risco aumentaria. Como nesse caso seria possível aumentar a utilidade de uma das partes (a parte avessa ao risco) sem diminuir a utilidade da outra (a parte neutra em relação ao risco), um contrato que distribua igualmente os riscos entre uma parte avessa ao risco e outra que é neutra em relação a ele não promove um compartilhamento de riscos eficiente, no sentido da eficiência de Pareto que vimos anteriormente.

Os conceitos de neutralidade e aversão ao risco vão nos permitir agora analisar os contratos que envolvem incerteza. Este será nosso próximo assunto.

2.1.4 Contratos com informação assimétrica

Diz-se haver **informação assimétrica** ou **assimetria de informação** em uma transação quando uma das partes envolvidas dispõe de informação importante para a transação que a outra parte não pode obter com facilidade, isto é, a baixo custo. Por informação assimétrica entende-se, no caso que estamos considerando, a situação em que o principal não tem como conhecer o esforço realizado pelo agente. A Teoria Principal-Agente adverte para a presença de *risco moral* quando há assimetria de informação e o principal não tem como conhecer as ações do agente. **Risco moral** (do inglês *moral hazard*) é a possibilidade de o agente não agir de acordo com os interesses do principal, depois do contrato firmado. Obviamente, apenas há risco moral quando houver assimetria de informação e o principal não puder observar as ações do agente, por isso risco moral também é chamado de **problema da ação oculta** (*hidden action* em inglês). Você já deve ter adivinhado que os casos realmente interessantes são aqueles que envolvem risco moral, ou seja, quando o principal não tem como saber qual o nível de esforço exercido pelo agente.

As soluções que o principal pode adotar para resolver esse problema dependem das preferências do principal e do agente com relação ao risco. É comum supor que o principal seja neutro em relação ao risco: normalmente o principal consegue diversificar a aplicação dos seus recursos, com o que fica menos dependente de uma fonte de ganho apenas (por exemplo, os acionistas de uma empresa com frequência detêm ações de várias empresas simultaneamente; dessa maneira, se uma das empresas apresenta uma rentabilidade inferior à esperada, isso tende a ser compensado por uma rentabilidade maior do que a esperada de outra empresa). Por conseguinte, o principal tenderia, *em geral*, a ser neutro em relação ao risco: ele se interessaria apenas pela rentabilidade esperada de seus investimentos.

Em contrapartida, *em geral* o agente tende a ser avesso ao risco, uma vez que, não raro, tem como única fonte de ganho a sua atividade profissional e, portanto, perdas no exercício de sua atividade tendem a afetar significativamente sua riqueza, o que o tornaria avesso a assumir riscos. Pense em um executivo de empresa: muito provavelmente ele resistirá a assumir os riscos da empresa em que trabalha, pois isso teria um impacto expressivo na sua riqueza, uma vez que sua atividade como executivo na empresa em questão é sua fonte essencial de renda e de riqueza.

Todavia, isso não significa que precisemos, necessariamente, assumir que o principal é neutro em relação ao risco e que o agente é avesso em relação a ele. É perfeitamente possível ocorrer uma situação em que o principal seja avesso ao risco e o agente seja neutro em relação a ele.[16] Contudo, como a intenção aqui é apenas introduzir os conceitos, vamos supor que o principal seja sempre neutro em relação ao risco, e iremos trabalhar com duas situações alternativas: consideraremos inicialmente que o agente também é neutro em relação ao risco, e depois vamos analisar o caso em que o agente é avesso ao risco.

Para analisar os contratos que o principal pode propor ao agente, tanto no caso do agente neutro em relação ao risco como no caso do agente com aversão ao risco, vamos considerar um exemplo hipotético, em que os números são meramente ilustrativos a respeito de como se desenvolve a análise da Teoria Principal-Agente. Os modelos dessa abordagem teórica da empresa são usualmente muito complexos, empregando uma formalização matemática bastante elaborada. Por isso, o exemplo que se segue visa apenas a fornecer uma ilustração de como a Teoria Principal-Agente trata o problema da organização da empresa, de forma que introduza os conceitos fundamentais dessa teoria.

Considere assim uma editora cujas operações são afetadas por estados do mundo mais ou menos favoráveis. Imaginemos, para simplificar, que há apenas duas possibilidades de lucro para a editora: ou ela tem lucros no valor de R$ 400.000,00 (que vamos chamar de lucros elevados), ou ela tem lucros no valor de R$ 200.000,00 (que vamos chamar de lucros baixos). Trata-se, é óbvio, de uma suposição francamente irrealista com números puramente ilustrativos, mas isso vai simplificar muito a exposição.

Vamos supor que *o nível de esforço e os estados do mundo sejam não observáveis pelos acionistas* (que desempenham o papel de principal no nosso exemplo). Nessa editora, o executivo (neste caso, o agente) pode realizar dois tipos de esforço: pode se esforçar pouco (baixo esforço), ou realmente trabalhar duro pelo sucesso da editora (esforço elevado). Podemos supor que, para cada nível de esforço, o executivo disponha de alternativas de emprego que exijam o mesmo nível de esforço. Assim, o executivo dispõe de uma alternativa de emprego que exige baixo esforço e paga *com certeza* R$ 14.400,00, e de uma alternativa de emprego que exige esforço elevado, e que paga ao executivo *com certeza* R$ 40.000,00. Por hipótese, admitamos que cada uma dessas duas alternativas de emprego sejam as melhores de que o executivo pode dispor, para cada nível de esforço. Assim, essas remunerações estabelecem *o custo de oportunidade do executivo para cada nível de esforço*. Para completar, vamos supor que o executivo disponha de uma riqueza

[16] Imagine hipoteticamente uma pessoa idosa de condições financeiras precárias, que depende de um corretor para aplicar os recursos de que dispõe. O idoso neste caso é o principal e o corretor é o agente. É fácil ver que nessa situação o idoso tende a ser avesso ao risco – apesar de ser o principal –, e o corretor (por ganhar comissão dos vários clientes que compõem sua carteira) tende a ser neutro em relação a ele – apesar de ser o agente.

inicial de R$ 120.000,00. Assim, qualquer ganho (perda) do executivo terá de ser somado (subtraído) a (de) sua riqueza inicial.

Seguindo com nosso exemplo hipotético, imaginemos que haja uma probabilidade de 20% de a editora realizar vendas elevadas ainda que o agente (o executivo) empregue um baixo nível de esforço, pelo simples fato de que um estado do mundo muito favorável possa ajudar as vendas (pode ser, por exemplo, que ocorra um crescimento econômico muito além do esperado, aumentando expressivamente a renda dos leitores e seu consumo de livros).

Já se o executivo da editora exercer esforço elevado, as chances de vendas mais expressivas aumentam bastante, passando de 20% para 80%. É um aumento significativo das probabilidades de um bom resultado, mas ainda há 20% de chances de um estado do mundo desfavorável comprometer o esforço do executivo. Por conseguinte, mesmo que o executivo decida dar o máximo de si e realizar o nível elevado de esforço, as probabilidades de um bom resultado não atingem 100%. Isso porque o resultado da editora sempre dependerá, em alguma medida, do estado do mundo, e esse último pode ser tão desfavorável que, mesmo se empenhando ao máximo, ainda assim a editora obtenha um lucro reduzido.

Por último, vamos supor que os acionistas não tenham como verificar o nível de esforço efetivamente realizado pelo executivo. Tudo que os acionistas conseguem saber é o lucro da empresa. Todavia, eles sabem que há as duas possibilidades de lucro (lucro elevado de R$ 400.000,00 ou lucro baixo de R$ 200.000,00), e sabem como o esforço do agente afeta as probabilidades de o lucro ser elevado ou baixo.

Seja então o valor esperado dos lucros brutos anuais antes do pagamento do agente (o executivo) $E(\pi)$, em que π representa os lucros brutos anuais. O valor esperado dos lucros brutos anuais para um esforço baixo do executivo são calculados a partir dos valores dos lucros anuais em cada estado do mundo, ponderados pelas suas probabilidades para o caso de o executivo não se esforçar muito. É fácil ver que o valor esperado para os lucros anuais antes do pagamento do executivo, para o caso de o executivo se esforçar pouco, é de:

$$E^{-}(\pi) = (0{,}8)(R\$\ 200.000{,}00) + (0{,}2)(R\$\ 400.000{,}00) = R\$\ 240.000{,}00$$

em que $E^{-}(\pi)$ representa o valor esperado do lucro bruto (π) caso o executivo realize um baixo esforço.[17] O mesmo procedimento é adotado para o caso de o executivo exercer o nível elevado de esforço, que resulta em um valor esperado para os lucros anuais de:

$$E^{+}(\pi) = (0{,}2)(R\$\ 200.000{,}00) + (0{,}8)(R\$\ 400.000{,}00) = R\$\ 360.000{,}00$$

[17] O leitor não deve perder de vista que esse valor esperado representa uma média do que deve acontecer se o executivo se esforçar pouco, e não o valor que efetivamente ocorrerá em um ano específico.

em que $E^+(\pi)$ representa o valor esperado do lucro bruto caso o executivo realize um nível elevado de esforço.[18]

As informações da nossa editora hipotética que acabamos de ver se encontram resumidas na **Tabela 2.1**.

Tabela 2.1 – Lucros anuais esperados da editora

Lucros brutos elevados = R$ 400.000,00; lucros brutos baixos = R$ 200.000,00			
Esforço do executivo	**Probabilidade de lucros elevados**	**Valor esperado do lucro antes de compensar o agente**	**Custo de oportunidade do agente para o esforço requerido (riqueza inicial = R$ 120.000,00)**
Baixo	20%	R$ 240.000,00	R$ 14.400,00
Elevado	80%	R$ 360.000,00	R$ 40.000,00

O problema então se torna encontrar um contrato que induza o executivo a realizar o esforço que maximiza o valor esperado dos lucros dos acionistas da editora, sempre tendo em mente que isso não significa que o valor de R$ 360.000,00 será aquele efetivamente verificado para os lucros da editora em um ano específico, pois se trata de um *valor esperado*: ainda que o executivo realmente exerça o nível elevado de esforço, o valor dos lucros anuais efetivos pode se situar acima ou abaixo de R$ 360.000,00 a cada ano, de acordo com a atuação dos fatores aleatórios que caracterizaram o estado do mundo no ano em questão. Trata-se assim de encontrar um contrato que garanta *em média* lucros de R$ 360.000,00 antes de pagar a remuneração do executivo, de forma que maximize os ganhos conjuntos de acionistas e executivo.

Você já deve ter percebido que o tipo de contrato simples que discutimos anteriormente – quando supusemos que os resultados dependiam de modo exclusivo do esforço do executivo, que aplicado nesse caso significaria oferecer R$ 40.000,00 ao executivo na expectativa de ele exercer o nível de esforço que maximiza os lucros dos acionistas – não é mais uma boa solução. Ainda que um contrato assim atenda à restrição de participação do agente (pois remunera o agente de acordo com seu custo de oportunidade para desempenhar a tarefa solicitada), ele não atende à restrição de compatibilidade de incentivos: o agente pode se aproveitar do fato de que o resultado

[18] Obviamente o cálculo do valor esperado dos lucros anuais de uma empresa é uma tarefa muito mais complexa do que este exemplo faz parecer. Mas como o interesse aqui é apenas apresentar os conceitos, vamos pedir ao leitor que aceite estes números arbitrários para ilustrar a análise.

também é afetado pelo estado do mundo para **gazetear** (do inglês *shirking*), isto é, faltar às suas obrigações e exercer apenas o nível baixo de esforço, pois há 20% de chances de, ainda assim, o resultado ser aquele que os acionistas desejam. Em contrapartida, se acontecer de o resultado da editora ficar aquém do desejado pelos acionistas, o executivo pode alegar que o estado do mundo comprometeu o desempenho da editora apesar dos seus esforços e, portanto, que ele não teve responsabilidade pelo mau resultado. A solução de pagar um valor fixo correspondente ao custo de oportunidade do executivo para o esforço desejado já não é mais, portanto, uma solução eficiente.

Colocado então o problema, consideraremos as opções caso o executivo (o agente) seja neutro em relação ao risco. Em seguida, discutiremos contratos que podem ser adotados se o executivo for avesso ao risco. Como afirmamos anteriormente, vamos sempre supor que os acionistas (que desempenham o papel de principal) sejam neutros em relação ao risco.

2.1.4.1 Contratando um agente neutro em relação ao risco

Seja então o caso em que o agente é neutro em relação ao risco (sempre supondo que o principal é risco neutro). Se o agente for risco neutro, ele não está preocupado com a flutuação nos seus rendimentos: desde que o valor esperado de sua compensação seja igual à compensação que ele exige para exercer determinado nível de esforço (seu custo de oportunidade para aquele nível de esforço), ele aceitará o contrato oferecido e a restrição de participação será atendida. O problema, por conseguinte, é encontrar um contrato que torne a utilidade esperada da remuneração do agente, caso ele realize o esforço elevado, igual à utilidade da compensação que ele requer para esse nível de esforço, e, assim, faça-o efetivamente aplicar o nível de esforço elevado.

Vimos anteriormente que o valor esperado do lucro que os acionistas podem obter antes de pagar a compensação ao executivo – caso o executivo realize o esforço elevado, representado por $E^+(\pi)$, em que π são os lucros brutos – é dado por:

$$E^+(\pi_L) = (0,2)(R\$\ 200.000,00) + (0,8)(R\$\ 400.000,00) = R\$\ 360.000,00$$

Os acionistas poderiam então "arrendar" a empresa ao executivo, cobrando dele a diferença entre o valor esperado do seu lucro – caso o executivo exerça o esforço elevado – e a compensação exigida pelo executivo para esse nível de esforço. Ou seja, ofereceriam um contrato em que a obrigação do executivo seria pagar um arrendamento fixo F, isto é, independentemente dos estados do mundo, no valor de:

$$F = R\$\ 360.000,00 - R\$\ 40.000,00 = R\$\ 320.000,00$$

O executivo aceitaria um contrato assim? Vamos considerar a utilidade do executivo. Sendo ele neutro em relação ao risco, podemos representar a utilidade que ele obtém da sua remuneração de forma análoga à **Equação 2.3**, conforme a **Equação 2.5**:

$$U(W) = W \qquad \textbf{(2.5)}$$

em que W é a remuneração do executivo, e $U(W)$ é a utilidade que o executivo obtém de uma remuneração de W. Sabemos que o executivo tem a possibilidade em um emprego alternativo de obter uma remuneração de R$ 40.000,00 para realizar o esforço elevado, e que estabelece seu custo de oportunidade. Vamos chamar o custo de oportunidade do executivo para realizar o nível elevado de esforço de $c(e^+)$, em que e^+ representa o nível elevado de esforço e $c(e)$ é o custo de oportunidade daquele nível de esforço para o executivo. Não vamos esquecer que o executivo dispõe de uma riqueza acumulada inicial de R$ 120.000,00. Vamos chamar essa riqueza inicial de R. O custo de oportunidade do esforço elevado para o executivo deve ser adicionado à riqueza que ele já possui para que possamos calcular a utilidade do executivo no seu emprego alternativo, o que resulta em uma utilidade $U[R + c(e^+)]$, que, no caso do executivo neutro em relação ao risco com função de utilidade dada pela **Equação 2.5**, é igual a:

$$U[R + c(e^+)] = U(\text{R\$ } 120.000{,}00 + \text{R\$ } 40.000{,}00) = 160.000$$

Portanto, o executivo deve obter uma *utilidade esperada* de 160.000 para aceitar o contrato, caso contrário, o contrato de arrendamento dos acionistas não será aceito pelo executivo. Se o executivo aceitar o contrato de arrendamento proposto, sua remuneração será dada pela **Equação 2.6**:

$$W_1(e) = E[\pi(e, \theta) - F + R] \qquad \textbf{(2.6)}$$

Na **Equação 2.6**, $W_1(e)$ representa a remuneração do executivo sob o contrato de arrendamento se ele realizar um dado nível "e" de esforço, sendo $E[\pi(e, \theta)]$ o valor esperado dos lucros brutos π (isto é, antes do pagamento ao executivo) dado o nível de esforço exercido pelo executivo e o estado do mundo que se verificou; e F o valor do arrendamento fixo que o executivo deve pagar aos acionistas. A variável R, conforme vimos, é a riqueza acumulada pelo executivo previamente. Desse modo, a utilidade esperada desse contrato para o executivo *caso ele exerça o nível elevado de esforço* e^+, $U[W_1(e^+)]$, é dada por:

$$\begin{aligned} U[W_1(e^+)] &= (0{,}8)[U(\text{R\$ } 400.000{,}00 - \text{R\$ } 320.000{,}00 + \text{R\$ } 120.000{,}00)] + \\ &+ (0{,}2)[U(\text{R\$ } 200.000{,}00 - \text{R\$ } 320.000{,}00 + \text{R\$ } 120.000{,}00)] = \\ &= (0{,}8)U(\text{R\$ } 200.000{,}00) + (0{,}2)U(\text{R\$ } 0{,}00) = 160.000 = \\ &= U(\text{R\$ } 120.000{,}00 + \text{R\$ } 40.000{,}00) = U[R + c(e^+)] \end{aligned}$$

Assim, a utilidade esperada é exatamente igual àquela que o executivo obtém da sua melhor alternativa de emprego que exige esforço elevado, e assim nosso hipotético executivo deve aceitar o contrato. Contudo, esse contrato efetivamente leva o executivo a executar o nível de esforço elevado? Para respondermos a essa pergunta, temos de verificar se a utilidade esperada que esse executivo obtém exercendo o esforço elevado é maior do que a utilidade esperada que ele obtém exercendo o nível baixo de esforço. Temos então que a utilidade esperada do executivo por realizar o nível baixo de esforço, que chamamos de e^-, é dada por:

$$\begin{aligned} U[W_1(e^-)] &= (0{,}2)[U(\text{R\$ } 400.000{,}00 - \text{R\$ } 320.000{,}00 + \text{R\$ } 120.000{,}00)] + \\ &+ (0{,}8)[U(\text{R\$ } 200.000{,}00 - \text{R\$ } 320.000{,}00 + \text{R\$ } 120.000{,}00)] = \\ &= (0{,}2)U(\text{R\$ } 200.000{,}00) + (0{,}8)U(\text{R\$ } 0{,}00) = 40.000 \end{aligned}$$

A utilidade esperada do executivo de realizar o nível baixo de esforço e^- é, portanto, significativamente menor do que a utilidade esperada de realizar o nível elevado de esforço (que acabamos de ver ser igual a 160.000). Trata-se, por conseguinte, de um contrato que induz o agente a realizar o nível de esforço elevado, o qual maximiza a soma dos ganhos esperados conjuntos dos acionistas e do executivo, ou seja, proporciona um valor esperado de lucro de R$ 320.000,00. Esse contrato atende, portanto, à restrição de compatibilidade de incentivos.

Vejamos agora a segunda restrição que nosso contrato deve satisfazer, que é a de atender à restrição de participação. Devemos recordar que um contrato satisfaz à restrição de participação se ele proporciona ao agente um ganho suficiente para que aceite o contrato. Ocorre que esse contrato também atende à restrição de participação, pois, se o executivo for risco neutro, ele considera a utilidade esperada da riqueza resultante do esforço elevado, [(0,8) × U(R$ 200.000,00)] + [(0,2) × U(R$ 0,00)], como equivalente à utilidade que ele obtém da remuneração de R$ 40.000,00 com certeza na sua segunda melhor alternativa de emprego, que, uma vez somada a sua riqueza preexistente de R$ 120.000,00, lhe fornece uma utilidade de 160.000.

Uma forma alternativa de verificar isso é observar que a remuneração líquida esperada do executivo se ele exercer o nível elevado de esforço é de R$ 80.000,00 (resultado da diferença entre os lucros brutos elevados de R$ 400.000,00 e o pagamento do arrendamento fixo de R$ 320.000,00), com 80% de chances, e de –R$ 120.000,00 (resultado da diferença entre os lucros brutos baixos de R$ 200.000,00 e o pagamento do mesmo arrendamento fixo de R$ 320.000,00), com 20% de chances. Ou seja, a remuneração esperada do executivo se ele exercer o nível elevado de esforço (que chamaremos de $RE(e^+)$) é de:

$$\begin{aligned} RE(e^+) &= (0{,}8)(\text{R\$ } 80.000{,}00) + (0{,}2)(-\text{R\$ } 120.000{,}00) = \\ &= \text{R\$ } 64.000{,}000 - \text{R\$ } 24.000{,}00 = \text{R\$ } 40.000{,}00 \end{aligned}$$

que é exatamente a remuneração que o executivo obtém na sua melhor alternativa de emprego em que tem de realizar o nível elevado de esforço (sempre lembrando que, como o executivo é neutro em relação ao risco, ele não se incomoda com a flutuação nos ganhos). O executivo aceita então o contrato que lhe é proposto.

Por último, vamos ver agora se esse contrato é primeiro melhor e se ele promove um compartilhamento eficiente de riscos. Como o executivo (o agente) executa o nível elevado de esforço, o valor esperado do lucro antes do pagamento da compensação ao agente é exatamente aquele assinalado na **Tabela 2.1**, de R$ 360.000,00. Como o excedente conjunto está sendo maximizado (pois o agente realiza o esforço que gera o máximo excedente), e dado que os acionistas (no papel de principal neste nosso exemplo hipotético) estarão pagando o valor esperado de R$ 40.000,00 ao executivo, o lucro líquido esperado apropriado pelos acionistas será de R$ 320.000,00, o valor máximo esperado de lucro que pode ser apropriado pelos acionistas, dada a restrição de participação. Trata-se, portanto, de um contrato primeiro melhor. Como o risco é compartilhado tanto por acionistas como pelo executivo (uma vez que agente e principal são remunerados com base em valores esperados), e dado que o executivo e os acionistas são neutros em relação ao risco, trata-se de um contrato em que há compartilhamento eficiente de riscos.

A solução neste caso consiste em estabelecer uma remuneração para o agente que, dadas as probabilidades dos diferentes resultados que possam ser obtidos pelo agente de acordo com seu nível de esforço e os valores esperados resultantes, torne vantajoso para o executivo (o agente) exercer o esforço que os acionistas (o principal) esperam dele. A adoção de um contrato eficiente e primeiro melhor com compartilhamento eficiente de riscos, contudo, somente foi possível neste caso porque o agente era neutro em relação ao risco. Vejamos agora como essa situação é modificada se o agente for avesso ao risco.

2.1.4.2 Contratando um agente avesso ao risco

Vamos supor agora que o agente (o executivo da editora no nosso exemplo hipotético) é avesso em relação ao risco. Fazemos isso supondo que o agente possui uma função de utilidade da sua riqueza tal como aquela que vimos ao discutir as preferências dos indivíduos com aversão ao risco, dada pela **Equação 2.4** e que reproduzimos a seguir:

$$U(R) = \sqrt{R} \quad \textbf{(2.4)}$$

Vamos ver se a solução empregada no caso do executivo neutro em relação ao risco se aplica também neste caso, em que o executivo da editora é avesso ao risco. O primeiro passo é determinar a utilidade que o executivo exige para realizar o esforço elevado, caso sua função de utilidade seja aquela apresentada na **Equação 2.4**. Sabemos da **Tabela 2.1** que o executivo possui uma alternativa de emprego que lhe paga R$ 40.000,00 com certeza para o mesmo nível de esforço elevado, e que ele possui uma riqueza inicial R de R$ 120.000,00. Tudo o que temos a fazer, portanto, é substituir esses valores na função de utilidade do executivo com aversão ao risco, ou seja, substituir esses valores na **Equação 2.4** para obtermos a utilidade mínima que o contrato a ser proposto deve proporcionar ao executivo para que ele exerça o esforço elevado. Desse modo, a compensação por esforço elevado deve ser adicionada à riqueza que ele já possui, resultando em uma utilidade $U[R + c(e^+)]$, que no caso do executivo avesso em relação ao risco com função de utilidade dada pela **Equação 2.4** é igual a:

$$U[R + c(e^+)] = U(\text{R\$ } 120.000{,}00 + \text{R\$ } 40.000{,}00) =$$
$$= \sqrt{\text{R\$ } 120.000{,}00 + \text{R\$ } 40.000{,}00} = 400$$

Portanto, para ser aceito, qualquer contrato que pretenda induzir o executivo a realizar o nível de esforço elevado vai ter de lhe proporcionar no mínimo uma utilidade de 400, que é a utilidade que o executivo obtém na sua melhor alternativa de emprego que exige esforço elevado.

A primeira pergunta que faremos é se o contrato de arrendamento, que se mostrou uma solução eficiente no caso do executivo neutro em relação ao risco, também é eficiente no caso do executivo avesso ao risco. Para responder a essa pergunta, temos inicialmente de avaliar se o contrato de arrendamento da empresa por um valor fixo igual ao lucro esperado dos acionistas fornece no mínimo uma utilidade esperada de 400 ao executivo. Para verificar isso, basta substituir nos cálculos da utilidade esperada do executivo os valores do acordo de arrendamento. Lembrando sempre que $W_1(e^+)$ representa a remuneração do executivo sob o contrato de arrendamento se ele realizar o nível elevado de esforço, essa substituição resulta em:

$$U[W_1(e^+)] = (0{,}8)(\sqrt{\text{R\$ } 400.000{,}00 - \text{R\$ } 320.000{,}00 + \text{R\$ } 120.000{,}00}) +$$
$$+ (0{,}2)(\sqrt{\text{R\$ } 200.000{,}00 - \text{R\$ } 320.000{,}00 + \text{R\$ } 120.000{,}00}) =$$
$$= (0{,}8)\sqrt{\text{R\$ } 200.000{,}00} + (0{,}2)\sqrt{\text{R\$ } 0{,}00} = 0{,}8(447{,}21) = 357{,}77$$

Por conseguinte, o contrato de arrendamento resulta em uma utilidade esperada *menor* (357,77) do que a utilidade da melhor alternativa de emprego que exige um esforço semelhante, que é igual a $U(\text{R\$ } 120.000{,}00 + \text{R\$ } 40.000{,}00) = \sqrt{\text{R\$ } 160.000{,}00} = 400$.

Assim, o executivo não deve aceitar o contrato, pois em sua melhor alternativa que demanda o mesmo esforço elevado ele obtém uma remuneração com maior utilidade do que aquela que os acionistas estão propondo no contrato. Isso acontece porque a remuneração proposta no contrato oferecido pelos acionistas ao executivo é uma remuneração *esperada*, e nosso executivo possui aversão ao risco: ele prefere os R$ 160.000,00 com certeza (resultantes da sua riqueza mais o pagamento com certeza de R$ 40.000,00) a correr o risco de terminar com uma riqueza de R$ 200.000,00 com 80% de chances e de R$ 0,00 com 20% de chances.

Se os acionistas insistissem em oferecer ao executivo um contrato de arrendamento da empresa, seriam então obrigados a oferecer um contrato em que o valor esperado da remuneração do executivo fosse mais elevado, de forma que oferecesse a mesma utilidade esperada dos R$ 40.000,00 com certeza de que o executivo dispõe na sua segunda melhor alternativa de emprego. Isso significaria abrir mão de uma parcela dos lucros esperados para aumentar a remuneração esperada do executivo de modo que gerasse a mesma utilidade esperada de 400. Você pode verificar que o valor do arrendamento fixo F que fornece exatamente a mesma utilidade esperada de 400 para o executivo avesso ao risco (dadas as mesmas probabilidades de lucros elevados e lucros baixos) é o valor de R$ 302.220,00. Com isso, os acionistas estão abrindo mão de R$ 320.000,00 – R$ 302.220,00 = R$ 17.780,00 de lucros esperados, para compensar o executivo pelo risco. Esse é o **prêmio pelo risco** a ser pago ao executivo para que aceite o contrato, pois ele é avesso ao risco e a flutuação nos seus ganhos que o contrato produz reduz sua utilidade em relação ao ganho certo de que o executivo pode dispor na sua segunda melhor alternativa. Se o executivo fosse neutro em relação ao risco, não haveria a necessidade de pagar esse prêmio.

Como os acionistas poderiam resolver esse problema de uma maneira mais interessante? A solução envolve desdobrar os dois elementos que compõem o problema: por um lado, é preciso reduzir o risco do executivo para diminuir o prêmio pelo risco, que é necessário para o executivo aceitar o contrato. Por outro, é necessário oferecer algum incentivo ao executivo para que ele se esforce pelo desempenho da empresa. Se for eliminado totalmente o risco do executivo – e de qualquer agente –, ele não se esforçará, o que vai comprometer o desempenho do empreendimento. Nesse caso, eliminar o risco do executivo exigiria remunerá-lo com R$ 40.000,00, independentemente do valor dos lucros, o que já vimos não ser uma boa ideia do ponto de vista da eficiência econômica. Esse problema resume *o dilema fundamental da Teoria Principal-Agente quando há assimetria de informação e aversão ao risco*: há uma *troca* (do inglês *trade-off*) entre incentivos e garantia contra o risco, pois não é possível estar totalmente protegido contra riscos e ao mesmo tempo ter incentivos ao desempenho. É preciso encontrar uma combinação adequada entre essas duas necessidades.

Para estudar como funciona essa troca entre riscos e incentivos, vamos desdobrar um contrato exatamente nestes elementos: garantia contra o risco e incentivo. Para protegermos em alguma medida o executivo em relação ao risco, será necessário que ao menos uma parte de sua remuneração não varie com o desempenho da empresa, de forma que ela não seja afetada pelos efeitos dos diferentes estados do mundo sobre a sua lucratividade. Vamos chamar essa parte fixa da remuneração do executivo pela letra maiúscula A.

Em contrapartida, para incentivar o executivo a realizar o esforço elevado, a outra parcela dos ganhos do executivo terá de variar de acordo com os lucros da empresa. Podemos fazer isso simplesmente remunerando o executivo com uma parcela dos lucros da empresa, ou seja, pagando parte do salário do executivo como uma fração dos lucros, $b\pi$, em que π são os lucros brutos da empresa (antes do pagamento do executivo) e b é um parâmetro de incentivo que varia entre 0 e 1. O caso extremo em que b é igual a 1 e A é nulo (ou possui um valor negativo) corresponde à situação em que o executivo é remunerado pela totalidade dos lucros, e nesse caso ele assume a totalidade dos riscos. O contrato de arrendamento que vimos no caso do executivo neutro em relação ao risco é um exemplo desse extremo, pois é um contrato em que $b = 1$ e o fator A é negativo (igual a – R$ 320.000,00), pois é o pagamento que o executivo deve fazer aos acionistas pelo arrendamento da empresa. Já o outro caso extremo em que $b = 0$ corresponde à situação em que o executivo é pago por um valor fixo independentemente dos estados do mundo, que é igual a A. O caso que discutimos antes de perfeita informação, em que o executivo é remunerado com R$ 40.000,00 desde que ele exerça o esforço elevado, é um exemplo desse segundo caso extremo, em que $b = 0$ e $A =$ R$ 40.000,00.

Excluindo esses casos extremos, a remuneração W^* do executivo neste novo contrato se torna:

$$W^* = A + b\pi \qquad \textbf{(2.7)}$$

A remuneração do executivo de acordo com a **Equação 2.7** é uma função linear dos lucros π. Trata-se de um exemplo de contrato que estabelece a remuneração do agente como função linear dos ganhos obtidos. Contratos com essa característica são conhecidos como **contratos lineares**.

Vamos ver então se algum contrato linear melhora a situação dos acionistas em face do executivo com aversão ao risco. Suponha que os acionistas ofereçam um contrato ao executivo em que ele receba uma parte fixa no valor de R$ 14.850,00 e mais uma participação nos lucros de 7,001%. Ou seja, suponhamos que os acionistas proponham um contrato linear tal que:

$$W^* = \text{R\$ } 14.850{,}00 + 0{,}07001\pi$$

Será que esse contrato linear é eficiente? Vamos aplicar os mesmos critérios de eficiência que estivemos vendo até aqui. Em primeiro lugar, veremos se o contrato atende à condição de compatibilidade de incentivos. Para avaliar isso, precisamos verificar se a utilidade que o executivo obtém por realizar o nível elevado de esforço é maior do que a utilidade que ele obtém se realizar o nível baixo de esforço. A utilidade esperada do executivo por realizar o esforço elevado sob esse contrato linear é dada por:

$$UE(e^+) = (0,8)[\sqrt{R\$\ 120.000,00 + R\$\ 14.850,00 + (0,07001)(R\$\ 400.000,00)}] +$$
$$+ (0,2)[\sqrt{R\$\ 120.000,00 + R\$\ 14.850,00 + (0,07001)(R\$\ 200.000,00)}] =$$
$$= (0,8)(\sqrt{R\$\ 162.854,00}) + (0,2)(\sqrt{R\$\ 148.852,00}) = 400$$

Agora vejamos a utilidade que o executivo obtém sob esse mesmo contrato linear, se ele realizar o nível baixo de esforço:

$$UE(e^-) = (0,2)[\sqrt{R\$\ 120.000,00 + R\$\ 14.850,00 + (0,07001)(R\$\ 400.000,00)}] +$$
$$+ (0,8)[\sqrt{R\$\ 120.000,00 + R\$\ 14.850,00 + (0,07001)(R\$\ 200.000,00)}] =$$
$$= (0,2)(\sqrt{R\$\ 162.854,00}) + (0,8)(\sqrt{R\$\ 148.852,00}) = 389,36$$

Como a utilidade esperada (aproximada) de 400 se o executivo realizar o esforço elevado é maior do que a utilidade de 389,36 se o executivo realizar o nível baixo de esforço, o executivo deve realizar o esforço elevado, maximizando com isso os ganhos conjuntos dos acionistas e os seus. Portanto, a restrição de compatibilidade de incentivos é atendida.

Vejamos agora se a restrição de participação é atendida. Para avaliar se essa condição é atendida, temos inicialmente de calcular a utilidade esperada que o executivo obterá caso realize o esforço elevado e compará-la à utilidade que ele obterá da compensação que exige para realizar esse nível de esforço (e que estabelece seu custo de oportunidade para o esforço elevado). Se a utilidade esperada por realizar o esforço elevado for igual ou maior que a utilidade da compensação exigida para esse mesmo esforço, então o executivo deverá aceitar esse contrato.

A utilidade esperada do executivo por realizar o esforço elevado sob esse contrato linear, conforme acabamos de ver, é dada por:

$$UE(e^+) = (0,8)[\sqrt{R\$\ 120.000,00 + R\$\ 14.850,00 + (0,07001)(R\$\ 400.000,00)}] +$$
$$+ (0,2)[\sqrt{R\$\ 120.000,00 + R\$\ 14.850,00 + (0,07001)(R\$\ 200.000,00)}] =$$
$$= (0,8)(\sqrt{R\$\ 162.854,00}) + (0,2)(\sqrt{R\$\ 148.852,00}) = 400$$

Já a utilidade que o executivo obtém na sua melhor alternativa de emprego que exige o mesmo esforço elevado, conforme vimos anteriormente, é dada por:

$$U[R + c(e^{+})] = U(\text{R\$ } 120.000{,}00 + \text{R\$ } 40.000{,}00) =$$
$$= \sqrt{\text{R\$ } 120.000{,}00 + \text{R\$ } 40.000{,}00} = 400$$

Portanto, como a utilidade esperada da riqueza resultante de realizar o esforço elevado para o executivo também é de 400 sob o contrato linear proposto, ele obtém a mesma utilidade esperada sob esse contrato, caso exerça esforço elevado, em comparação a sua melhor alternativa de emprego, que lhe paga R$ 40.000,00 com certeza para realizar o mesmo tipo de esforço. Desse modo, a utilidade esperada por realizar o esforço elevado no contrato linear é igual à utilidade da compensação exigida para esse esforço, conforme o custo de oportunidade do executivo na **Tabela 2.1**. A restrição de participação foi atendida.

Trata-se assim de um contrato linear que atende à condição de compatibilidade de incentivos, fazendo que o executivo desenvolva o nível de esforço necessário para maximizar seu excedente em conjunto com o excedente dos acionistas, que é do interesse dos acionistas. Além disso, como nesse contrato a utilidade esperada obtida pelo executivo caso ele realize o esforço elevado é a mesma que ele obtém na sua melhor alternativa de emprego para o mesmo tipo de esforço, o contrato linear proposto atende à restrição de participação, e o executivo deve aceitá-lo.

Contudo, esse contrato linear não é primeiro melhor, pois os acionistas não mais se apropriam da totalidade do excedente esperado, deduzida apenas a compensação exigida pelo executivo para o nível de esforço desejado: eles ainda são forçados a pagar um prêmio pelo risco. Com efeito, o valor esperado da remuneração do executivo, uma vez que ele exerça esforço elevado, é dado por:

$$RE(e^{+}) = (0{,}8)[\text{R\$ } 14.850{,}00) + (0{,}07001)(\text{R\$ } 400.000{,}00)] +$$
$$+ (0{,}2)[\text{R\$ } 14.850{,}00 + (0{,}07001)(\text{R\$ } 200.000{,}00)] =$$
$$= \text{R\$ } 34.283{,}20 + \text{R\$ } 5.770{,}40 = \text{R\$ } 40.053{,}60$$

Há assim um prêmio pelo risco de R$ 53,60 em relação ao valor certo de R$ 40.000,00 que o executivo pode receber na sua melhor alternativa de emprego que exija esforço elevado. Trata-se, contudo, de uma compensação pelo risco bem menor do que os R$ 17.780,00 que seriam necessários para o executivo aceitar o contrato de arrendamento da empresa. Qual é a razão disso?

A razão disso é que a utilidade esperada do executivo com aversão ao risco aumenta ao ser introduzida uma parcela fixa na sua remuneração, porque a variação dos seus ganhos diminuiu e, sendo avesso ao risco, quanto menor a flutuação nos ganhos, maior sua utilidade esperada. Com isso, torna-se possível reduzir a remuneração esperada do executivo e ainda assim induzi-lo a aceitar o contrato e realizar o esforço elevado, o que, por sua vez, aumenta o lucro dos acionistas. Isso, porém, não é suficiente para que os acionistas consigam se apropriar de todo o valor esperado do lucro (ainda que a parcela da qual eles abram mão, de R$ 53,60, seja pequena em relação ao valor esperado do lucro total). Desse modo, o contrato é segundo melhor.

Em contrapartida, o contrato linear proposto também não promove uma alocação eficiente de riscos, pois o executivo – que é avesso ao risco – continua tendo de suportar uma parte dos riscos (uma vez que seus rendimentos seguem sofrendo alguma variação de acordo com os lucros da editora). Um resultado eficiente na distribuição de riscos seria alocar todos os riscos do empreendimento aos acionistas, que são risco neutros e não se importam com a variação dos seus ganhos, apenas com o ganho esperado. Contudo, essa solução implicaria oferecer uma remuneração *fixa* ao executivo, a qual teria de ser ao menos o valor do custo de oportunidade do executivo para realizar o esforço elevado (de R$ 40.000,00 no nosso exemplo), independentemente dos lucros realizados pela empresa. Todavia, nesse caso, não se atenderia à restrição de compatibilidade de incentivos, pois ao receber uma remuneração fixa o executivo não teria incentivo para realizar o nível de esforço elevado. Eis a "troca" entre eficiência produtiva e compartilhamento de risco que mencionamos anteriormente: não é possível ter ambos ao mesmo tempo e, por conseguinte, em alguma medida temos de "trocar" uma alocação de risco mais adequada por incentivos à maior eficiência.

Esse exemplo simples mostra que, no caso estudado, é possível obter um contrato eficiente e mais adequado para o principal (os acionistas), ao fazermos uma parcela da remuneração do agente avesso ao risco depender da performance do empreendimento. O parâmetro b, que define o peso do resultado alcançado pelo agente na sua remuneração total, é chamado **potência do incentivo**. Quanto maior o valor de b (e menor o valor da parte fixa A), maior a potência do incentivo. Quando o valor de b se aproxima de 1, diz-se que foi adotado um **esquema de incentivos de alta potência**, uma vez que quase a totalidade da remuneração do agente depende do seu esforço. Caso contrário, isto é, se b está próximo de zero e a parte A é expressiva na remuneração do agente, diz-se que foi adotado um **esquema de incentivos de baixa potência**.

Portanto, o contrato de arrendamento que discutimos representaria um esquema de incentivos de alta potência, enquanto um contrato linear com b muito abaixo de 1 (como o contrato que discutimos, em que $b = 0{,}07001$) representaria um esquema de incentivos de baixa potência. De forma geral, quanto maior a potência do esquema de incentivos, maior o risco do agente, porém também maior seu estímulo para agir de modo eficiente. Inversamente, quanto menor a potência do esquema de incentivos, menor o risco do agente, mas também menor seu incentivo para agir de maneira eficiente.

Esquemas de incentivo do tipo proposto têm se generalizado, especialmente para altos executivos, aos quais é oferecida uma parte de seu pagamento em ações, ou **opções de ações** (opções de ações dão ao executivo o direito de adquirir um número específico de ações da empresa a um preço predeterminado). O incentivo atua a partir do preço das ações: como as ações tendem a se valorizar quanto maiores forem os lucros da empresa (porque maiores lucros em geral implicam maiores dividendos para os acionistas, o que aumenta a demanda por ações da empresa e assim seu preço), ao transformar uma parte da remuneração dos executivos em ações, faz-se que sua remuneração aumente (ou diminua) em proporção com os lucros da empresa.

A análise do problema do incentivo pela Teoria Principal-Agente ganhou ampla repercussão, tendo sido aplicada em outros campos além da empresa, por exemplo, na relação entre agências reguladoras (que desempenham o papel do principal, demandando a prestação de um serviço público a baixo custo) e empresas reguladas (que desempenham o papel de agente, ao se oferecerem para prestar o serviço público a baixo custo). Na verdade, praticamente qualquer atividade que envolva delegação de tarefas na economia, na política, na administração pública etc. pode ser analisada do ponto de vista da Teoria Principal-Agente. Um escopo de aplicações tão amplo é possível porque a Teoria Principal-Agente é muito abstrata, o que permite empregá-la nos mais diversos campos. Contudo, existe uma abordagem alternativa do problema da agência, que ficou conhecida como Teoria Positiva da Agência e que está voltada principalmente para os problemas das empresas e em particular para as consequências da separação entre gestão e propriedade, sendo menos abstrata do que a Teoria Principal-Agente. Esse será o nosso próximo assunto. No apêndice a este capítulo o leitor terá a oportunidade de conhecer outra análise importante da Teoria Positiva: o problema da estrutura ótima de capital da empresa.

2.2 A separação entre propriedade e gestão como um problema de agência

Para entendermos a separação entre propriedade e gestão da empresa como um problema de agência *específico à empresa* (evitando o tratamento genérico da Teoria Principal-Agente), é preciso apresentar a abordagem particular do problema de agência que foi inaugurada por Michael C. Jensen e William H. Meckling, a qual ficou conhecida como Teoria Positiva da Agência. Essa abordagem difere em alguns pontos importantes da Teoria Principal-Agente, e por isso na próxima subseção apresentaremos os principais aspectos da Teoria Positiva da Agência e no que essa abordagem se distingue da Teoria Principal-Agente, e ainda discutiremos especificamente sobre a análise da separação entre propriedade e gestão de uma empresa do ponto de vista da Teoria Positiva da Agência.

2.2.1 A contribuição de Jensen e Meckling: a Teoria Positiva da Agência

A contribuição de Michael C. Jensen e William H. Meckling sobre o problema da separação entre gestão e propriedade como um problema de agência, que foi o ponto de partida da Teoria Positiva da Agência, surgiu em um artigo que se tornou muito conhecido: The Theory of the Firm: Managerial Behavior, Agency Costs and Ownership Structure.[19] Como esse artigo foi o marco na abordagem criada por esses dois autores, e será muito citado daqui por diante no restante do capítulo, para simplificar, vamos nos referir a ele apenas como Jensen e Meckling.

Embora adotem uma abordagem baseada em problemas de agência, Jensen e Meckling seguem um enfoque diferente. Por isso, a abordagem de Jensen e Meckling foi denominada *Teoria Positiva da Agência*, para distingui-la da Teoria Principal-Agente. A Teoria Positiva da Agência passou a estudar também outros temas ligados à empresa, tais como a gestão de recursos humanos e, principalmente, a **governança corporativa**, que trata dos mecanismos pelos quais os objetivos da empresa são estabelecidos, sua direção é exercida e seu desempenho é controlado.

Uma das principais diferenças entre as duas abordagens do problema da agência é o grau de formalização matemática, significativamente maior na Teoria Principal-Agente do que na chamada Teoria Positiva da Agência. Outra diferença, de natureza mais fundamental, está na forma pela qual Jensen e Meckling descrevem a própria empresa. Jensen e Meckling apresentam a noção da *empresa como uma rede de contratos*. As raízes da abordagem de Jensen e Meckling da empresa como uma rede de contratos podem ser localizadas em uma ideia originalmente exposta pelos economistas Armen Alchian (1914-2013) e Harold Demsetz no famoso artigo Production, Information Costs and Economic Organization.[20] Entre outras afirmações, Alchian e Demsetz defendiam naquele artigo que a organização da empresa *não* deveria ser concebida como uma estrutura hierárquica, em que os diretores possuíam capacidade de comando sobre seus subordinados.

Alchian e Demsetz argumentavam que, na verdade, a relação entre um gerente e seu subordinado não era diferente da relação entre um comprador e um vendedor em qualquer mercado: o gerente atribuiria uma tarefa ao seu subordinado na medida em que o preço pago – o salário combinado – fosse adequado à tarefa atribuída ao subordinado, exatamente do mesmo modo que um comprador consegue ter sua demanda atendida na medida em que o preço pago seja suficiente para motivar o vendedor a vender aquilo que o comprador deseja. Por conseguinte, para Alchian e Demsetz, a

[19] Publicado no *Journal of Financial Economics*, v. 3, n. 4, 1976. p. 305-360.

[20] Publicado no *American Economic Review*, n. 62, dez. 1972. p. 777-795.

gestão da empresa deveria ser vista como um processo em que os gerentes estão em permanente renegociação dos contratos com seus subordinados, em termos que devem ser aceitáveis tanto para os que comandam quanto para os que são comandados. Nesse sentido, para Alchian e Demsetz, a empresa *não* apresentaria uma hierarquia de comando, e portanto não se diferenciaria do mercado, sendo constituída da mesma maneira que este por contratos (entre os gerentes e seus subordinados).

Jensen e Meckling ampliaram a ideia original de Alchian e Demsetz. Afirmaram que a essência da empresa era constituída por um conjunto centralizado de relações contratuais estabelecidas formal ou informalmente, e que essas relações envolviam não apenas os empregados da empresa, mas também seus fornecedores, credores, clientes etc. Caberia então ao executivo da empresa centralizar todas essas relações contratuais em nome da empresa. Consequentemente, Jensen e Meckling argumentavam que organizações eram "ficções legais", isto é, que empresas eram figuras jurídicas "artificiais" no sentido de que as leis permitiam tratá-las como se fossem indivíduos, mas que isso não correspondia à realidade das empresas. Segundo Jensen e Meckling, a empresa na verdade constituía apenas um centro de referência para um conjunto de relações contratuais entre indivíduos (empregados, diretores, fornecedores, clientes etc.), que seriam estabelecidas unilateralmente com a empresa e centralizadas pelo executivo. Jensen caracterizou mais tarde a diferença entre a organização de contratos que a empresa promove em comparação com os contratos em um mercado:

> Eu acredito que é produtivo definir uma organização como uma entidade legal que serve como um *nexus* para um conjunto complexo de contratos (escritos e não escritos) entre os mais diversos indivíduos [...]. Os contratos multilaterais entre agentes que caracterizam as relações de mercado são suplantados no interior de uma organização por um sistema no qual os relacionamentos entre agentes cooperativos são, em grande medida, efetuados por meio de contratos unilaterais com a entidade legal que serve como o *nexus* contratual.[21]

Jensen e Meckling resumiram essa visão da empresa como um conjunto de relações contratuais no conceito da **empresa como uma rede de contratos** (ou da **empresa como *nexus*[22] de contratos**). Do ponto de vista dessa rede de contratos, não faria sentido, como afirmam Jensen e Meckling, distinguir entre os que estão "dentro" da

---

[21] JENSEN, Michael. *Foundations of Organizational Strategy*. Cambridge, Massachusetts: Harvard University Press, 1998. p. 135.

[22] *Nexus* é uma palavra latina que assumiu em inglês o significado de "ligação", "conexão" e também "centro". Daí a palavra *nexus* sugerir o centro de uma conexão. Na verdade, Jensen e Meckling caracterizaram como redes de contratos também outros tipos de organizações além das empresas: universidades, hospitais, cooperativas, clubes, administração pública (municipal, estadual e federal) etc. Aqui nos concentraremos, obviamente, apenas na sua discussão das empresas.

empresa (seus funcionários, diretores etc.) e os que estão fora dela (seus clientes, credores etc.). O que há realmente é uma variedade de "relacionamentos complexos (isto é, contratos) entre os proprietários de trabalho, matérias-primas e insumos de capital e os consumidores do produto".[23]

Todavia, cabe neste momento indagar: o que realmente Jensen e Meckling querem dizer quando falam em contratos? Em primeiro lugar, temos os contratos formais que são regidos pela legislação e admitem recurso ao Judiciário em caso de descumprimento. Os contratos formais são muito importantes no desenvolvimento das redes de contratos que caracterizam as organizações segundo Jensen e Meckling, que destacam a importância das leis e do Judiciário na determinação das características e da lucratividade das empresas. Contudo, o conceito de contrato de Jensen e Meckling *não se limita* ao conceito convencional do termo, isto é, um compromisso formal quer de transferir algum direito, quer de cumprir com algum tipo de obrigação, cujo descumprimento implica sanções legais. É óbvio que não seria possível reduzir o amplo conjunto de relações que constitui a empresa na visão de Jensen e Meckling simplesmente a esses contratos legais: a empresa se organiza também por meio de compromissos informais, isto é, acordos não escritos entre os indivíduos que, de alguma forma, participam dela.

Por conseguinte, o conceito de *contrato* empregado por Jensen e Meckling é mais amplo, significando *qualquer tipo de acordo recíproco, formal ou informal, que especifique direitos de propriedade com relação à atividade da organização.* Esses **direitos de propriedade** definem a alocação das decisões com relação aos ativos, bem como a apropriação das receitas geradas e a responsabilidade pelos custos da atividade econômica da organização. Por exemplo, por outro lado os executivos têm o direito de vender determinados ativos da empresa sem consultar credores, acionistas, clientes etc. Por outro lado, os acionistas têm direto ao fluxo de lucros que a empresa gera, na forma de dividendos; os credores têm direito à parte da receita que corresponde aos juros sobre sua parcela da dívida da empresa, e assim por diante.

Ao definir os direitos de propriedade, portanto, os contratos definem incentivos e penalidades, e desse modo afetam o comportamento dos indivíduos envolvidos com a organização e, em particular, seus executivos. A análise do comportamento dos indivíduos que se relacionam com a empresa a partir desse conceito de direitos de propriedade também representa uma diferença entre a Teoria Positiva da Agência e a Teoria Principal-Agente. Ao afirmarem que a empresa é uma rede (ou um *nexus*) de contratos, Jensen e Meckling estão, portanto, afirmando que a empresa é um conjunto de acordos recíprocos entre indivíduos que alocam direitos de propriedade sobre recursos, obrigações e resultados da organização, acordos estes centralizados pelo

[23] JENSEN, Michael C.; MECKLING, William H. Theory of the Firm: Managerial Behavior, Agency Costs and Ownership Structure. *Journal of Financial Economics*, v. 3, n. 4, 1976. p. 305-360. Ver p. 311.

executivo; e que a empresa não possui realidade em si mesma, mas somente como resultado desse conjunto de acordos.[24]

Outro aspecto particular da abordagem de Jensen e Meckling que foi desenvolvido na Teoria Positiva da Agência diz respeito aos custos de agência. Os custos de agência surgem porque há delegação de autoridade do principal para o agente, e, como Jensen e Meckling assumem por hipótese que as pessoas visam ao próprio interesse, não há razão para supor que o agente decidirá sempre no interesse do principal, e não no próprio interesse. *A soma dos custos resultantes do fato de que o agente não decide necessariamente no interesse do principal constitui os custos de agência.* Esses custos são classificados por Jensen e Meckling em três tipos.

O primeiro tipo de custos de agência são os gastos que o principal realiza para incentivar e monitorar o agente. O segundo tipo de custos de agência são os custos em que muitas vezes o próprio agente incorre para oferecer garantias de que ele não vai adotar ações que prejudiquem o principal, ou que, caso o agente o prejudique com suas ações, este último será compensado. O terceiro tipo de custos de agência resulta do fato de que, mesmo com o melhor monitoramento possível por parte do principal e as melhores garantias por parte do agente, ainda assim há uma perda residual, ocasionada pelo simples fato de que, na ausência de perfeita informação, as decisões do agente nunca serão ótimas do ponto de vista do principal.

Considerados assim os principais conceitos da Teoria Positiva da Agência, seguindo com Jensen e Meckling, veremos agora como essa abordagem tratou o problema da separação entre gestão e propriedade da empresa, ou seja, os problemas que surgem quando o proprietário ou os proprietários da empresa não são necessariamente as mesmas pessoas que administram as empresas.

2.2.2 A Teoria Positiva da Agência e a separação entre propriedade e gestão

Consideremos inicialmente, como fazem Jensen e Meckling, o caso de uma empresa que é totalmente financiada por ações, e que essas ações se encontram todas nas mãos de uma única pessoa, que também administra a empresa, a quem chamaremos de proprietário-administrador. Assim, *partimos de um caso em que não há separação entre propriedade e gestão*. Vamos considerar que esse proprietário-administrador tenha a possibilidade de gastar recursos da empresa em **consumo no trabalho** (do inglês *on the job consumption*), o que significa dispender recursos da empresa com uma sede luxuosa,

[24] Jensen é um crítico radical da prática de tratar organizações como pessoas, personificando-as como se tivessem vontade, realizando escolhas, tomando decisões etc. Para Jensen, aquilo que se observa como comportamento da empresa é a resultante desse sistema de contratos entre indivíduos que possuem interesses próprios frequentemente divergentes.

ter carro pago pela empresa, aquisição de um jato executivo, patrocínios que visam apenas ao prestígio pessoal etc. Todavia, como distinguir o que é consumo no trabalho do que aumenta a riqueza da empresa? Mesmo uma sede luxuosa pode ser vantajosa para a empresa, dependendo de quem são seus clientes, pois lhe confere credibilidade na hora de fechar negócios; da mesma forma que a aquisição de um carro ou de um jato executivo pode favorecer os negócios, especialmente se o executivo tem de se deslocar; e patrocínios também podem ser decisivos no estímulo às vendas e aos lucros.

Segundo Jensen e Meckling, uma atividade passa a ser consumo no trabalho quando ela gera lucros menores para a empresa do que os custos da atividade. Por exemplo, patrocínios de atividades esportivas e artísticas que custam mais caro do que o aumento líquido nas vendas que eles proporcionam à empresa, automóveis e jatos que custam mais do que os ganhos resultantes da economia de tempo que eles possibilitam (consideradas as alternativas de transporte), um nível de luxo excessivo em relação ao que seria necessário para dar credibilidade aos negócios da empresa etc. Portanto, o consumo no trabalho diminui os lucros e, por conseguinte, o valor de mercado da empresa.

Supondo (apenas para simplificar) que o proprietário-administrador não possua nenhuma riqueza exceto sua empresa, o consumo no trabalho também reduz na mesma proporção a riqueza do proprietário-administrador. Essa relação inversa se encontra descrita no **Gráfico 2.1**, a seguir, em cujo eixo vertical temos o valor de mercado da empresa e a riqueza do proprietário-administrador, e, no eixo horizontal, o valor monetário (isto é, o valor em dinheiro gasto) do consumo no trabalho. A reta *VF* possui inclinação igual a −1, indicando que cada real gasto com consumo no trabalho resulta em uma diminuição de R$ 1 no valor de mercado da empresa.

Gráfico 2.1 – Valor de mercado da empresa e riqueza *versus* consumo no trabalho

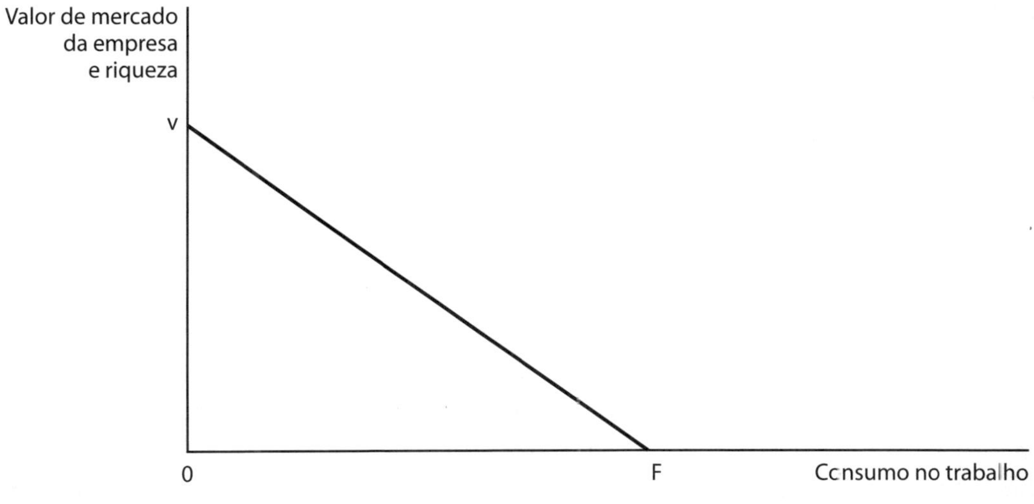

Consideremos agora as preferências do proprietário-administrador. Ele tanto pode consumir no trabalho (o que possui uma utilidade para ele, embora diminua o valor da empresa) como pode se abster desse consumo e aumentar o valor da empresa (uma vez que sua riqueza depende do valor da empresa). Não é possível, contudo, realizar *consumo no trabalho e valorizar a empresa ao mesmo tempo*. Há, portanto, uma "troca" (você deve se lembrar do conceito de *trade-off* que vimos anteriormente) que o proprietário-administrador deve realizar ao tomar suas decisões acerca da gestão da empresa: ou maior consumo no trabalho, ou maior valor da empresa (e maior riqueza).

Os economistas usam *curvas de indiferença* para retratar as preferências das pessoas com relação a escolhas que envolvam trocas. Uma curva de indiferença retrata todas as combinações entre escolhas que envolvem uma troca, e que resultam *no mesmo nível de satisfação*. Portanto, ao longo de uma mesma curva de indiferença, temos combinações de valor de mercado e de consumo no trabalho que produzem o mesmo nível de satisfação para o proprietário-administrador. Assim, o proprietário-administrador deve ser indiferente entre as combinações que pertencem a uma mesma curva de indiferença. Uma curva de indiferença do nosso hipotético proprietário-administrador se encontra retratada no **Gráfico 2.2**, a seguir.

Gráfico 2.2 – Curva de indiferença do proprietário-administrador

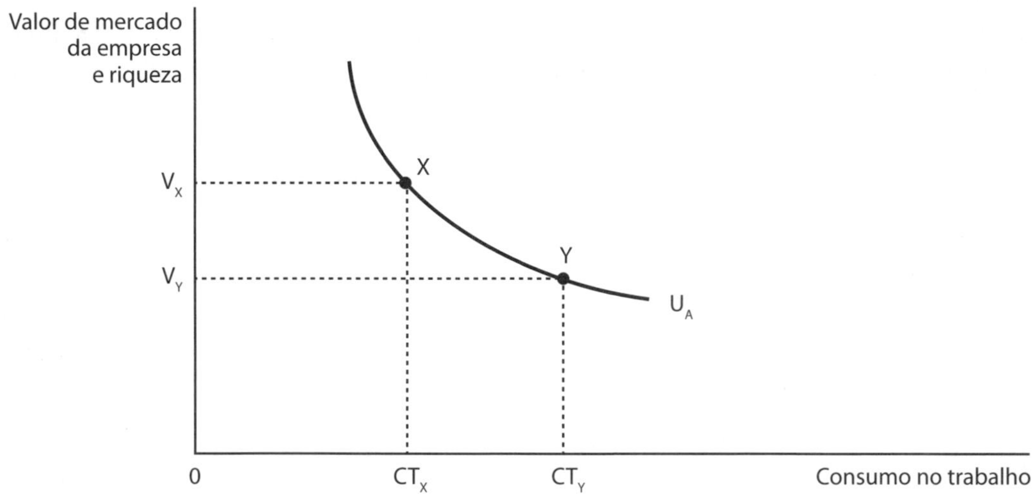

No **Gráfico 2.2** encontra-se desenhada uma curva de indiferença do proprietário-administrador, denominada U_A. Um primeiro aspecto importante a ser notado é que U_A possui *inclinação negativa*. Isso significa que, se for reduzido o valor da empresa (como está exemplificado no **Gráfico 2.2**, do valor V_x para o valor V_Y), somente será possível para o proprietário-administrador se manter no mesmo nível de satisfação U_A se, simultaneamente, for aumentado o valor monetário do seu consumo no trabalho (como está exemplificado no **Gráfico 2.2**, do valor CT_X para o valor CT_Y), tal como se encontra ilustrado na passagem do ponto X para o ponto Y. O mesmo acontece no sentido inverso: se for reduzido o valor monetário do consumo no trabalho do proprietário-administrador, somente será possível que ele se mantenha no mesmo nível de satisfação U_A se, simultaneamente, for aumentado o valor da empresa (o que pode ser ilustrado pelo movimento contrário, do ponto Y para o ponto X).

Uma segunda observação importante diz respeito ao formato da curva de indiferença, U_A. Vemos que U_A não é retilínea: ela se curva, ou, dito de forma mais técnica, ela é convexa em relação à origem do gráfico. Ou seja, embora o proprietário-administrador esteja disposto a substituir riqueza como valor da empresa por consumo no trabalho, à medida que a substituição acontece, vai se tornando mais difícil prosseguir na troca de um por outro, porque à medida que se abre mão do valor da empresa por consumo no trabalho torna-se necessário cada vez mais consumo no trabalho em troca de uma mesma redução no valor da empresa, para que o proprietário-administrador permaneça na mesma curva de indiferença (isto é, mantenha-se no mesmo nível de satisfação). Dessa maneira, U_A torna-se cada vez mais horizontal, para expressar essa crescente dificuldade de prosseguir com a substituição, mantendo simultaneamente o mesmo nível de satisfação.

De modo inverso, mas pela mesma razão, à medida que a substituição de consumo no trabalho por aumento no valor da empresa acontece, vai se tornando mais difícil prosseguir na troca, pois à medida que se troca consumo no trabalho por valor da empresa é preciso um aumento cada vez maior no valor da empresa em troca do mesmo consumo no trabalho, para que o proprietário-administrador permaneça na mesma curva de indiferença, ou seja, mantenha-se no mesmo nível de satisfação. Dessa maneira, U_A torna-se cada vez mais vertical.

É fácil perceber a razão disso: o proprietário-administrador está disposto a trocar riqueza – o valor da empresa – por consumo no trabalho e vice-versa, mas não está disposto a abrir mão totalmente de nenhum dos dois em troca do outro: *ele deseja manter alguma riqueza na forma do valor da sua empresa e ter algum consumo no trabalho*. Ele não deseja nem reduzir o valor da sua empresa a zero por causa do consumo no trabalho (pois isso reduziria sua riqueza também a zero), nem levar uma vida espartana dentro da empresa (até porque o consumo no trabalho também confere satisfação ao proprietário-administrador).

Contudo, o fato de que, ao reduzir um deles (o valor da empresa ou o consumo no trabalho), o proprietário-administrador somente se manterá no mesmo nível de satisfação se o outro aumentar significa que, se aumentarem *os dois ao mesmo tempo* (o valor da empresa *e* o consumo no trabalho), o nível de satisfação do nosso proprietário-administrador deve aumentar também. Inversamente, se forem reduzidos *os dois ao mesmo tempo*, o nível de satisfação do nosso proprietário-administrador deve diminuir. Isso pode ser visto no **Gráfico 2.3**, a seguir. Nele, temos retratadas duas das curvas de indiferença do proprietário-administrador da empresa: a curva U^1_A e a curva U^2_A.

Gráfico 2.3 – Propriedades das curvas de indiferença do proprietário-administrador

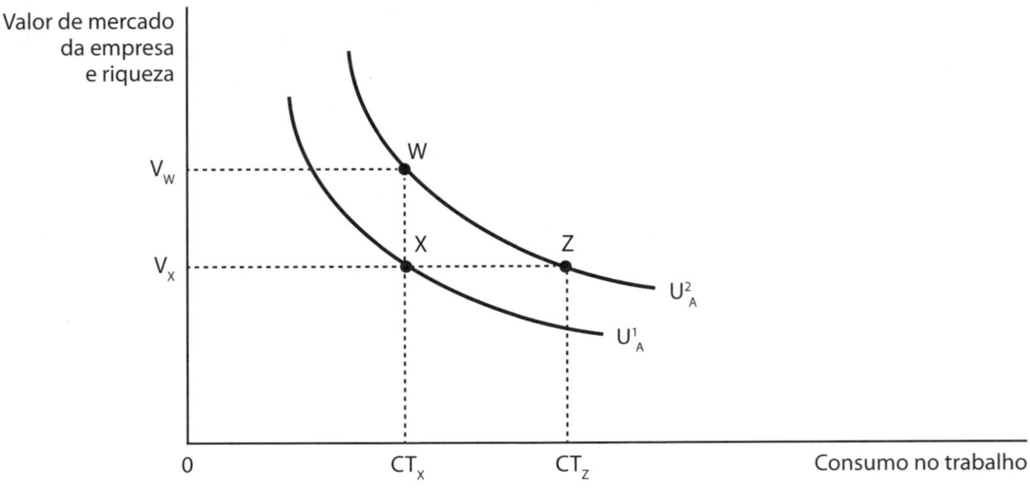

Vamos observar o ponto X sobre a curva de indiferença U^1_A no **Gráfico 2.3**. Vemos que o ponto X corresponde a uma combinação de valor da empresa igual a V_X e de consumo no trabalho com valor igual a CT_X. Agora, imaginemos que, por algum motivo, fosse possível ao proprietário-administrador aumentar o valor da empresa para V_W sem reduzir o consumo no trabalho, que seria mantido em CT_X. Essa suposição é puramente hipotética: *não* estamos afirmando que o proprietário-administrador possa fazer isso; apenas *queremos saber como ele se sentiria se pudesse fazê-lo*. Essa é a essência das curvas de indiferença: representar como as pessoas se sentem em relação às diferentes situações, *e não expressar qual delas realmente pode ser alcançada*.

É fácil perceber então que a combinação de mesmo consumo no trabalho em CT_X e maior valor da empresa em V_W, que corresponde ao ponto *W* na curva de indiferença U^2_A, representa necessariamente um nível de satisfação mais elevado para o proprietário-administrador, pois ele aumenta a riqueza sem reduzir seu consumo no trabalho. Da mesma maneira, o ponto Z, em que o proprietário-administrador aumenta seu consumo no trabalho para CT_Z sem que o valor da empresa se reduza (permanecendo em V_X), também implica necessariamente aumento na satisfação do proprietário-administrador, uma vez que ele aumenta o consumo no trabalho sem reduzir sua riqueza.

A primeira conclusão que extraímos dessa análise, portanto, é a de que, quanto mais distante da origem estiver a curva de indiferença, maior o nível de satisfação que ela representa. Por conseguinte, a curva de indiferença U^2_A representa um nível de satisfação mais elevado para o proprietário-administrador do que a curva de indiferença U^1_A.

A segunda conclusão, igualmente importante, resulta da hipótese (usual quando se trata de curvas de indiferença) de que nosso hipotético proprietário-administrador é capaz de expressar suas preferências em relação a qualquer combinação de valor da empresa e consumo no trabalho, e não apenas os pontos que se encontram nas curvas de indiferença U^1_A e U^2_A. Portanto, na verdade todo o espaço do **Gráfico 2.3** se encontra preenchido por curvas de indiferença, todas com formato semelhante a U^1_A e U^2_A, pois o proprietário-administrador possui preferências em relação a todas as combinações entre *V* e *CT*, e elas possuem as características que vimos até agora.

Estamos agora em condições de analisar o equilíbrio do proprietário-administrador dada a curva *VF* do **Gráfico 2.1**, que expressa as possibilidades de troca entre o valor da empresa e o consumo no trabalho. O leitor deve recordar do Capítulo 1 que, por equilíbrio, devemos entender uma situação que não pode ser melhorada e que, portanto, não oferece nenhum motivo para ser alterada, uma vez que nos encontremos nela. Para estudarmos o equilíbrio do proprietário-administrador, pedimos que você considere o **Gráfico 2.4**, a seguir.

Gráfico 2.4 – Equilíbrio do proprietário-administrador (único dono)

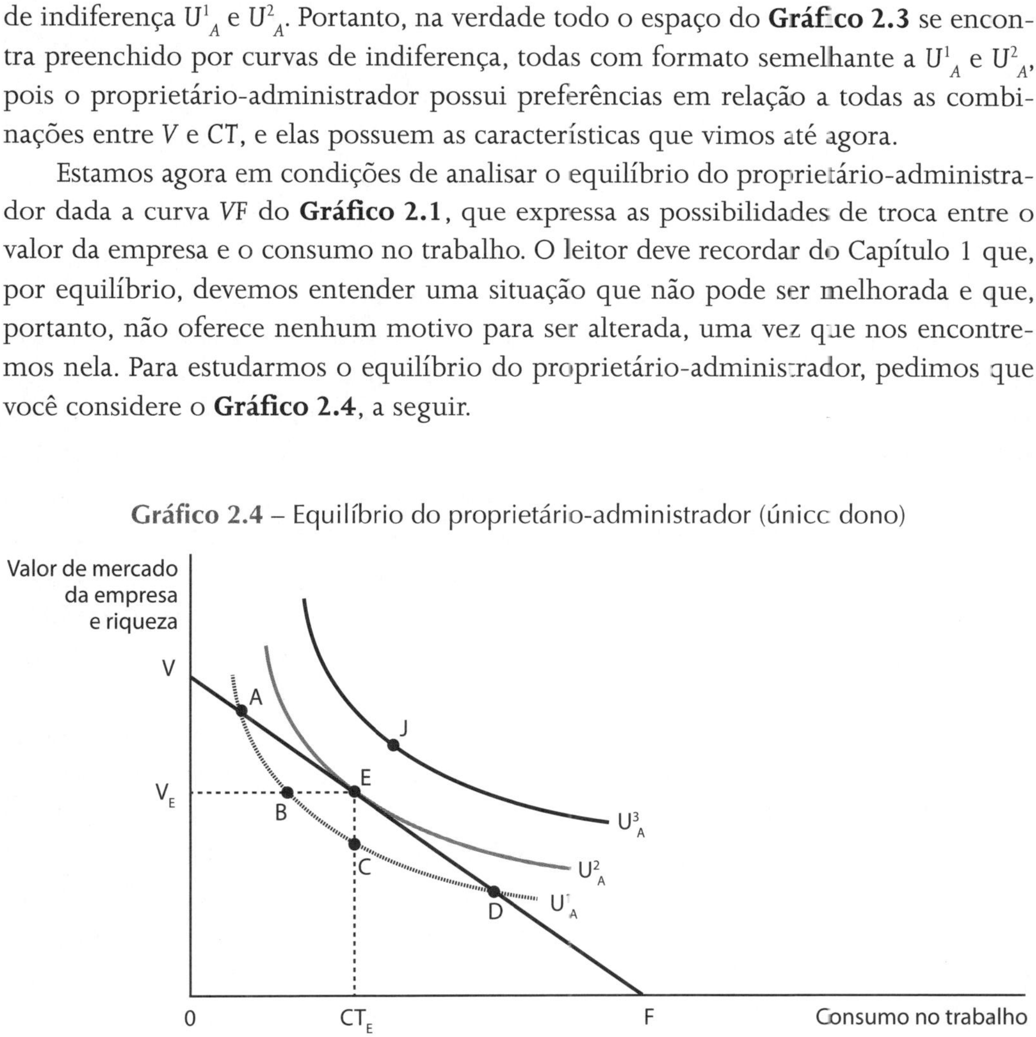

O **Gráfico 2.4** mostra o equilíbrio do proprietário-administrador quando ele é o único dono da empresa, ou seja, quando ele é o dono de todas as ações da empresa (como estamos supondo até agora). Para ilustrar o equilíbrio do proprietário-administrador, colocamos no **Gráfico 2.4** a curva *VF* do **Gráfico 2.1** e mais três hipotéticas curvas de indiferença: U^1_A, U^2_A, U^3_A, sendo que U^3_A representa um nível de satisfação maior do que U^2_A, e U^2_A representa um nível de satisfação maior do que U^1_A, o que pode ser percebido pela distância crescente de cada curva de indiferença U^1_A, U^2_A e U^3_A em relação à origem do **Gráfico 2.4**.

É fácil observar que nenhum ponto abaixo de *VF* pode fazer parte do equilíbrio do proprietário-administrador. Para percebermos isso, basta considerar dois pontos abaixo de *VF* que foram assinalados no **Gráfico 2.4**: os pontos B e C, que se encontram sobre a curva de indiferença U^1_A. Nenhum dos dois pontos pode fazer parte do equilíbrio, uma vez que se encontram no interior de *VF*, e assim é possível aumentar o valor da empresa *e* o consumo no trabalho simultaneamente.

Com efeito, é possível ter um consumo no trabalho maior do que aquele determinado pelo ponto B para o mesmo valor da empresa, o que mostramos prolongando horizontalmente uma linha que segue além do ponto B, até alcançar o ponto E sobre *VF*. Da mesma maneira, é possível ter um valor da empresa maior do que aquele determinado no ponto C para o mesmo valor do consumo no trabalho, o que mostramos prolongando verticalmente uma linha que segue além do ponto C até alcançar também o ponto E sobre *VF*. Inversamente, pontos acima de *VF* não podem constituir um equilíbrio do proprietário-administrador, simplesmente porque são inatingíveis. Basta considerar o ponto J no **Gráfico 2.4**: embora ele esteja sobre a curva de indiferença U^3_A, o ponto J corresponde a uma combinação de valor da empresa e de consumo no trabalho que é impossível de ser obtida, ainda que represente um nível de satisfação mais elevado. Desse modo, *somente podem constituir algum equilíbrio os pontos sobre* VF.

Todavia, qual ponto sobre *VF* constitui um equilíbrio? No **Gráfico 2.4**, assinalamos três pontos: *A*, E e D, que se encontram sobre *VF* e, portanto, são candidatos a ponto de equilíbrio para o proprietário-administrador. Vamos considerar primeiro o ponto *A*. No ponto *A* é bem vertical a inclinação de U^1_A. Isso significa que o proprietário-administrador em *A* está disposto a abrir mão de uma parcela relativamente elevada do valor da empresa em troca de um pouco mais de consumo no trabalho, e mesmo assim continuar com o mesmo nível de satisfação, representado por U^1_A. Isso é compreensível, uma vez que no ponto *A* o proprietário-administrador está consumindo pouquíssimo no trabalho, a empresa possui um valor bastante elevado (próximo do valor máximo que ela pode obter, *V*) e o proprietário-administrador deseja uma empresa com valor significativo, mas também deseja consumo no trabalho.

Ocorre porém que a curva *VF* é menos inclinada do que U^1_A no ponto *A*. Isso significa que o proprietário-administrador consegue aumentar seu consumo no trabalho abrindo mão de uma proporção menor do valor da empresa do que aquela que ele exigiria para se manter no mesmo nível de satisfação. O resultado é que seu nível de satisfação pode ser maior do que aquele determinado por U^1_A se o proprietário-administrador se mover para baixo em *VF* a partir do ponto *A*, e desse modo o ponto *A* não pode ser um ponto de equilíbrio, porque não é uma situação ótima para o proprietário-administrador.

Vamos agora examinar o ponto *D*. No ponto *D*, a inclinação de U^1_A é bastante horizontal. Isso significa que o proprietário-administrador em *A* está disposto a abrir mão de uma parcela relativamente elevada de consumo no trabalho em troca de um pouco mais do valor da empresa, continuando ainda assim no mesmo nível de satisfação, novamente representado por U^1_A. Isso é também compreensível, uma vez que no ponto *D* o proprietário-administrador está consumindo muito no trabalho, a empresa possui um valor bastante baixo (o ponto *D* está relativamente perto do valor nulo que ela pode assumir, quando o proprietário consome no trabalho o valor de F) e o proprietário-administrador deseja consumo no trabalho, mas também uma empresa com valor significativo, pois ela é sua única riqueza.

Ocorre porém que a curva *VF* é menos horizontal do que U^1_A no ponto *D*. Isso significa que o proprietário-administrador consegue aumentar o valor da empresa abrindo mão de uma proporção menor do seu consumo no trabalho do que aquela que ele exigiria para se manter no mesmo nível de satisfação. O resultado é que seu nível de satisfação pode ser maior do que aquele determinado por U^1_A se o proprietário-administrador se mover para cima em *VF* a partir de *D*, e assim o ponto *D* não pode ser um ponto de equilíbrio, pois mais uma vez não temos uma situação ótima.

Deve estar claro, assim, que o ponto E é o ponto de equilíbrio: como U^2_A é tangente à reta *VF*, a proporção em que o proprietário-administrador *deseja* trocar valor da empresa por consumo no trabalho (ou vice-versa) para permanecer no mesmo nível de satisfação, determinada pela inclinação de U^1_A, é igual à proporção que ele *pode* trocar valor da empresa por consumo no trabalho (ou vice-versa), determinada pela inclinação de *VF*. Em qualquer ponto à esquerda (ou direita) de E, o proprietário--administrador consegue trocar valor da empresa por consumo no trabalho (ou consumo no trabalho por valor da empresa) em uma proporção menor do que aquela que exige para permanecer no mesmo nível de satisfação, e portanto seu nível de satisfação aumenta.

Somente no ponto E a proporção em que o proprietário-executivo aceita trocar é exatamente o que ele consegue fazer, e desse modo é impossível melhorar a situação. Temos então o equilíbrio: dadas as suas preferências (representadas nas curvas de indiferença), e a relação entre valor da empresa e consumo no trabalho (representada pela reta *VF*), o proprietário-administrador vai ter um consumo no trabalho de CT_E, e o valor de sua empresa será V_E.

Suponhamos agora, como fazem Jensen e Meckling, que o proprietário-administrador decida vender uma proporção (1 – α) de suas ações a investidores externos à empresa, com 0 < α < 1,[25] retendo ele mesmo uma parcela α das suas ações originais. Como isso afetará o equilíbrio do proprietário-administrador? O **Gráfico 2.5**, a seguir, ilustra as consequências para o equilíbrio do proprietário-administrador da venda de uma parcela (1 – α) de suas ações para investidores externos.

Gráfico 2.5 – Equilíbrio do proprietário-administrador depois de vender uma parcela (1 – α) das ações

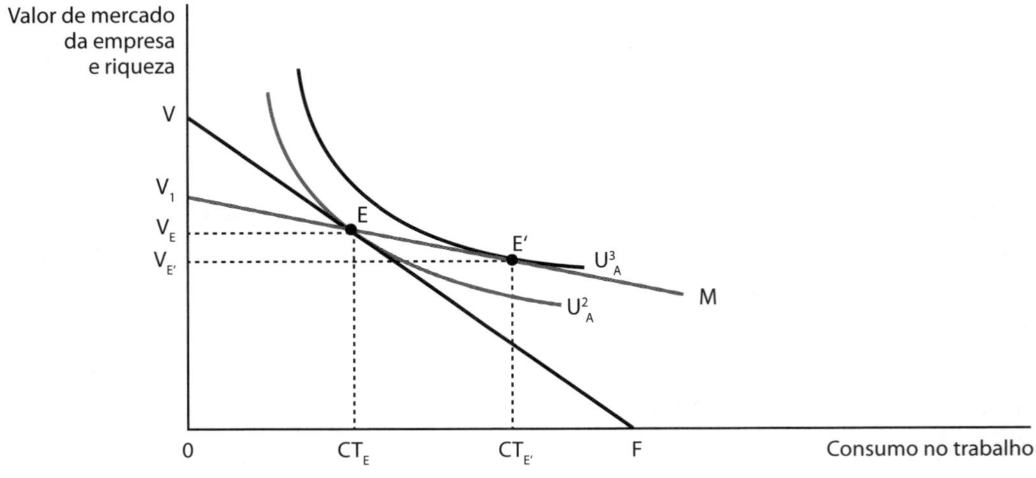

O primeiro ponto a ser observado no **Gráfico 2.5** é que agora a reta que expressa as possibilidades de troca entre riqueza – entendida como a soma do valor da parcela da empresa que ele ainda possui (α) mais o dinheiro que os acionistas pagaram pelas ações (igual a (1 – α) do valor da empresa) – e consumo no trabalho não é mais representada por *VF*, e sim por M. A razão disso é que agora o consumo no trabalho do proprietário-administrador não afeta mais a totalidade do valor da empresa e de sua riqueza, mas apenas a parcela αV: o valor que ele recebeu em dinheiro pela venda de (1 – α) de suas ações para investidores externos à empresa não é afetado pelo seu consumo no trabalho. Portanto, a inclinação de M não é –1 (como no caso de *VF*), mas sim –α: agora o proprietário-administrador troca R$ 1 de consumo no trabalho por α de riqueza (por exemplo, para α = 0,7 ele troca R$ 1 de consumo no trabalho por R$ 0,70 de redução no valor de sua riqueza).

[25] Assim, se, por exemplo, α = 0,7, temos que o proprietário-administrador vendeu 30% das ações e manteve 70% para si.

O segundo ponto a ser observado é que a reta M passa pelo mesmo equilíbrio – o ponto E – que passava antes de o proprietário-administrador vender $(1 - \alpha)$ de suas ações para investidores externos. A razão disso é simples: não considerando o que vai acontecer depois de comprar as ações, os investidores externos à empresa se dispõem a pagar $(1 - \alpha) \times V_E$ pela fração $(1 - \alpha)$ das ações da empresa que estão sendo vendidas, pois V_E é o valor da empresa com o nível de consumo no trabalho CT_E do proprietário-administrador. Portanto, se o proprietário-administrador assim desejar, ele pode ter a mesma combinação de riqueza e consumo no trabalho que tinha antes: basta manter seu nível de consumo no trabalho inalterado. Se ele agir assim, o valor da empresa não se altera (permanece em V_E) e, portanto, o valor da fração α de suas ações que ele reteve também não se altera. O ponto E, portanto, é uma possibilidade, e M tem de passar por ele.

Apesar de ser uma possibilidade, depois de o proprietário-administrador vender a fração de suas ações $(1 - \alpha)$, o ponto E *não* é mais um equilíbrio. Como agora o proprietário-administrador não possui mais a totalidade das ações, ele não tem de arcar com todo o impacto de seu consumo no trabalho sobre o valor da empresa. Assim, pode aumentar seu consumo no trabalho, pois isso terá um impacto menor na sua riqueza do que tinha antes. Em outros termos, ele agora está disposto a trocar *mais* consumo no trabalho por valor da empresa, porque isso afeta menos sua riqueza. A nova curva de indiferença que possui a mesma inclinação que M agora é $U^3{}_A$, uma curva acima de $U^2{}_A$, portanto a satisfação do nosso hipotético proprietário-administrador aumentou: ele ampliou seu consumo no trabalho de CT_E para $CT_{E'}$, e o valor da empresa se reduziu de V_E para $V_{E'}$.

O que acontece, porém, se os investidores externos à empresa considerarem o fato de que o proprietário-executivo não vai arcar com todas as consequências de seu consumo no trabalho se vender parte das ações da empresa? Para analisar essa situação, Jensen e Meckling adotam a hipótese de que os investidores externos à empresa sabem como o executivo vai se comportar depois de vender $(1 - \alpha)$ de suas ações e, mais ainda, conhecem as preferências do proprietário-executivo, tal como se encontram descritas nas suas curvas de indiferença. A nova situação, em que os investidores externos à empresa possuem perfeita informação, encontra-se descrita no **Gráfico 2.6**.

A ideia é que, conhecendo como o proprietário-administrador vai se comportar, os investidores externos à empresa não vão pagar $(1 - \alpha) \times V_E$ pela empresa, pois V_E seria o valor da empresa se o proprietário-administrador não aumentasse seu consumo no trabalho depois de vender $(1 - \alpha)$ de ações da empresa. Sabendo que o proprietário-administrador vai aumentar seu consumo no trabalho depois de vender $(1 - \alpha)$ de ações da empresa, os investidores externos à empresa vão levar isso em consideração, ou seja, levarão em conta que *o valor que pagam pela parte da empresa que adquirem induz o proprietário-administrador a aumentar seu consumo no trabalho, o que reduz o valor da empresa e da sua parcela* $(1 - \alpha)$.

Gráfico 2.6 – Equilíbrio do proprietário-administrador depois de vender uma parcela $(1 - \alpha)$ das ações com perfeita informação dos investidores

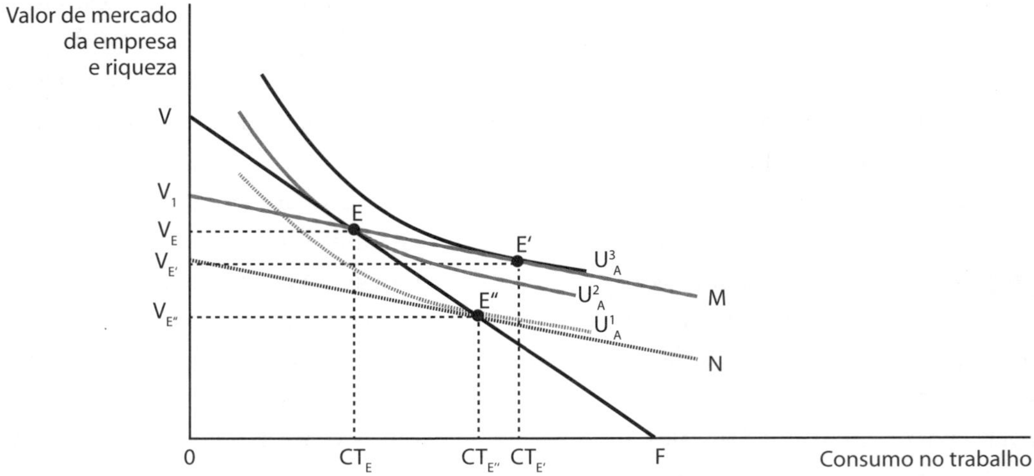

A solução lógica para os investidores externos à empresa consiste, então, em *reduzir valor* a ser pago pela sua parcela $(1 - \alpha)$ das ações da empresa, até que esse valor seja proporcional ao valor efetivo da empresa, deduzido o consumo no trabalho realizado pelo proprietário-administrador. Para isso, os investidores externos à empresa precisam encontrar a curva de indiferença do proprietário-administrador que apresente inclinação de $-\alpha$ no ponto que corta a curva *VF*: ao fazerem isso, os investidores identificam qual será o consumo no trabalho que maximizará a satisfação do proprietário-administrador quando ele retém apenas uma proporção α de suas ações. Identificado esse ponto, o ponto E" no **Gráfico 2.6**, os investidores verificam o valor da empresa que resulta desse consumo no trabalho, o qual maximiza a satisfação do proprietário-administrador quando ele possui apenas uma proporção α das ações totais da empresa. Os investidores externos à empresa pagam então $(1 - \alpha)V_{E''}$ pela sua parte da empresa.

Temos, portanto, segundo Jensen e Meckling, uma primeira medida do custo de agência que resulta da venda de uma parte $(1 - \alpha)$ para investidores externos à empresa: a diferença entre V_E e $V_{E''}$, ou seja, a redução no valor da empresa quando ela possui apenas um proprietário-administrador, que arca com todo o custo do seu consumo no trabalho, em relação ao valor da empresa quando ela possui acionistas externos a ela na proporção (1 – α). Esse custo de agência consiste exclusivamente em perda residual, uma vez que não foram considerados incentivos e monitoramento do proprietário-administrador, nem a possibilidade de o proprietário-administrador oferecer garantias de que ele não vai adotar ações que prejudiquem os investidores externos à empresa. Essas iniciativas podem melhorar a situação, aumentando um pouco o valor da empresa e diminuindo o consumo no trabalho pelo proprietário-administrador, mas também geram custos e, assim, nunca será atingida novamente a situação inicial representada pelo ponto E, quando o proprietário-administrador possuía toda a empresa e o seu valor era o mais elevado.

Ficamos então com um problema: uma vez que os custos de agência reduzem o valor da empresa quando o proprietário-administrador decide vender parte dela, como podemos explicar com a Teoria Positiva da Agência a existência de uma enorme maioria de grandes corporações com o capital pulverizado em ações e gestão profissional por executivos que não são os seus proprietários? A explicação oferecida por Jensen e Meckling é a diversificação de riscos. Ao manter toda a sua riqueza na empresa, o proprietário-administrador aumenta muito os seus riscos se os ganhos da empresa forem incertos. Se ele for avesso aos riscos, vai preferir diversificar sua riqueza entre ativos cujos rendimentos não apresentem correlação significativa entre si. O "preço" que o proprietário-administrador paga para poder diversificar sua riqueza e diminuir seu risco é o custo de agência.

2.3 Virtudes e problemas da abordagem da empresa como um problema de agência

A abordagem da empresa como um problema de agência (tanto na versão da Teoria Principal-Agente como na versão da Teoria Positiva da Agência) tem como sua preocupação central abordar os problemas resultantes da separação entre propriedade e gestão. Essa necessidade de separação entre propriedade e gestão, por sua vez, responde às necessidades de crescimento das empresas, que ao longo do século passado se tornaram cada vez maiores e passaram a atuar até internacionalmente.

A repercussão da Teoria Principal-Agente entre os economistas foi muito grande, o que pode ser avaliado pelos incontáveis artigos e livros que aplicam os conceitos e o método de análise dessa teoria aos mais variados problemas, não apenas na Economia, mas também no campo da política, em que as relações políticas – como aquelas entre os eleitores e os políticos eleitos – são percebidas como delegações de autoridade para a tomada de decisões e, portanto, também estariam sujeitas aos problemas discutidos pela Teoria Principal-Agente. No caso da Teoria Positiva da Agência, apesar de seu sucesso não ter alcançado a mesma escala do da Teoria Principal-Agente, sua contribuição tem sido notável – o que pode ser avaliado pelas inúmeras citações do artigo de Jensen e Meckling –, com destaque para o estudo da governança corporativa.

Dito isso, é importante reconhecer que tanto a Teoria Principal-Agente como a Teoria Positiva da Agência apresentam limitações e deficiências significativas. No caso da Teoria Principal-Agente, destaca-se um otimismo excessivo no poder dos incentivos de resolver antecipadamente os problemas de agência. O caso Enron ilustrou de maneira dramática os riscos desse excessivo otimismo. Sétima empresa norte-americana em receita, a Enron faliu em 2 de dezembro de 2001, após uma crise que se iniciou ainda em outubro do mesmo ano, depois do anúncio de perdas substanciais. Além de uma série de irregularidades, houve manipulação de informações contábeis visando a valorizar as ações da empresa e com isso enriquecer seus diretores, que possuíam opções em ações. O caso da Enron demonstrou que, em condições de assimetria de informação, os incentivos muitas vezes não são a solução, mas sim o problema.

No caso da Teoria Positiva da Agência, o conceito de empresa como rede ou *nexus* de contratos apresenta vários problemas. O primeiro deles é: se aceitamos a noção de rede de contratos, não fica claro onde uma empresa termina e onde começa outra. Essa é um pergunta importante, porque uma empresa faz vários contratos, em particular com outras empresas que são seus fornecedores ou clientes. Assim, por exemplo, quando a empresa A contrata um fornecedor B, e este fornecedor B subcontrata uma empresa C, como podemos distinguir que A, B e C são empresas diferentes se estão unidas por uma rede de contratos? A resposta da Teoria Positiva da Agência de que a definição de quem está dentro e quem está fora da empresa não é muito importante torna confuso o próprio conceito de *empresa*.

O mais importante com relação a esse ponto é o fato de que, de alguma forma, sabemos que A, B e C são empresas *diferentes*, apesar de unidas por uma mesma cadeia de contratos. Ou seja, *há alguma propriedade que estabelece os limites das empresas, que não é captada pela caracterização da empresa como uma "rede de contratos"*. Essa incapacidade de mostrar o que define os limites da empresa é uma deficiência básica para qualquer teoria econômica que busque estudar a empresa: o mínimo que se espera de qualquer teoria desse tipo é que seja capaz de caracterizar claramente sua unidade fundamental de análise (a própria empresa).

Na verdade, tanto a Teoria Positiva da Agência quanto a Teoria Principal-Agente sofrem as consequências de um mesmo problema: nenhuma das duas abordagens constitui uma teoria da empresa enquanto tal. No caso da Teoria Positiva da Agência, a empresa é percebida como uma rede de contratos assim como o mercado, com a única diferença de que esses contratos estão centralizados na empresa de alguma maneira (possivelmente no seu administrador). Assim, a empresa não se distingue a rigor do mercado como forma de organização da atividade produtiva, pois ambos se resumem a contratos – ainda que com graus diferentes de centralização.

No caso da Teoria Principal-Agente, talvez seja injusto afirmar que ela se pretende uma teoria da empresa. Seu objetivo é apenas estudar a delegação de tarefas e seus problemas econômicos, que podem afetar um grande número de relações econômicas, *entre elas as relações nas empresas*. Não é por acaso que muito da teoria e dos exemplos empregados por essa abordagem envolvem a relação entre o proprietário de um terreno e seu arrendatário, e não uma empresa propriamente dita.

No próximo capítulo, veremos uma teoria que se iniciou justamente com a discussão acerca dos limites da empresa, procurando analisar as características específicas da empresa: a hierarquia com poder de comando e a burocracia. Essa teoria é a Teoria dos Custos de Transação.

LEITURAS SUGERIDAS

Uma referência básica para quem deseja uma introdução à Teoria Principal-Agente aplicada à empresa é o livro de Martin Ricketts, *The Economics of Business Enterprise*: an Introduction to Economic Organization and the Theory of the Firm (3. ed. Cheltenham: Edward Elgar, 2002). Contudo, sua apresentação gráfica da teoria é bastante complexa, e exige esforço e dedicação de um leitor que não esteja familiarizado com conceitos microeconômicos. Uma boa síntese das duas abordagens – Teoria Principal-Agente e Teoria Positiva da Agência –, bastante acessível, pode ser encontrada no livro de Sytse Douma e Hein Schreuder, *Economic Approaches to Organizations* (Harlow, Inglaterra: Prentice Hall-Financial Times, 2008). Outra boa síntese é o artigo de David E. M. Sappington, Incentives in Principal-Agent Relationships (publicado no *The Journal of Economic Perspectives*, v. 5, n. 2, 1991, p. 45-66, que trata exclusivamente da Teoria Principal-Agente), além do artigo de Kathleen M Eisenhardt: Agency Theory: An Assessment and Review (publicado no *Academy of Management Review*, v. 14, n. 1, 1989. p. 57-74).

O ponto de partida para o estudo da visão da empresa como rede de contratos é obviamente o artigo de Jensen e Meckling citado no capítulo. Em seguida, recomendamos o livro do próprio Jensen, *Foundations of Organizational Strategy* (Cambridge: Mass., Harvard University Press, 1998), que faz uma extensa discussão dos principais aspectos de sua teoria.

QUESTÕES PARA REVISÃO

1) Explique os problemas resultantes da moderna separação entre gestão e propriedade.
2) Explique o que se entende por neutralidade e aversão ao risco.
3) Quais são os critérios que um contrato eficiente deve atender?
4) Qual é o critério para um contrato ser eficiente no compartilhamento de riscos?
5) O que significa contrato primeiro melhor? E contrato segundo melhor?
6) Qual é a diferença entre um esquema de incentivos de alta potência e um esquema de incentivos de baixa potência?
7) Qual é a troca fundamental da Teoria Principal-Agente sob assimetria de informação e com aversão ao risco por parte do agente?
8) Explique o conceito de empresa como "rede de contratos".
9) Defina custos de agência e perda residual.
10) O que levaria um empresário a abrir mão do controle exclusivo sobre as ações de sua empresa, segundo a Teoria Positiva da Agência?

Apêndice ao Capítulo 2

A TEORIA POSITIVA DA AGÊNCIA E A ESTRUTURA DE CAPITAL DA EMPRESA

Introdução

Vimos no Capítulo 2 que a abordagem da empresa como um problema de agência se desdobra em duas vertentes: a Teoria Principal-Agente e a Teoria Positiva da Agência. Talvez a aplicação mais importante da Teoria Positiva da Agência seja na análise teórica da *estrutura de capital da empresa*. Chama-se **estrutura de capital** à composição das diferentes formas de financiamento do investimento produtivo que a empresa escolhe. Essas formas envolvem os diversos tipos de ações (ordinárias e preferenciais) e variados tipos de instrumentos de dívida (diferentes empréstimos de curto e de longo prazo, debêntures, arrendamento mercantil etc.). Em uma abordagem mais geral, é comum se distinguir apenas entre capital próprio (ações) e capital de terceiros (dívidas).

Uma pergunta importante, assim, é se há uma estrutura de capital ótima para as necessidades da empresa. Dito de outra forma, haveria uma proporção ideal entre capital próprio e capital de terceiros para a empresa? Ou essa proporção é irrelevante para ela? Embora intuitivamente pareça que diferentes composições entre capital próprio e capital de terceiros afetem a empresa de modo diferente, a análise econômica do problema da estrutura de capital começou afirmando que a composição do capital da empresa entre capital próprio e de terceiros era irrelevante para o resultado da empresa. Tal resultado, conhecido como Teorema Modigliani-Miller, vai fornecer o contexto em que a Teoria Positiva da Agência fará sua contribuição. Por isso, temos de começar nosso estudo da análise da estrutura de capital pela Teoria Positiva da Agência com o famoso Teorema Modigliani-Miller.

A2.1 O Teorema Modigliani-Miller

Em 1958, os economistas Franco Modigliani (1918-2003) e Merton H. Miller (1923-2000) publicaram o artigo The Cost of Capital, Corporation Finance and the Theory of Investment,[1] que teria grande repercussão, vindo ambos mais tarde a ganhar o prêmio Sveriges Riksbank em Ciências Econômicas em Homenagem a Alfred Nobel. Naquele artigo, apresentaram um resultado, o qual se tornou conhecido como *Teorema Modigliani-Miller*, que assume como ponto de partida a hipótese de perfeita informação no mercado de capitais.

Essa hipótese é muito importante para o teorema, pois exclui, entre outros, os problemas de agência de que tratamos ao longo do Capítulo 2. Da mesma maneira, graças à hipótese de perfeita informação no mercado de capitais, adotada por Modigliani e Miller, o valor de um título depende apenas do fluxo de lucros a que ele dá direito, e não de quem o emite. Portanto, um título emitido por um indivíduo que gerasse o mesmo fluxo de rendimentos que outro título emitido por uma grande empresa teria o mesmo valor de mercado que esse último.

O **Teorema Modigliani-Miller** afirma, portanto, que, em condições de *perfeita informação no mercado de capitais* e sem impostos, o valor da empresa não é afetado pela estrutura de capital.[2] Dito de outro modo, nas condições que acabamos de descrever, o valor da empresa é afetado somente pelo fluxo de lucros que ela produz, e não pela distribuição dos direitos sobre esse fluxo de lucros entre capital de terceiros (dívida) e capital próprio (ações).

O Teorema Modigliani-Miller pode ser ilustrado por meio de um exemplo bastante simples. Considere duas empresas, A e B. Suponha que as duas produzam fluxos idênticos de lucros anuais, de forma que π_t representa o lucro π no ano t de qualquer uma das duas empresas. Assim, a empresa A e a empresa B apresentam o mesmo valor esperado para seus fluxos de lucros.[3] Imaginemos que a empresa A possua apenas capital próprio na forma de ações. O valor da empresa A, V_A, será igual ao valor das ações da empresa, S_A, de forma que:

$$V_A = S_A \qquad \textbf{(A2.1)}$$

---

[1] Publicado no *The American Economic Review*, v. 48, n. 3, p. 261-297. 1958.

[2] Na verdade, o teorema pode ser demonstrado também no caso em que há impostos (o que foi feito por Merton Miller individualmente mais tarde), mas aqui vamos ignorar esse refinamento e nos concentrar no argumento geral do teorema.

[3] Você deve se lembrar do Capítulo 2 que o valor esperado dos lucros de uma empresa é a soma dos lucros que ela pode obter, multiplicados pelas suas probabilidades. Assim, apenas para ilustrar, se uma hipotética empresa pode obter um lucro de R$ 100.000,00 com 40% de chances e um lucro de R$ 50.000,00 com 60% de chances, o valor esperado de seus lucros é: R$ 100.000,00(0,40) + R$ 50.000,00(0,60) = R$ 40.000,00 + R$ 30.000,00 = R$ 70.000,00. Obviamente, uma empresa em geral não apresenta apenas dois valores de lucros possíveis, e sim uma variação contínua de lucros, mas o tratamento de um contínuo de lucros complicaria desnecessariamente a exposição, pois esse exemplo simplificado é suficiente para ilustrar o conceito.

Suponhamos que a empresa B possua uma parte de seu capital na forma de ações, S_B, e uma parte de seu capital na forma de dívida com terceiros, D_B. O valor da empresa B, V_B, portanto, é dado por:

$$V_B = S_B + D_B \quad \textbf{(A2.2)}$$

Trata-se de duas estruturas de capital distintas: enquanto a empresa A não possui dívidas, a empresa B possui dívidas e capital próprio. Isso afetará o valor das empresas? De acordo com o Teorema Modigliani-Miller, a resposta sob a condição de perfeita informação é *não*. Para entendermos a razão disso, vamos supor que um indivíduo compre uma fração α das ações da empresa A. Quanto esse investidor receberá ao final de cada ano? Como ele adquiriu uma fração α das ações da empresa A, ele receberá uma fração α do fluxo de lucros da empresa A ao final de cada ano, isto é, receberá $\alpha E(\pi_t)$, em que $E(\pi_t)$ representa o valor esperado do lucro π em um dado ano t (lembre-se de que as duas empresas têm o mesmo fluxo anual de lucros, portanto não precisamos indicar se π_t se refere ao lucro da empresa A ou da empresa B).

Agora imagine que o investidor comprou a mesma fração α do capital total da empresa B, ou seja, que ele adquiriu $\alpha(S_B + D_B)$. Quanto nosso hipotético investidor receberá nos caso da empresa B? Pelas ações que ele adquiriu, receberá uma participação no fluxo de lucros líquidos, isto é, deduzidos dos juros que devem ser pagos para honrar a dívida da empresa na proporção α das ações que ele adquiriu. Supondo assim que a dívida da empresa B pague uma taxa de juros igual a r, o investidor vai fazer jus pela quantidade αS_B de ações que adquiriu a uma parcela do fluxo de lucros igual a $\alpha[E(\pi_t) - rD_B]$. Todavia, nosso hipotético investidor também adquiriu uma quantidade αD_B da dívida da empresa B. Em consequência, ele também faz jus a uma parcela dos juros pagos pela empresa B, na mesma proporção α da dívida que adquiriu: $\alpha(rD_B)$. Quando somamos as duas parcelas de ganho do hipotético investidor, temos que ele recebe ao final do ano na empresa B o valor de:

$$A[E(\pi_t) - rD_B] + \alpha(rD_B) = \alpha E(\pi_t) - \alpha rD_B + \alpha rD_B = \alpha E(\pi_t) \quad \textbf{(A2.3)}$$

Trata-se exatamente do mesmo valor que ele recebeu na empresa A. Isso faz todo o sentido, pois, como ações e títulos de dívida representam direitos sobre o fluxo de lucros que a empresa gera, se as duas empresas produzem o mesmo fluxo de lucros, elas têm de resultar no mesmo ganho para seus investidores, quaisquer que sejam os tipos de direitos que esses investidores possuam em relação a essas empresas.

Assim, supondo perfeita informação, conclui-se que a estrutura de capital não afeta o valor das empresas, pois esse valor é dado apenas pelo fluxo de lucros que a empresa produz. Se por acaso o valor das ações da empresa A fosse maior do que o valor da *soma* total das ações e da dívida da empresa B, seria então lucrativo vender as ações da empresa A e comprar dívida e/ou ações da empresa B, realizando um ganho na troca, uma vez que as duas empresas geram o mesmo fluxo de lucros. A lucratividade dessa operação resulta do fato de que as ações da empresa A custam mais do que as ações e a dívida da empresa B, embora as ações da empresa A deem direito ao mesmo fluxo de lucros que as ações e a dívida da empresa B. Com isso, à medida que os investidores trocassem as ações da empresa A pelas ações e pelos títulos de dívida da empresa B, o valor das ações da empresa A diminuiria, e o valor das ações e da dívida da empresa B aumentaria, reestabelecendo o equilíbrio.

O contrário aconteceria se o valor das ações e dos títulos de dívida da empresa B superasse o valor das ações da empresa A. Ou seja, sob a condição de perfeita informação suposta pelo Teorema Modigliani-Miller, **operações de arbitragem** (que buscam realizar ganhos aproveitando a diferença de preços entre ativos) eliminariam qualquer discrepância entre o valor de empresas com idênticos fluxos de lucros provocados por diferenças em suas estruturas de capital. Você deve notar que essas operações de arbitragem são vantajosas para o investidor, qualquer que seja a preferência deste em relação ao risco, isto é, mesmo que ele seja avesso ao risco, pois o investidor estará trocando um ativo que custa mais por outro que custa menos e produz o mesmo fluxo de lucros.

Embora a lógica do Teorema Modigliani-Miller seja inatacável, sua suposição de que os agentes no mercado de capitais atuam com perfeita informação – a qual é crucial para seu resultado – não parece se sustentar na prática. Com efeito, as duas teorias da empresa como um problema de agência que foram abordadas no Capítulo 2 partem da hipótese de que não há perfeita informação por parte do principal das decisões que o agente toma por sua delegação. Vamos assim discutir agora a questão da estrutura de capital como um problema de agência, a partir da contribuição dos economistas Michael C. Jensen e William H. Meckling, e de que forma essa contribuição alterou a conclusão do Teorema Modigliani-Miller de que a estrutura de capital seria irrelevante para determinar o valor da empresa.

A2.2 A estrutura ótima de capital segundo a Teoria Positiva da Agência

Vimos no segundo capítulo que, de acordo com Jensen e Meckling, quando o proprietário-administrador não possui mais a totalidade das ações, isto é, quando ações da empresa se encontram em mãos de terceiros, ele não tem de arcar com todo o ônus de seu consumo no trabalho sobre o valor da empresa. Assim, o proprietário-administrador pode aumentar seu consumo no trabalho, pois isso terá um impacto menor na sua riqueza do que tinha antes, quando ele era o único a possuir ações da empresa e seu consumo no trabalho impactava toda a riqueza. Nessa situação, depois de vender parte de suas ações, o proprietário-administrador se encontra disposto a trocar *mais* consumo no trabalho por valor da empresa, porque isso afeta menos sua riqueza.

A consequência então é que os investidores externos à empresa vão levar em consideração o fato de que o proprietário-administrador tende a elevar seu consumo no trabalho depois de vender uma parte de suas ações, o que fará com que os investidores externos à empresa reduzam o valor a ser pago pela sua parcela das ações, até que esse valor seja proporcional ao valor efetivo da empresa, deduzido o consumo no trabalho realizado pelo proprietário-administrador. Há assim um custo em aumentar a proporção das ações de investidores externos no capital total da empresa: o custo que resulta da perda de valor da empresa resultante do aumento do consumo no trabalho por parte do proprietário-administrador. De modo mais geral quanto maior a participação das ações na estrutura de capital da empresa, maiores os custos de agência resultantes da redução no empenho dos executivos.

Ocorre que, na visão de Jensen e Meckling, o recurso à dívida também possui custos de agência, ainda que de uma natureza distinta dos custos que resultam de uma maior proporção de ações. Esses custos de agência resultantes da dívida da empresa se desdobram em três componentes:

1) *Custos resultantes dos incentivos que a dívida produz nos administradores da empresa*. Quanto maior a parcela de dívida no capital total da empresa, maior a tendência do proprietário-administrador de assumir empreendimentos cada vez mais arriscados. No exemplo de Modigliani-Miller, se o proprietário-administrador possui um capital muito pequeno, por exemplo, de $ 10 mil, enquanto o empreendimento consegue levantar $ 100 milhões, ele possui um forte incentivo a investir em projetos muito lucrativos mas também muito arriscados, porque o proprietário-administrador vai arcar com os lucros extraordinários se os projetos derem certo, e apenas com uma pequena fração das perdas se os projetos derem errado. Como os futuros proprietários de títulos de dívida da empresa no mercado de capitais vão antecipar isso, descontarão o valor a ser pago pelos títulos de dívida da empresa, o que será um custo de agência, ou seja, um custo que surge apenas porque os proprietários de dívida da empresa não conseguem garantir que o proprietário-administrador aja no seu interesse.
2) *Custos de monitoramento e de garantias de dívida*. Esses custos são resultantes dos incentivos a investimentos mais arriscados, apontados no item anterior. Além de descontar o valor dos títulos, os proprietários dos títulos da empresa vão demandar várias cláusulas restritivas e garantias que limitem a discricionariedade do proprietário-administrador para assumir projetos e decisões

arriscadas. Os custos daí resultantes, tanto na sua formulação quanto na implementação, assim como a redução de lucratividade da empresa pelas restrições à liberdade de decisão do proprietário-administrador, são os custos de agência do monitoramento e das garantias da dívida.

3) *Custos de falência e de reorganização de ativos.* Os processos de falência envolvem custos, especialmente em relação a disputas ligadas à adjudicação dos ativos que compõem a massa falida entre os credores. Os custos associados aos conflitos envolvidos no processo de falência, ponderados pela sua probabilidade de ocorrência, vão provocar uma redução no valor dos títulos de dívida da empresa e compor o terceiro elemento dos custos de agência relacionados à dívida da empresa.

Assim, temos custos de agência associados tanto ao financiamento da empresa por ações como por dívida. Obviamente, o custo de agência associado a ações cresce quanto maior sua proporção na estrutura de capital da empresa, o mesmo acontecendo com o custo de agência que resulta da dívida da empresa. Assim, o problema se resume a *encontrar a proporção ideal de ações e capital de terceiros que minimiza o custo de agência total para um dado tamanho da empresa*. Em outras palavras, se chamarmos o valor total das ações de terceiros (aquelas que não se encontram em mãos do proprietário-administrador) de S, o valor total de títulos de dívida da empresa de D, trata-se de encontrar a fração $S/(S + D)$ que minimiza os custos totais de agência do financiamento do capital da empresa. A **Figura A2.1**, a seguir, ilustra essa determinação.

Figura A2.1 – Estrutura de capital ótima segundo a Teoria Positiva da Agência

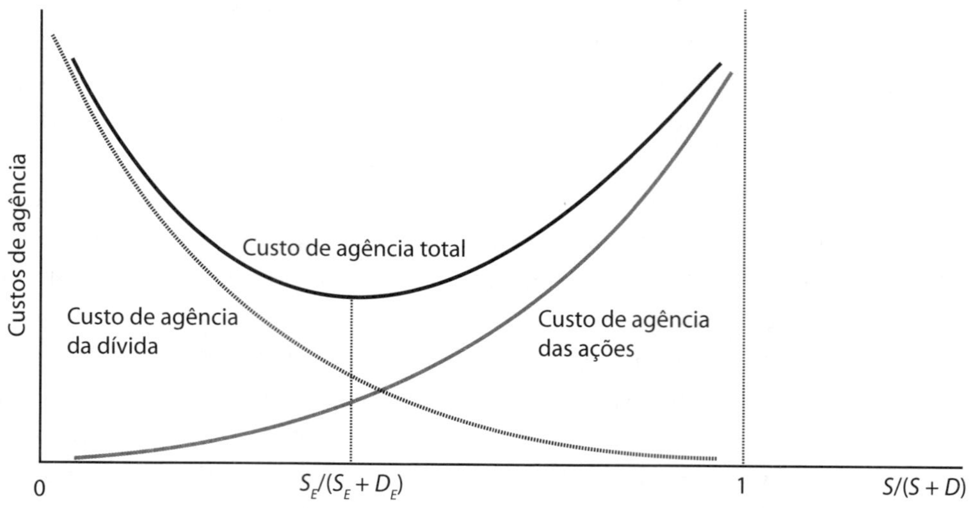

Na **Figura A2.1**, vemos três curvas. A primeira curva, que declina à medida que aumentamos $S/(S + D)$, representa o custo de agência da dívida, que diminui quando aumenta a proporção de ações que se encontram nas mãos de terceiros (S) em relação ao capital total da empresa ($S + D$). A segunda curva, que aumenta à medida que aumenta $S/(S + D)$, representa o custo de agência das ações em mãos de terceiros, que aumenta quando aumenta a proporção $S/(S + D)$. A soma das duas curvas, ou seja, a curva que representa os custos totais de agência, encontra-se representada na curva em forma de "U" acima das duas primeiras curvas. A proporção $S/(S + D)$, que minimiza a soma total dos custos de agência, é indicada pelo mínimo da curva de custo de agência total, que corresponde à proporção ótima $S_E/(S_E + D_E)$ assinalada na **Figura A2.1**.

Desse modo, ao contrário do Teorema Modigliani-Miller, para a Teoria Positiva da Agência *existe efetivamente uma estrutura do capital ótima para a empresa, dependendo dos custos de agência de cada instrumento de financiamento*. A razão desse resultado é simples: para Modigliani-Miller, há perfeita informação, assim, não há nenhuma possibilidade de que haja problemas de agência, do tipo considerado por Jensen e Meckling ao formularem a Teoria Positiva da Agência. Essa diferença de resultados enfatiza a fragilidade da hipótese de perfeita informação, tão cara à abordagem convencional da empresa que vimos no Capítulo 1 e ao Teorema Modigliani-Miller. Não é de surpreender que essa hipótese seja descartada por todas as teorias que veremos a seguir.

LEITURAS SUGERIDAS

O Teorema Modigliani-Miller faz parte hoje do cânone das finanças corporativas, ainda que seja para denunciar sua fragilidade. O leitor pode encontrá-lo em qualquer manual do tema, mas sugerimos a apresentação de Stephen A. Ross, Randolph W. Westerfield e Jeffrey F. Jaffe em *Administração Financeira* (São Paulo: Atlas, 2002, Capítulo 15), ainda que os autores, provavelmente por estarem mais voltados à administração financeira de empresas do que à teoria econômica, não percebam o papel fundamental da hipótese de perfeita informação.

Para a abordagem da estrutura de capital ótima da Teoria Positiva da Agência, nada melhor do que o artigo original de Jensen e Meckling, The Theory of the Firm: Managerial Behavior, Agency Costs and Ownership Structure (*Journal of Financial Economics*, v. 3, n. 4, 1976. p. 305-360). O livro de Martin Ricketts, *The Economics of Business Enterprise*: an Introduction to Economic Organization and the Theory of the Firm (3. ed. Cheltenham: Edward Elgar, 2002), apresenta o modelo de Jensen e Meckling no seu Capítulo 9, ainda que de forma excessivamente sintética.

3

A EMPRESA COMO UM PROBLEMA DE CUSTOS DE TRANSAÇÃO

Introdução

As abordagens da empresa como problema de agência possuem a virtude de chamar a atenção para os problemas de organização das empresas que resultam da separação entre propriedade e gestão. Deixam, então, de lado a hipótese irrealista e excessivamente restritiva de perfeita informação (ao menos nas relações entre o principal e seu agente), reconhecendo que a organização da empresa é um importante objeto de estudo. Todavia, conforme vimos no final do capítulo anterior, as abordagens da empresa como problema de agência também enfrentam dificuldades.

As dificuldades com a Teoria Principal-Agente e a Teoria Positiva da Agência advêm do fato de que nenhuma das duas estuda a empresa a partir de sua natureza específica, ou seja, não estudam a empresa como uma *organização hierárquica* da atividade produtiva que visa ao lucro. A Teoria Principal-Agente formula seus conceitos para *qualquer relação* que envolva delegação de responsabilidades, *seja ou não uma empresa* (abordando não apenas a relação entre acionistas e executivos, e entre executivos e seus subordinados, mas também entre eleitores e os políticos que elegem, entre um paciente e seu médico, entre o dono de um terreno e o seu arrendatário etc.). Assim, a Teoria Principal-Agente não é uma teoria que nos permita aprofundar a compreensão daquilo que é característico das empresas como forma de organização da atividade produtiva baseada na hierarquia que visa ao lucro. A Teoria Positiva da Agência vai ainda mais longe nessa tendência de desconsiderar a especificidade econômica da empresa, ao negar sua hierarquia e tratá-la como uma "rede de contratos", de maneira semelhante a um mercado.

Desse modo, faz-se necessária uma teoria que analise a empresa a partir de sua *especificidade*: o fato de que a empresa constitui uma estrutura hierárquica voltada para a produção com lucro, pois a análise desta especificidade é a condição para compreender a forma pela qual variações na sua estrutura hierárquica podem afetar o desempenho da empresa.

Essa é uma necessidade não apenas teórica, mas também histórica, na medida em que as empresas vêm sofrendo profundas mudanças estruturais desde o final do século XIX. Essas mudanças foram descritas em um dos livros mais importantes já publicados sobre história das empresas, escrito por Alfred D. Chandler Jr. (1918-2007) e intitulado *Strategy and Structure*.[1] Ao tratar das transformações da grande empresa nos Estados Unidos, Chandler mostra que a urbanização e a construção das ferrovias ampliaram extraordinariamente os mercados na virada do século XIX para o século XX. A possibilidade de aumentar os lucros pela realização de economias de escala levou as empresas a integrarem etapas produtivas que antes não realizavam: empresas de insumos básicos como a siderurgia passaram a operar minas de ferro próprias, empresas de bens de consumo como alimentos e máquinas de costura passaram a distribuir os próprios produtos e criaram lojas de varejo próprias. Ao mesmo tempo, à medida que as empresas cresciam, sua estrutura administrativa interna se tornava cada vez mais especializada e complexa, para dar conta das novas tarefas e dos diferentes mercados em que atuavam.

Esses dois movimentos, de incorporar a oferta de insumos ou constituir os próprios canais de vendas, visavam ambos a garantir um fluxo de produção elevado e contínuo, sem gargalos na compra de insumos ou na venda dos produtos – condição para a realização das economias de escala que o crescimento inédito dos mercados norte-americanos propiciava. Os mesmos movimentos ocorreriam em escala crescente nos Estados Unidos e também em outros países, ao longo do século XX, quando as grandes empresas se tornaram cada vez mais internacionalizadas. No final do século XX, todavia, esses movimentos se reverteram em vários setores da Economia: estruturas cada vez mais flexíveis passaram a distribuir as diferentes etapas produtivas em empresas espalhadas por vários países.

Em outras palavras, precisamos de uma teoria que dê conta tanto de mudanças na **estrutura vertical da empresa**,[2] quanto das transformações na sua estrutura administrativa (os tipos de divisões e departamentos administrativos que compõem a empresa). Quando uma empresa decide ela mesma realizar determinada etapa do seu processo

[1] CHANDLER JR., Alfred D. *Strategy and Structure*. Cambridge, Massachusetts: MIT Press, 1962.

[2] A estrutura vertical descreve o conjunto de etapas do processo produtivo de seu produto que a própria empresa realiza, em vez de recorrer a outras empresas.

produtivo, diz-se que ela *integrou verticalmente* essa etapa no seu processo de produção. Caso contrário, isto é, se a empresa em questão decide deixar a outras empresas uma dada etapa do seu processo produtivo que antes ela mesma realizava (seja um fornecedor que passa a lhe oferecer um insumo que antes ela mesma fabricava, seja um distribuidor ou varejista que passa a comercializar seu produto, quando antes ela mesma o fazia), diz-se que a empresa *reduziu sua integração vertical*. Para entendermos as circunstâncias que fazem uma empresa integrar verticalmente, e as circunstâncias que fazem que ela contrate outro agente para executar determinada tarefa produtiva, temos de conhecer a abordagem da Teoria dos Custos de Transação.

Essa teoria foi elaborada com a contribuição de dois ganhadores do prêmio Sveriges Riksbank em Ciências Econômicas em Homenagem a Alfred Nobel: Ronald H. Coase (1910-2013), em 1991, e Oliver E. Williamson, em 2009. Essa abordagem vem ganhando atenção de estudiosos de empresas, como atesta a publicação de inúmeros artigos em periódicos acadêmicos internacionais.

Iniciaremos então nosso estudo analisando a diferença entre os custos de transação e os custos de produção que estudamos no primeiro capítulo. Em seguida veremos quais são os fatores que podem tornar os custos de transação pelo menos tão importantes quanto os custos de produção. Discutiremos depois as *estruturas de governança* como arranjos institucionais que visam a reduzir os custos de transação, estudando seus tipos e a maneira de identificar a estrutura de governança mais adequada para encaminhar uma transação. Veremos que a análise da empresa como uma estrutura de governança reconhece que contratos frequentemente são instrumentos muito limitados, e que é necessário algum tipo de coordenação da atividade produtiva para suprir as insuficiências dos contratos.

Em seguida, veremos que a Teoria dos Custos de Transação analisa as melhores estruturas de governança para se processar uma transação, visando a reduzir os custos de transação. Como a própria empresa é uma estrutura de governança, a forma pela qual a empresa se estrutura também tem consequências sobre os custos de transação envolvidos nas suas operações. Isso deverá ficar claro ao estudarmos a análise da Teoria dos Custos de Transação da empresa com estrutura unitária e da empresa multidivisional. Por último, discutiremos brevemente os limites da Teoria dos Custos de Transação.

3.1 Custos de transação *versus* custos de produção

A abordagem convencional enfatiza os aspectos tecnológicos da empresa e, em decorrência, seus custos de produção. Contudo, os custos econômicos não se restringem apenas aos custos de produção: há também os custos de transação. A razão disso é que toda vez que indivíduos coordenam suas atividades econômicas, surgem custos que resultam da forma de coordenação escolhida. Esses custos não são custos de produção, no sentido específico de custos associados à transformação tecnológica de insumos em novos bens e serviços: são custos que resultam da *organização da atividade produtiva, e não da atividade produtiva em si mesma*. Esses são *os custos de transação*.

Mais precisamente, na definição do economista Oliver E. Williamson, **custos de transação** são os custos gerados sempre que um ativo – isto é, um insumo ou produto final – passa de uma interface tecnológica a outra. Contudo, o que significa passar de uma interface tecnológica a outra? Uma interface tecnológica é uma etapa em um processo de produção de um bem ou serviço, considerando processo de produção o fluxo que se inicia desde as primeiras etapas de produção das matérias-primas e se encerra com a entrega do produto final ao consumidor. Desse modo, por exemplo, a montagem do motor de um carro sobre o chassi ou a venda do carro já pronto na concessionária ao consumidor final representariam duas interfaces tecnológicas diferentes, ambas fazendo parte de um mesmo processo de produção: o processo de produção de um automóvel, que somente se encerra com a aquisição do automóvel pelo consumidor.

Assim, tanto a transferência do chassi para a etapa em que o motor é montado como a venda do carro pronto ao consumidor são operações que dão origem a custos de transação, os quais podem ser maiores ou menores, dependendo da forma pela qual essas duas operações são organizadas. Por conseguinte, custos de transação dizem respeito a como serão *organizadas* essas transferências dos ativos ao longo do processo produtivo (seja um chassi ou um automóvel pronto, nesse nosso exemplo), de forma que elas aconteçam da maneira mais adequada, isto é, com a menor perda de tempo e sem problemas que acarretem atrasos e custos adicionais.

A organização da passagem dos ativos pelas interfaces tecnológicas, ou seja, pelas diferentes etapas dos processos produtivos, pode acontecer, basicamente, de duas formas distintas. No exemplo do chassi, a empresa pode comprá-lo pronto de outra empresa, ou produzir ela mesma. São duas formas distintas de organizar a produção do automóvel: buscando o insumo em outra empresa, ou produzindo esse insumo internamente. Cada uma dessas formas distintas de organizar a produção dá origem a diferentes tipos de contratos – contratos de fornecimento caso o chassi seja adquirido já pronto, contratos de trabalho e com fornecedores de insumos para a construção do chassi, caso o chassi seja produzido por uma divisão do próprio fabricante do automóvel. A administração dos contratos de fornecimento de chassis por um lado, e de trabalho e fornecimento de insumos para chassis por outro, apresentam custos diferentes. Esses custos são de transação, e a partir da comparação de tais custos em cada tipo de organização (com e sem integrar verticalmente a produção de chassis) a empresa deve tomar sua decisão a respeito da melhor forma de organização.

Da mesma maneira, no exemplo da venda do carro, o interesse é que essa venda seja a mais rápida possível, sem conflitos nem custos adicionais para a concessionária e o consumidor. Mais uma vez, isso é possível, ao menos, por meio de duas formas de organização distintas: realizando a venda por uma concessionária independente ou pela própria empresa que fabrica o automóvel. Cada uma dessas formas de organização da venda do automóvel resulta, novamente, em tipos de contratos distintos, com diferentes custos para os participantes. Novamente, os custos associados a esse tipo de questão são custos de transação.

Apesar de ser uma dimensão evidente de toda organização econômica, os custos de transação como preocupação dos economistas têm uma história relativamente recente. Apenas a partir da publicação em 1937 do artigo pioneiro de Ronald Coase, intitulado The Nature of the Firm (A natureza da firma, tradução livre), é que os economistas passaram a se preocupar também com os custos de transação. Até então, a teoria econômica tratava em detalhes apenas os custos resultantes da transformação tecnológica de insumos em produtos finais, ou seja, os custos de produção. Era comum, até aquele momento, supor-se que os custos associados à organização da atividade econômica eram negligenciáveis, e que os únicos custos que de fato importavam estudar eram os de produção. Como vimos no primeiro capítulo, essa preocupação praticamente exclusiva com os custos de produção levou à construção do conceito de empresa apenas como função de produção, ou seja, como uma relação matemática entre quantidades de fatores e de produtos. Uma vez definidos a função de produção, os preços de compra dos fatores de produção e os de venda dos produtos finais, a situação da empresa (a quantidade produzida e sua lucratividade) ficava completamente determinada, ao menos na teoria.

O problema é o fato de essa teoria não considerar outros aspectos que também são importantes para o desempenho da empresa e a determinação de sua lucratividade, aspectos que dizem respeito à forma pela qual a empresa se organiza. Por exemplo, no caso do nosso hipotético automóvel, a empresa deve tomar uma série de decisões a respeito do modo pelo qual vai organizar sua atividade produtiva. Uma das possíveis decisões da empresa se relaciona a se ela vai montar o chassi ela mesma, ou vai recebê-lo pronto de um fornecedor. Da mesma forma, nossa empresa de automóveis terá de decidir sobre a maneira pela qual organizará a venda de seu produto e sua relação com os consumidores, e assim por diante.

Nenhuma dessas decisões pode ser explicada a partir do estudo do conceito de função de produção. É claro que várias delas têm impactos na quantidade de fatores que a empresa utiliza e, portanto, nos seus custos de produção. Voltando ao exemplo da decisão quanto a produzir internamente ou adquirir o chassi de um fornecedor, caso a empresa decida produzi-lo ela mesma, incorrerá em custos de produção com os quais não teria de arcar se adquirisse o chassi já pronto.

Mais importante ainda, ao abrir mão de um fornecedor independente, é provável que a empresa estará sacrificando economias de escala.[3] Isso porque um fornecedor independente, ao atender à demanda não apenas da empresa em questão, mas também de várias outras – em termos técnicos, ao **agregar demandas** – alcança um nível de produção mais elevado e com isso consegue realizar economias de escala que, muito provavelmente, a empresa de automóveis não conseguiria realizar sozinha (pois estaria produzindo para si mesma). *Isso, porém, não significa que, caso a empresa de automóveis decida produzir o chassi, seus custos serão necessariamente maiores*. Mesmo que o produtor de chassis – por agregar as demandas de vários clientes e assim desfrutar de economias de escala – consiga incorrer em custos de produção menores do que a empresa de automóveis, o simples fato de adquirir o chassi já pronto de um fornecedor pode gerar *outra variedade de custos, isto é, custos de transação* – os custos ligados à negociação das características do chassi e das condições de entrega, custos de ajustes no contrato de fornecimento do chassi em função de modificações no automóvel etc. – que *podem* tornar o custo final da aquisição do chassi do fornecedor *maior* do que o custo que a empresa teria se produzisse ela própria, *mesmo sacrificando economias de escala*.

Precisamos, portanto, de uma análise menos limitada da empresa e de suas necessidades econômicas. Sendo muito limitada, a análise proporcionada pela teoria convencional da empresa acaba por desconsiderar como a empresa se organiza para poder produzir. A dimensão mais imediata e evidente da organização de uma empresa diz respeito à opção de que ela dispõe a cada etapa do processo produtivo, que envolve escolher entre realizar ela mesma a etapa do processo em questão ou adquirir o insumo de um fornecedor no mercado. Quanto maior o número de etapas que a própria empresa realiza, maior o nível de **centralização da produção** no interior da empresa. Quanto maior o número de etapas em que a empresa recorre ao mercado para obter o insumo de que precisa, maior a **descentralização da produção**. A decisão entre centralizar ou descentralizar a produção a cada etapa do processo produtivo – ou, como também se diz, a **decisão entre fazer ou comprar** (do inglês *make or buy*) – define os *limites da empresa*, ou seja, onde a empresa como agente de centralização e coordenação da produção termina e onde outras empresas comandam o processo produtivo.

Todavia, a teoria econômica convencional não possui instrumentos para analisar por que em alguns casos as empresas preferem realizar uma série de atividades de um mesmo processo produtivo, enquanto em outros elas preferem delegar para outras empresas várias tarefas. Não é possível obter uma resposta para essa questão apenas a partir da função de produção da empresa, pois ela *já supõe essa questão resolvida*. Com efeito, para montarmos a função de produção de uma empresa temos de saber

[3] O conceito de economias de escala foi apresentado no primeiro capítulo.

previamente quais etapas do processo produtivo ela decidiu realizar internamente. Apenas assim teremos a lista de insumos que ela emprega para obter seu produto.

Logo, é necessário entender por que é interessante em alguns casos descentralizar a produção, ao passo que em outros não o é. Em outras palavras, é preciso explicar o que leva diferentes etapas do processo produtivo a serem – ou não – *integradas verticalmente* dentro de uma empresa. Vimos no início deste capítulo que quando a empresa passa a realizar etapas do seu processo produtivo que não realizava antes, diz-se que ela se *integrou verticalmente*. Agora é momento de conhecer os diferentes tipos de integração vertical. Caso a integração se dê em direção às fases finais do processo produtivo, ou seja, em direção *às fases mais próximas da venda do produto final*, temos uma **integração vertical a jusante**, ou uma **integração vertical *downstream***, ou ainda uma **integração vertical para frente**. Caso contrário, ou seja, se a empresa passou a executar tarefas que se encontram mais próximas das etapas iniciais do processo produtivo e, portanto, *mais distantes do consumidor final*, diz-se que houve uma **integração vertical a montante**, ou uma **integração vertical *upstream***, ou ainda uma **integração vertical para trás**.[4]

Está claro, a partir da observação da realidade das empresas, que nem todas as transações acontecem entre empresas: muitas etapas do processo produtivo são realizadas no interior das próprias empresas. No entanto, também é evidente que nem todas as transações necessárias ao desenvolvimento da produção acontecem dentro de empresas. Se isso não fosse verdade, existiria uma única empresa na Economia, responsável por realizar todas as etapas dos processos produtivos de todos os bens e serviços que consumimos. Algumas transações se dão *entre empresas*, outras *dentro das empresas*. Por que isso acontece?

O passo seguinte do nosso estudo é, portanto, examinar o que explica a razão de algumas transações acontecerem entre empresas, e outras no interior de empresas. No caso dos custos de produção, a pergunta quanto aos fatores que os determinam já foi respondida no primeiro capítulo: como custos de produção são os custos que resultam de se utilizar fatores de produção – os quais têm preços – para obter outros produtos, os determinantes dos custos de produção são os preços e as quantidades de fatores que são empregadas, quantidades essas definidas pela tecnologia existente. Logo, no caso dos custos de produção, temos dois determinantes claros: os preços dos fatores de produção e a tecnologia existente em dado momento do tempo.

Contudo, custos de produção são diferentes dos custos de transação. Assim, é preciso conhecer os determinantes dos custos de transação, isto é, temos de entender

---

[4] Você deve notar a analogia do fluxo de produção com o fluxo de um rio: a montante significa em direção à cabeceira de um rio, ou seja, no sentido contrário em que o rio corre. A jusante significa em direção aonde o rio deságua, no sentido em que ele corre. As palavras *upstream* e *downstream* são os equivalentes em inglês de "a montante" e "a jusante", e são utilizadas no jargão econômico por anglicismo.

quais são os fatores que determinam o nível dos custos de transação. Se esses fatores determinantes estiverem presentes de maneira significativa nas transações associadas a um processo produtivo em particular, o montante dos custos de transação será elevado em relação aos custos de produção. Caso contrário, são os custos de produção que predominam, e os custos de transação não são relevantes para a análise econômica. Por isso, os determinantes dos custos de transação são tão importantes: eles nos dirão quando os custos de transação são importantes como proporção dos custos totais da empresa, e quando não são. Esse será nosso próximo tema.

3.2 Quando os custos de transação são importantes?

Uma primeira condição para que os custos de transação tenham importância em relação aos custos de produção é a condição de *racionalidade limitada*. A condição de **racionalidade limitada** – elaborada a princípio por Herbert A. Simon (1916-2001), ganhador do prêmio Sveriges Riksbank em Ciências Econômicas em Homenagem a Alfred Nobel em 1978 e que possui importantes contribuições em teoria das organizações e inteligência artificial, entre outros – reconhece o fato de que nossas decisões enfrentam limitações neurofisiológicas. Essas limitações são as restrições que enfrentamos para acumular e processar informações, assim como as limitações e a insuficiência da linguagem para transmitir com exatidão e de modo completo toda a informação que é relevante para dada situação.

Em outras palavras, se for grande o volume de informação que temos de manipular e transmitir e as informações complexas, dificilmente conseguiremos memorizar, compreender e transmitir tudo aquilo que é relevante. Essa restrição possui natureza neurofisiológica, portanto, não é algo que consigamos superar mesmo que desejemos. Isso também não depende da nossa racionalidade. Mesmo que sejamos indivíduos plenamente racionais – no sentido de que agimos de forma coerente com os objetivos que almejamos – essas limitações permanecem atuantes, pois têm origem na nossa natureza neurofisiológica.

E por que isso é importante? A condição de racionalidade limitada altera por completo nossa percepção da importância dos custos de transação. Para compreender como isso acontece, suponha por um instante que nós não tivéssemos nenhuma das limitações neurofisiológicas indicadas acima. Isso significaria apenas que seríamos capazes de saber, entender e transmitir toda e qualquer informação relevante. Nessas condições, realizar uma transação não seria, em nenhum caso, um problema, pois nunca haveria nenhuma assimetria de informação entre compradores e vendedores.

Já encontramos o conceito de assimetria de informação (ou informação assimétrica) no capítulo anterior. Há assimetria de informação quando alguma informação importante para a transação não é conhecida por uma das partes (seja vendedor, seja comprador), nem pode ser obtida com facilidade pela parte da transação que não possui a informação. Sem a condição de racionalidade limitada é impossível admitir-se que haja assimetria de informação em qualquer transação e, não havendo assimetria de informação, por que haveria algum custo em realizar uma transação? De modo mais específico, se todas as partes na transação sabem tudo o que é importante para a transação, elas podem elaborar contratos exaustivos (que contemplem todas as circunstâncias que podem afetar a transação) sem nenhum custo expressivo, pois elas já sabem de antemão tudo o que é preciso para elaborar esses contratos.

Dito de outra forma, se a racionalidade não é limitada, é possível às partes envolvidas em uma transação negociarem e redigirem **contratos completos**, ou seja, contratos que antecipam perfeitamente *todas* as circunstâncias que afetarão a transação no futuro. Como resultado de contratos completos, temos que: a) nenhuma das partes envolvida na transação pode ser surpreendida por eventos imprevistos; b) não há nenhuma ambiguidade ou indefinição no contrato acerca de como lidar com cada possível evento futuro a afetar a transação. E isso tudo a baixo custo, pois as partes podem antecipar com facilidade o que vai acontecer. Daí resulta que os custos de transação são pouco importantes sob a hipótese de contratos completos.

Contudo, se a racionalidade é limitada, *os contratos são incompletos*. **Contratos incompletos** implicam algum desconhecimento quanto às circunstâncias futuras que podem afetar a transação. Nesse caso, as partes envolvidas na transação consumirão recursos não apenas na elaboração dos contratos, ao tentarem antecipar da melhor forma possível as circunstâncias que podem vir a afetar a transação, como também formulando mecanismos para se salvaguardarem de fatos imprevistos, que podem afetar a transação e gerar conflitos. Nesse caso, os custos de transação podem vir a se tornar significativos. Desse modo, a hipótese de racionalidade limitada é uma condição necessária para que os custos de transação tenham importância, comparativamente com os custos de produção. Entretanto, mesmo que seja uma condição necessária, ela ainda não é suficiente: outras condições têm de se fazer presentes para que os custos de transação sejam parte importante dos custos totais de uma atividade. As condições seguintes para que os custos de transação sejam importantes são, alternativamente ou em conjunto, *complexidade* e *incerteza* no ambiente da transação.

Vejamos a princípio o conceito de **complexidade**. Diz-se que uma situação é complexa quando a descrição de todos os seus desdobramentos possíveis é demorada e consumiria muitos recursos. Podemos ter certeza de todos os desdobramentos possíveis que se seguem a uma decisão, mas a descrição de todos eles pode ser difícil, ou mesmo impossível. Para que você entenda o que estamos querendo dizer, basta considerar uma partida de xadrez. Os movimentos das peças são todos conhecidos de antemão. Contudo, são tantas as combinações, que a descrição antecipada de todos os possíveis desdobramentos de uma partida seria de grande dificuldade. Situações de grande complexidade pressionam os limites da racionalidade limitada daqueles que têm de tomar decisões nesses contextos.

Além da complexidade, outra circunstância do ambiente da transação que pode pressionar a racionalidade limitada dos indivíduos é a presença de incerteza. Diz-se haver **incerteza** quando a consequência de uma decisão, ou ação, não pode ser antecipada com certeza. Os economistas consideram haver dois tipos de incerteza: a *incerteza probabilística* e a *incerteza forte*.

Há **incerteza probabilística** quando podemos listar todos os resultados possíveis de um evento incerto, e atribuir uma probabilidade a cada um deles. É o caso do nosso lançamento de moeda, por exemplo. Sabemos que há dois resultados possíveis: cara ou coroa, com probabilidade de 50% em cada caso. Agora considere um evento completamente diferente do lançamento de uma moeda: a possibilidade de uma revolução ou grave crise política em um país durante o período de vida útil de uma fábrica que será construída nele (por exemplo, cinquenta anos). Nesse último caso, não haveria como atribuir uma probabilidade a esse tipo de evento que fizesse algum sentido. Trata-se de um tipo de evento que impossibilita atribuir uma probabilidade. Esse tipo de incerteza é conhecido como **incerteza forte**.

Do ponto de vista dos custos de transação, não importa qual tipo de incerteza está envolvido na transação, se é a incerteza probabilística ou a incerteza forte. No caso da incerteza forte, não é possível identificar a probabilidade de que fatos importantes afetem o retorno do investimento. Assim, não é possível estimar qual deve ser o impacto desses fatos nos custos e nas receitas do empreendimento, *o que torna inviável elaborar contratos ou acordos que antecipem e previnam os efeitos desses fatos*. Todavia, mesmo no caso do risco probabilístico, em que é possível antecipar as probabilidades com que os diferentes eventos podem afetar as transações planejadas, o número de eventos pode ser tão elevado que o cálculo de todos esses eventos pode alcançar níveis de custos simplesmente proibitivos. Logo, os dois tipos de incerteza podem impactar de maneira significativa os custos de transação.

Discutimos até agora a condição dos indivíduos que participam da transação – a racionalidade limitada – e as condições do ambiente – complexidade e incerteza – que podem afetar os custos de se realizar transações. Contudo, não discutimos nada acerca do *comportamento* dos indivíduos. É importante estabelecer alguma hipótese acerca de como os indivíduos podem se comportar, dada a racionalidade limitada que os caracteriza e o fato de que o ambiente da transação pode envolver complexidade e incerteza. Do ponto de vista da Teoria dos Custos de Transação, os indivíduos podem adotar um *comportamento oportunista*. O termo *oportunista* aqui não tem relação com seu emprego na linguagem corrente, na qual, em geral, oportunismo é a percepção e exploração de oportunidades disponíveis em uma situação antes dos demais. Isso é evidente quando nos referimos, por exemplo, a um empresário oportunista, cujo significado, em geral, é de um empresário que distingue, antes dos seus competidores, oportunidades lucrativas de negócios.

Em contrapartida, o conceito de **comportamento oportunista** na Teoria dos Custos de Transação refere-se à busca de vantagens na transação por meio de engodo, manipulando-se a assimetria de informação gerada pela racionalidade limitada em ambiente de complexidade e incerteza, de modo que aumente indevidamente seus ganhos. O comportamento oportunista pode assumir três formas: *transmissão de informação distorcida*, *transmissão de informação seletiva* e *falsas promessas*.

Transmissão de informação distorcida é a comunicação de informações falsas, no momento de se acordar os termos da transação, ou mesmo posteriormente, durante o desenvolvimento da transação. Envolve mentira e fraude para obter maiores ganhos com a transação. **Transmissão de informação seletiva** envolve uma forma de manipulação um pouco mais sutil: nesse caso, há a comunicação apenas daquelas informações que favorecem a parte que as transmite, omitindo assim outras informações que reduziriam as vantagens obtidas na transação. É o caso, por exemplo, de um vendedor que informa apenas as qualidades do objeto que está vendendo e omite seus problemas para um comprador. Por último, **falsas promessas** são compromissos que, no momento em que uma das partes os assume, já sabe que não irá cumpri-los. Não se trata, por conseguinte, de compromissos quebrados por eventos imprevistos, mas sim daqueles que, *antecipadamente*, a parte que os assumiu sabe que não serão honrados.

Essas três formas de comportamento oportunista não são excludentes entre si: uma mesma transação pode envolver a transmissão de informações distorcidas, seletivas e falsas promessas por várias partes envolvidas, ao mesmo tempo. Outro fato a ser destacado é que assumir a hipótese de que o comportamento oportunista pode ser adotado pelas partes em uma transação não significa fazer juízo de valor sobre o caráter das pessoas, afirmando que elas são necessariamente desonestas. O problema aqui é que, muitas vezes, não há como distinguir a sinceridade dos indivíduos, em especial quando temos de tomar nossas decisões em ambientes de grande complexidade e incerteza, com a nossa racionalidade limitada. Por conseguinte, nessas situações não sabemos, antes de a transação se desenvolver, quais são de fato as intenções de nossas contrapartes, e é nossa ignorância – assim como a ignorância delas em relação às nossas intenções – que gera o problema.

Todavia, mesmo que todas as condições anteriores estejam presentes (racionalidade limitada, complexidade e incerteza e oportunismo), isso ainda não significa que os custos de transação em uma atividade econômica serão importantes quando comparados com os custos de produção. Uma última condição se faz necessária. Essa condição é a de que os ativos envolvidos na transação sejam *específicos*. Um **ativo**

específico é qualquer ativo cuja aplicação em outra atividade diferente daquela para a qual foi planejado provoca redução significativa no seu valor.

Vamos ilustrar o que estamos querendo dizer com um exemplo muito simples. Considere uma rede de distribuição de eletricidade que atende a uma cidade. Se ela não for usada para seu fim específico (distribuir energia elétrica), seu valor se reduz de modo expressivo. É claro que alguns – poucos – usos alternativos ainda podem ser encontrados para uma rede elétrica, por exemplo, sustentar os cabos de telefonia. Contudo, o valor da rede nesse uso alternativo é muito inferior ao valor que ela apresenta como meio de distribuição de energia elétrica. Isso porque a rede elétrica é um ativo específico, cujo uso originalmente planejado foi o de distribuição de energia elétrica, e não o de suporte a cabos de telefonia.

A especificidade de um ativo, porém, não é um atributo absoluto: ela é uma questão de grau. Há ativos mais e menos específicos. O caso de uma rede de distribuição de energia elétrica é um exemplo de um ativo com elevado grau de especificidade, mas há casos de ativos com baixo grau de especificidade, por exemplo, um depósito geral. O mesmo depósito pode ser reformado e servir de sede a uma fábrica ou a residências em um lançamento imobiliário. Logo, trata-se de um ativo com baixo grau de especificidade.

O efeito do grau de especificidade dos ativos sobre os custos de transação é decisivo. Quando os ativos possuem baixo grau de especificidade, as condições de racionalidade limitada, complexidade, incerteza e possibilidade de comportamento oportunista não são suficientes para elevar os custos de transação, porque, quanto menos específicos os ativos, maior o número de partes potencialmente interessadas na transação – seja ofertando ou demandando o ativo. Trata-se, assim, de uma **transação em grandes números** (do inglês *large numbers*). Com isso, a competição entre vendedores e compradores deve ser suficientemente forte para inibir a manipulação da assimetria de informação por qualquer uma das partes, o que neutralizaria os problemas que a complexidade e a incerteza poderiam provocar diante da racionalidade limitada dos indivíduos. Em outras palavras, se o ativo possui grau reduzido de especificidade, mesmo que uma das partes na transação esteja em situação para manipular assimetrias de informação em seu favor, se sua contraparte na transação suspeitar de manipulações, é fácil encontrar outro ofertante (ou demandante), o que deve ser suficiente para inibir comportamentos oportunistas e, portanto, os custos de transação não devem ser elevados nesse caso.

Já se o ativo apresenta um grau elevado de especificidade, a pressão competitiva não se fará sentir sobre a parte que dispõe de alguma vantagem derivada de assimetrias de informação, simplesmente porque não existe competição. Sendo o ativo produzido e adquirido por poucos, tem-se uma **transação em pequenos números** (do inglês *small numbers*). Nesse caso, a parte em condições vantajosas para explorar um contexto de complexidade e incerteza, o qual pressiona a racionalidade limitada de sua contraparte, pode fazê-lo livremente, sem o receio de ser substituída na transação. Isso aumenta a possibilidade de conflitos e disputas durante o desenvolvimento da transação, o que, por sua vez, eleva os custos de transação.

Assim, a condição de especificidade de ativos complementa as demais condições – racionalidade limitada, complexidade, incerteza e oportunismo – para determinar a presença de custos de transação elevados onde *todas* essas condições estiverem presentes. *Apenas quando todas essas condições estão presentes em uma transação é que os custos de transação ganham importância em relação aos de produção.* Se uma dessas condições não estiver presente em uma transação qualquer, os custos de transação provavelmente não terão importância frente aos de produção. Por exemplo, ainda que haja complexidade e incerteza no ambiente, pressionando a racionalidade limitada dos indivíduos (e com isso haja a chance de atitudes oportunistas), se o ativo em questão não for específico, não há razão para que os custos de transação ganhem relevância, pois a qualquer momento uma das partes na transação pode ser substituída. Isso reduz o esforço que seria necessário para estabelecer salvaguardas na transação e monitorar o desenvolvimento da relação contratual, o que reduz custos de transação.

Isso, porém, nos deixa com uma pergunta: o que faz que determinados ativos sejam específicos? Oliver Williamson apresenta aquelas que considera serem as principais **fontes de especificidade de ativos**. A lista não se pretende exaustiva, porque qualquer coisa que particularize o ativo para uma transação específica pode, em princípio, ser uma fonte de especificidade de ativos. Williamson identifica as seguintes fontes de especificidade de ativos como as mais importantes:

a) **Especificidade de localização**. Nesse caso, a localização física dos ativos tem impacto direto no valor do ativo. Um dos casos em que isso ocorre é o de certas atividades produtivas, nas quais diferentes etapas do processo precisam estar fisicamente próximas umas das outras como forma de reduzir custos de transporte e estocagem. Por exemplo, certas etapas da moldagem do aço apresentam custo bem menor se forem realizadas com o aço ainda quente na usina siderúrgica do que se forem realizadas em outro local, pois, nesse último caso, além do custo de transporte, temos o custo adicional de reaquecimento do aço para moldagem. A especificidade de localização diz respeito, assim, a problemas associados com o transporte dos ativos, o que a torna importante para o processo produtivo.[5]

[5] Trata-se de um tipo de especificidade que afeta em particular os serviços de infraestrutura (comunicação, energia, saneamento e transportes), quando os ativos mais importantes têm localização fixa que não pode ser alterada.

b) **Especificidade física**. Esta especificidade diz respeito à constituição material dos ativos. Por exemplo, uma prensa construída com uma liga metálica específica para moldar determinados produtos seria um exemplo de especificidade física – o material da prensa é feito sob medida para determinado tipo de tarefa. Esse é um tipo de especificidade facilmente identificável, pois em geral diz respeito a necessidades físicas ou físico-químicas do objeto da transação.

c) **Especificidade de ativos humanos**, derivada de **aprender fazendo** (do inglês *learning by doing*). Em alguns casos há um processo de aprendizado pelos indivíduos que executam determinadas tarefas, no que diz respeito à melhor forma de realizar essas mesmas funções. Isso torna essas pessoas profissionais com atributos específicos, pois elas dispõem de um conhecimento tácito – isto é, adquirido pela prática, impossível de ser transmitido em manuais ou mesmo verbalmente. Um piloto de aviação com muitas horas de voo, um executivo com vasta experiência na gestão de negócios em uma área particular da indústria, funcionários de uma empresa de serviços com experiência nas necessidades de seus clientes etc. são apenas alguns exemplos desse tipo de especificidade de ativos.

d) **Especificidade de marcas comerciais**. As marcas tornam um ativo específico na medida em que seu proprietário é bem-sucedido na diferenciação de seu produto. Em outras palavras, na medida em que os consumidores identifiquem os produtos de uma marca comercial como possuidora de qualidade superior aos demais, a empresa proprietária dessa marca se torna por consequência um ativo único, ao menos enquanto nenhuma outra empresa consiga assumir uma imagem semelhante diante de seus clientes.

e) **Especificidade de ativos dedicados**. No caso desse tipo de especificidade, não há nenhuma peculiaridade nos ativos em si mesmos. São ativos de uso geral, embora o investimento neles se encontre vinculado à demanda de um cliente específico. Por exemplo, suponha uma situação hipotética em que uma empresa metalúrgica adquira certo número de tornos mecânicos comuns para atender exclusivamente aos pedidos de determinada montadora de automóveis, tornos esses que ficarão ociosos se a demanda da montadora não se concretizar. Nesse caso, não importa o fato de que os tornos não tenham nenhuma peculiaridade em si. Pelo fato de que estão vinculados a uma demanda específica – à demanda da montadora de automóveis –, tornam-se ativos com uma especificidade particular: a especificidade de ativos dedicados.

Assim, em termos de custos de transação, o problema está no vínculo entre as partes, o qual advém da especificidade de ativos. Esse vínculo entre partes (derivado da especificidade dos ativos envolvidos na transação) pode dar origem ao que a literatura convencionou chamar de **ameaça de suspensão do contrato** (do inglês *hold-up*). Isso ocorre quando uma das partes que realizou um investimento em um ativo específico torna-se vulnerável às ameaças da outra parte de encerrar, ou de reduzir, o ritmo em que foi contratada a transação. Essa ameaça pode permitir, a quem a realiza, obter condições mais vantajosas do que as do início da transação.

O problema da ameaça de suspensão do contrato pode se verificar tanto da parte do comprador em relação ao vendedor, como vice-versa. Considere o caso de uma empresa geradora de energia elétrica que disponha apenas de uma empresa de transmissão para vender sua energia, enquanto esta última compra energia de várias geradoras. Caso a empresa geradora em questão realize investimentos no aumento de sua capacidade de geração, ficará refém da empresa de transmissão para a venda da energia gerada pela sua capacidade adicional. A empresa transmissora poderá barganhar melhores preços pela energia comprada pelo simples fato de ameaçar não comprar a energia adicional produzida, ou adquirindo um volume de energia adicional menor do que o prometido. O mesmo exemplo poderia ser pensado de modo inverso, com uma empresa geradora que atendesse a diferentes mercados, dentre eles uma empresa transmissora que comprasse exclusivamente sua energia. Nesse último caso, a empresa geradora poderia demandar uma remuneração melhor, sob pena de fornecer sua energia a outros clientes.

Na prática, não é comum que isso aconteça abertamente, na forma de um ultimato direto. O mais comum é que a empresa em posição favorável alegue algum motivo de força maior para justificar uma revisão nas condições contratadas. O problema é que, mesmo que a parte que é vítima de manipulação tenha certeza disso – o que com frequência não é o caso, dadas a complexidade e a incerteza do ambiente em que se processam as transações, e que acabam por pressionar a racionalidade limitada dos indivíduos envolvidos –, e que ela recorra a um tribunal para garantir seus direitos, isso consumirá tempo e dinheiro, elevando os custos de transação. Trata-se, assim, de tentar evitar que se chegue aos tribunais, para não incorrer nesses custos elevados.

Portanto, racionalidade limitada, complexidade e incerteza, oportunismo e ativos específicos que acarretam pequeno número de transações geram dificuldades expressivas no momento de se contratar uma transação, isto é, adquirir um insumo ou serviço por meio de outras empresas. Essas dificuldades se refletem em custos de transação, custos estes que assumem nesses casos proporções significativas em relação aos custos de produção.

A história, porém, não termina aqui. Diante de custos de transação expressivos, as partes envolvidas tendem a constituir regras e organizações para viabilizar as transações, de forma que reduza os custos de transação, pois custos de transação elevados reduzem de modo significativo a rentabilidade projetada em uma transação e na atividade econômica que a promove, tanto quanto os custos de produção. Estabelecer regras e organizações para reduzir custos de transação visa a preservar a rentabilidade econômica da atividade, e quanto maior a rentabilidade, maior o volume de atividade econômica e de transações. Essas regras e organizações vão constituir as *estruturas de governança*, nosso próximo assunto. Veremos então que diferentes estruturas de governança afetam de maneira distinta os custos de transação associados a uma transação específica.

3.3 O problema da redução dos custos de transação: a escolha das estruturas de governança

Uma vez que estruturas de governança distintas resultam em diferentes custos de transação, é importante compreender o que é uma estrutura de governança e em que medida cada estrutura de governança pode (ou não) mitigar os custos de transação em uma relação econômica que envolva ativos específicos, de acordo com o nível e a especificidade desses ativos. Contudo, antes de discutirmos que tipo de estrutura de governança é o mais adequado para cada nível de especificidade de ativos, precisamos primeiro compreender o papel que as estruturas de governança desempenham na Economia.

3.3.1 A finalidade das estruturas de governança

O ponto de partida no estudo das estruturas de governança é o reconhecimento de que, em ambientes de complexidade e incerteza, em face da racionalidade limitada dos indivíduos, não é razoável alimentar expectativas de que seja possível elaborar contratos completos, isto é, contratos que antecipem em suas cláusulas *todos* os desdobramentos possíveis das transações envolvidas. Uma vez que isso não seja possível e que a transação envolva ativos específicos (o que elimina a possibilidade de a competição coibir a manipulação de assimetrias de informação), é razoável recear atitudes oportunistas, que podem se manifestar em ameaças de suspensão da relação contratual, tal como visto anteriormente.

Em contrapartida, nesse contexto (contratos fatalmente incompletos e possibilidade de atuação oportunista), a ação da justiça para garantir direitos também enfrenta severas limitações, porque recorrer aos tribunais significa apelar a uma terceira parte (um juiz), a qual não necessariamente possui conhecimento especializado acerca da transação e seus problemas, e que também possui racionalidade limitada diante da complexidade e incerteza da questão. Isso torna o recurso aos tribunais lento, caro e, dependendo do caso, muito incerto. Essas situações em geral incentivam as partes envolvidas a buscarem uma alternativa ao ordenamento legal, visando tanto a garantir seus direitos como a assegurar o bom desenvolvimento da transação.

Esse ordenamento alternativo é constituído pelos próprios agentes privados, por meio de uma *estrutura de governança* que *realinhe os incentivos* das partes envolvidas, ou seja, que harmonize os interesses das partes e promova a cooperação, diminuindo as possibilidades de conflitos. Adicionalmente, caso necessário, essa estrutura de governança também deve oferecer soluções a baixo custo para as divergências que porventura ocorram. Daí não decorre, contudo, que as estruturas de governança tornem o recurso à justiça desnecessário: caso as estruturas de governança sejam constituídas de modo adequado, elas farão com que as partes envolvidas na transação considerem o recurso à justiça *de fato como último recurso*.

Portanto, uma **estrutura de governança** *é um conjunto de regras e organizações no qual é decidida e conduzida uma transação de forma que atenue potenciais conflitos*, os quais ameaçam as oportunidades de ganhos mútuos a serem obtidos pelas partes envolvidas na transação. A estrutura de governança é, assim, o arcabouço no qual se processa a transação, com o objetivo de salvaguardar as partes e, ao mesmo tempo, amenizar os fatores que poderiam pressionar a racionalidade limitada dos participantes.

Essas estruturas de governança definem a forma como são organizadas as transações na Economia. Como alguns exemplos concretos, podemos citar: integração vertical das empresas; cadeias de fornecedores; governança corporativa; franquias; *joint ventures* para o desenvolvimento de novos produtos ou novos processos produtivos etc. Portanto, há toda uma variedade de estruturas de governança para viabilizar as inúmeras transações em uma economia. Como ilustração de uma dessas estruturas de governança, vamos apreciar inicialmente um caso muito comum hoje em dia. Considere, por exemplo, o caso das franquias. Em uma franquia,[6] é comum que o franqueador possibilite ao franqueado o uso da marca, ofereça assistência técnica e comercial, equipamentos etc. em troca de uma remuneração que, em geral, contém um valor fixo e uma parcela que é um percentual das vendas. Na franquia encontra-se envolvido, desse modo, um conjunto de transações entre franqueador e franqueado, necessário para que o processo de produção do bem ou serviço relativo à franquia aconteça.

O mesmo acontece no caso de outra estrutura de governança, as *joint ventures*, que são empreendimentos conjuntos de empresas, não raro visando à realização de pesquisa e desenvolvimento de novos produtos, ou de novos processos de produção. Em geral, nesse caso, as empresas combinam seu conhecimento específico e fazem investimentos complementares, de forma que reduza os riscos associados à inovação.[7] Trata-se, por conseguinte, novamente de um conjunto de transações que envolve as empresas participantes da *joint venture*, as quais são necessárias para que o novo produto ou processo produtivo possa se concretizar.

---

[6] Muito comum no comércio varejista, em *fast-food*, artigos esportivos etc.

[7] Bastante frequente nos setores eletrônico, químico e farmacêutico.

Um terceiro exemplo de estruturas de governança é constituído pelas cadeias de fornecedores, em que um grande número de fornecedores – em alguns casos até mesmo localizados em vários países diferentes – se encarrega de executar todas as etapas de um processo produtivo e entregar o produto já acabado para a empresa que forneceu os desenhos do modelo, a qual adiciona sua marca comercial ao produto acabado.[8] Por último, a própria empresa é uma estrutura de governança, uma vez que no interior dela várias transações se processam (recursos financeiros são alocados para a produção, insumos são transferidos entre as divisões da empresa depois de serem processados etc.).

Dado que existem inúmeras transações e vários tipos de estruturas de governança para apoiar essas transações, a questão é saber qual a melhor estrutura de governança para cada tipo de transação. Para começar a responder a essa pergunta, precisamos classificar as várias estruturas de governança em *tipos gerais*, de forma que defina a estrutura de governança mais adequada para cada tipo de transação, uma vez que há inúmeras estruturas de governança – cadeias de fornecedores, *joint ventures*, franquias, a própria empresa etc. Seria muito difícil tratar de cada uma delas individualmente. Por isso, vamos considerar os tipos gerais de estruturas de governança que Oliver Williamson utilizou, de modo que um mesmo tipo abarque várias estruturas específicas.

3.3.2 Os tipos de estruturas de governança

Um primeiro passo, portanto, é classificar os vários exemplos de estruturas de governança na Economia (muito complexos e variados) em tipos gerais, de forma que permita uma análise mais simples. Oliver Williamson vai utilizar então a seguinte classificação geral para as estruturas de governança:

a) estrutura de governança de mercado;
b) estrutura de governança híbrida;
c) estrutura de governança hierárquica, que são as próprias empresas.

Vejamos então essas estruturas de governança separadamente.

3.3.2.1 Estrutura de governança de mercado

A estrutura de governança de mercado é a mais conhecida dos economistas. Contudo, o nome "mercado" é um tanto ilusório, pois faz parecer que todos os mercados são idênticos, quando não o são. Mesmo quem nunca estudou instituições percebe

---

[8] Um tipo de estrutura de governança muito comum na área de equipamentos esportivos.

que há diferentes formas de organização de um mercado. Por exemplo, ainda que sejam concebidos como mercados, uma bolsa de valores, o mercado internacional de petróleo e o mercado imobiliário de qualquer cidade são coisas muito diferentes, tanto nas suas regras de operação como nas características dos agentes participantes. Contudo, embora mercados específicos difiram muito uns dos outros, todos eles possuem características comuns importantes, que são exatamente os aspectos que permitem identificá-los como mercados, não importando suas diferenças específicas.

Uma primeira característica que se destaca de imediato é o fato de que o mercado é a estrutura de governança menos especializada, no sentido de que abarca um grande número de transações, sem que nenhuma delas, individualmente, receba um tratamento diferenciado. Ou seja, quando uma transação é encaminhada em um mercado, ela é tratada pelas regras do seu mercado da mesma maneira que qualquer outra transação. Os mercados não desenvolvem nenhum tipo específico de regras ou de organizações para tratar desta ou daquela transação: todas as transações seguem as mesmas regras. Como um exemplo apenas para ilustrar o que estamos querendo dizer, um investidor na bolsa é obrigado a seguir as mesmas regras que todos os demais investidores, assim como uma empresa que queira lançar ações na bolsa.

O fato de que os mercados não desenvolvem nenhum tipo específico de regras ou de organizações para tratar de qualquer transação individualmente, sendo todas submetidas às mesmas regras, torna o mercado o tipo de estrutura de governança de menor *custo de estabelecimento por transação realizada*. O **custo de estabelecimento** de uma estrutura de governança é composto pelos custos de instalação dessa estrutura. Com efeito, para constituir-se um mercado, incorre-se em uma série de custos: com frequência é necessário fornecer informações sobre preços e quantidades aos participantes do mercado, algumas vezes é preciso definir um local adequado para a realização das transações e construir instalações convenientes – como no caso das bolsas de valores e de mercadorias –, definir e monitorar as regras de interação entre compradores e vendedores etc. Por tudo isso, existe um custo para se estabelecer um mercado.

No entanto, o custo de estabelecimento em si não é suficiente para se avaliar a adequação de uma estrutura de governança. É importante compararmos o custo de estabelecimento de uma estrutura de governança com o volume de transações que realiza. Para entendermos a razão disso, temos de considerar o fato de que a criação de uma estrutura de governança – qualquer que seja ela – representa, essencialmente, um *custo fixo*. Isso significa que, para ser criada, a estrutura de governança possui um custo de instalação que independe do volume de transações que ela efetivamente suporta. Caso essa estrutura de governança dê suporte a um grande número de transações, menor o custo da estrutura de governança *por transação realizada*, ou seja, *menor seu custo fixo médio*. Como o mercado é a estrutura de governança que abarca um grande volume de transações, exatamente porque não diferencia as transações entre si, tratando a todas da mesma forma, ele apresenta o custo fixo médio mais reduzido, quando consideramos apenas seus custos de instalação.

Isso tem levado os economistas a exaltar com frequência o mercado como a melhor forma de promover as atividades econômicas, em comparação a qualquer outra. Esse entusiasmo pelo mercado, nos primórdios da teoria econômica, levou os economistas até mesmo a considerarem o mercado como a única forma de governança na economia, à exceção da empresa (conforme veremos, a hierarquia da empresa é outra estrutura de governança possível). Mesmo recentemente, nos anos 1990, muitos economistas recomendaram a privatização e liberalização indiscriminada de vários setores da economia, afirmando que isso reduziria o custo das atividades econômicas, tanto pelo fato de que a estrutura de mercado era a mais barata – no sentido acima que acabamos de descrever – quanto pelo fato de que a competição levaria as empresas a uma maior eficiência, via redução de custos.

Todavia, o problema é que, não obstante isso tenha funcionado muito bem em alguns casos, a adoção da estrutura de governança de mercado não funcionou assim tão bem em vários casos importantes. A razão para isso é que, se por um lado a estrutura de governança de mercado é a estrutura de governança mais barata do ponto de vista da sua instalação e manutenção, ela possui *condições particulares quanto ao grau de especificidade da transação que pode suportar*. Se essas condições não forem atendidas, a estrutura de governança de mercado tende a gerar *expressivos custos de transação* para os agentes que participam dela, custos esses que são diferentes de seus custos de instalação. Vejamos então que condições particulares são essas.

A primeira condição particular é a de que *as partes sejam capazes de avaliar se o desenvolvimento da transação é adequado apenas com base na sua experiência passada*. Ou seja, elas já devem estar familiarizadas com o objeto e os trâmites usuais da transação e, portanto, a transação não deve envolver complexidade e incerteza em níveis significativos, de modo que não pressione a racionalidade limitada das partes envolvidas. Bastaria às partes, portanto, consultar a própria experiência para fixar os termos e acompanhar o desenvolvimento da transação sem dificuldades, o que significa que a transação deve ser relativamente simples, não exigindo, assim, uma estrutura de governança específica para seu encaminhamento. Esse é um fator positivo para que o mercado se apresente como a estrutura de governança mais adequada, uma vez que ele não diferencia cada transação e trata a todas da mesma maneira, dando-se a melhor estrutura de governança quando as transações são muito semelhantes e não envolvem peculiaridades importantes.

A segunda condição para que o mercado seja a estrutura mais adequada a uma transação é a de que *a apresentação do objeto da transação seja suficiente para encerrar a transação*. Isso é o que acontece na maioria das transações simples na Economia, pois basta o vendedor apresentar o bem ou serviço ao comprador para que a transação esteja completa: se os bens ou serviços transacionados forem simples, torna-se suficiente sua simples entrega para que o comprador considere a transação concluída, não sendo necessário, por exemplo, que algum serviço adicional importante associado ao objeto da transação (tal como o treinamento para a utilização do bem ou serviço) seja prestado por parte do vendedor. Uma vez entregue o que foi prometido, a transação está encerrada.

A terceira condição para que o mercado seja a estrutura de governança mais adequada para uma transação é a de que as partes envolvidas *não tenham interesse em sustentar a transação*. Essa condição não significa que as partes não desejam que *novas* transações aconteçam no futuro, caso a transação tenha se desenvolvido de maneira adequada. Na verdade, a condição de que as partes não tenham interesse em sustentar a transação significa que, uma vez entregue o prometido, a transação deixa de vincular as partes envolvidas, as quais não têm mais nenhum compromisso entre si. Isso ocorre na maior parte das transações simples da Economia: uma vez adquirido um livro, a livraria não tem mais nenhum compromisso com seu cliente.

Da mesma maneira, o cliente não tem mais nenhum compromisso com a livraria. O mesmo não ocorre, por exemplo, na transferência de tecnologia entre duas empresas. Uma vez feito o acordo e entregue a documentação técnica referente ao conhecimento, frequentemente novos contatos são necessários para a transmissão do conhecimento de que dispõe a empresa que cede a tecnologia – a transmissão de *know-how*. De modo semelhante, a empresa que realiza a cessão pode ter interesse em acompanhar a forma pela qual sua tecnologia é empregada, para evitar algum dano a seus interesses. Nesse caso, as partes têm o interesse em sustentar a transação mesmo depois de o "objeto" dela ter sido entregue – a documentação técnica referente à nova tecnologia. Uma consequência importante da condição de que as partes não têm interesse em sustentar a relação comercial entre elas é que não há nenhum investimento ou iniciativa para preservar o vínculo entre as partes na transação. Uma vez concluída a transação, cada parte está livre para buscar um novo parceiro, ou mesmo para realizar uma nova transação com o mesmo parceiro. A continuidade das relações entre as partes não é um problema.

Por último, temos a condição de que a *identidade das partes envolvidas seja irrelevante* para o desenvolvimento da transação. Esse resultado deriva de dois fatos. Em primeiro lugar, há o fato de que a transação não tem nenhuma especificidade em si e, desse modo, o fato de ser um ou outro agente a participar da transação é irrelevante para os termos em que ela se desenvolve. Em segundo lugar, por ser simples e não envolver complexidade e incerteza significativas, a transação se encontra totalmente especificada e esclarecida no contrato, de forma que o que conta é o contrato em si, e não a identidade das partes que o firmaram.

Por sinal, essas condições fazem que o mercado seja a estrutura de governança que enfatiza *as regras e os documentos legais*. Por ser uma instância à qual são encaminhadas trocas simples, sem grande complexidade ou incerteza e, portanto, na qual os limites da racionalidade dos participantes não são pressionados, o mercado permite às partes envolvidas na transação elaborar contratos que dão conta de todos os aspectos relevantes da transação, sem deixar indefinido nada que seja importante. A consequência é que os contratos das transações simples que se processam no mercado se aproximam, assim, do ideal de contratos completos. Por conseguinte, não há a necessidade de nenhum outro mecanismo para garantir o desenvolvimento adequado da transação: não há a necessidade de arbitragens, auditorias ou qualquer outro expediente além do simples contrato que especifica os termos da transação, pois os tribunais não têm nenhuma dificuldade para garantir os termos dos contratos, que são simples e claros.

Essas são as principais condições a que uma transação deve obedecer para ser encaminhada de forma eficaz pela estrutura de governança de mercado. Como vimos, essas condições implicam a padronização das transações que acontecem no mercado. Em outras palavras, essas condições resultam na ausência de características individuais importantes diferenciando uma transação de outra. A compra de uma ação em bolsa por um indivíduo não se distingue da aquisição de outra ação por outro indivíduo e, assim, as duas transações podem acontecer no mesmo mercado – a mesma bolsa de valores. Por isso, os mercados são as melhores estruturas de governança – no sentido preciso de que são as estruturas de governança com menores custos por transação realizada – quando as transações não envolvem complexidade e incerteza, nem ativos específicos, e assim são remotas as possibilidades de atitudes oportunistas.

Um corolário disso é a presença de um grande número de partes com interesse em potencial em desenvolver os tipos de transações realizadas nos mercados. Uma vez que os ativos a serem transacionados não são específicos, eles podem simultaneamente interessar a um grande número de compradores e ser ofertados por um grande número de vendedores. O efeito importante desse grande número de vendedores e compradores em potencial é que ele exerce grande pressão sobre cada vendedor e cada comprador individualmente, no sentido de também restringir a possibilidade de atuar de modo oportunista, seja promovendo litígios ou qualquer outra forma de obter ganhos indevidos na transação, pois é fácil substituir uma contraparte que venha criando problemas na transação por outra contraparte qualquer. Segue-se então que o mercado é a estrutura de governança mais adequada para transações com ativos não específicos (padronizados), de grandes números.

Dito isso, uma pergunta fundamental a ser feita com relação a todas as estruturas de governança é: *como ela se comporta quando há mudanças no ambiente econômico em que se realiza a transação?* Essa pergunta é muito importante, uma vez que incerteza e complexidade tendem a elevar os custos de transação exatamente porque elas criam problemas para as partes anteciparem eventos futuros que afetem a transação, em função de sua racionalidade limitada. Em um mundo estático, ou com raras mudanças importantes, os custos de transação seriam baixos. O que eleva os custos de transação é justamente o fato de que as economias são dinâmicas, e estão em permanente mudança, sempre pressionando as partes envolvidas nas transações a promoverem *adaptações* às novas circunstâncias.

Dadas as características do mercado como estrutura de governança, pode-se afirmar que ele promove *um tipo específico de adaptação a mudanças no ambiente econômico: a adaptação autônoma*. Diz-se que as partes envolvidas em uma transação promovem uma **adaptação autônoma** quando, diante de mudanças no ambiente econômico, cada parte reage de forma individual de acordo com seus incentivos, sem levar em consideração os efeitos conjuntos de suas decisões. Por exemplo, ao identificar uma mudança no preço de um insumo, o comprador decide qual é a quantidade que passará a adquirir de forma que obtenha o máximo ganho, sem se importar com os possíveis efeitos de sua decisão para o futuro de sua relação com o fornecedor que o atende. Isso nada mais é do que uma confirmação do fato de que, na estrutura de governança de mercado, a identidade das partes é irrelevante, pois, não sendo o ativo específico, qualquer vendedor ou comprador pode ser substituído na transação.

A adaptação autônoma é a forma de adaptação mais adequada quando não há interesse das partes em preservar a continuidade da relação entre elas. Se não há interesse em manter qualquer vínculo entre o vendedor e o comprador, o modo mais simples – e por isso mais barato – de promover a adaptação a mudanças no ambiente econômico é deixar cada parte procurar a melhor alternativa para si mesma, de maneira individual. Isso implica, nesse caso, uma significativa economia em custos de transação, pois desobriga as partes de buscar acordos a cada mudança no ambiente da transação.

Se, porém, a transação em análise apresenta especificidades em algum grau significativo, de forma que a identidade das partes não é mais irrelevante, o mercado não é a estrutura de governança mais adequada. Nesses casos, alguma estrutura institucional mais especializada se faz necessária. O tipo de estrutura de governança que se segue ao mercado em grau crescente de especialização é a estrutura de governança híbrida, que veremos a seguir.

3.3.2.2 Estrutura de governança híbrida

A denominação "estrutura de governança híbrida" abarca uma diversidade de estruturas de governança, assim como ocorre com aquilo que usualmente reunimos sob a denominação comum de "mercado". Com efeito, estruturas de governança híbridas abarcam, entre outras: franquias, cadeias de fornecedores, alianças entre empresas etc. Se as diferenças entre as estruturas que comumente reunimos sob a denominação geral de mercado já tornava importante a especificação das características comuns entre elas, no caso das estruturas híbridas é fundamental ter clareza sobre aquilo que estruturas, a princípio tão diferentes, compartilham entre si, sob pena de tornar o conceito vago e inútil para a análise.

Podemos definir estruturas de governança híbridas como arranjos cooperativos entre *empresas independentes*, em que *determinadas atividades são coordenadas por outros mecanismos que não os preços de mercado*. Mesmo que os preços não estejam totalmente ausentes da relação, em uma estrutura híbrida eles não são os únicos mecanismos a promover a coordenação, nem os mais importantes. Considere, por exemplo, o caso de uma franquia. A escolha dos franqueados pelos franqueadores não seleciona apenas o candidato que esteja disposto a pagar mais pela franquia, como seria razoável esperar em uma relação de mercado típica. Pelo contrário, o processo de seleção envolve uma série de considerações quanto às características do candidato, de modo que garanta prioritariamente um tratamento adequado da marca que será franqueada e de sua reputação comercial, o que é bem mais importante do que simplesmente maximizar a receita que o franqueador obtém pela sua marca.

Da mesma maneira, a incorporação de uma nova empresa em uma aliança mundial de companhias aéreas[9] é acompanhada pela avaliação de uma ampla lista de critérios a serem preenchidos, os quais incluem itens de segurança, qualidade do serviço, programas de milhagens etc. Nesse caso, não é possível identificar algum "preço" que coordene as empresas que compartilham serviços e, portanto, não há um "mercado" de alianças. Todavia, essas empresas permanecem autônomas e independentes no que diz respeito aos demais aspectos de sua gestão. Portanto, as empresas não abrem mão de sua autonomia e não se integram em uma única empresa, com o que não se pode falar de uma organização hierárquica empresarial que coordene suas atividades. Em resumo, trata-se de um tipo de organização da atividade econômica que não pode ser considerado nem um mercado nem uma empresa.

Por contraste, a relação de um fornecedor de um insumo e a empresa que o adquire, na qual a oferta do fornecedor e a demanda da empresa são coordenadas apenas pelo que acontece no mercado – e, em particular, pelos preços oferecidos por fornecedores alternativos –, *não* caracteriza uma estrutura híbrida, e sim uma estrutura convencional de mercado. O primeiro aspecto da estrutura híbrida teria sido respeitado nesse caso, pois as empresas são independentes; mas não o segundo aspecto, pois não haveria outros mecanismos que não os preços para coordenar a demanda da empresa-cliente e a oferta do seu fornecedor.

Também por contraste com a estrutura híbrida, no caso hipotético de uma unidade fabril de um grupo empresarial que fornece insumos para as empresas desse mesmo grupo, o primeiro atributo de um arranjo híbrido não estaria sendo respeitado, que é independência dos agentes envolvidos. Nesse exemplo, trata-se de agentes que *não* são independentes: são membros de um mesmo grupo e estão subordinados

---

9 Uma aliança mundial de companhias aéreas é um arranjo cooperativo entre empresas aéreas internacionais, que compartilham ou colaboram em uma série de atividades típicas dessas empresas, tais como: planejamento de rotas, horários de voos, programas de milhagem, acesso de passageiros a salas *vip*, campanhas de publicidade etc.

ao mesmo comando hierárquico. Essa hierarquia dirigente atua de forma que promova a coordenação entre as empresas do grupo. O mesmo não ocorre em estruturas híbridas, como é o caso de uma franquia, por exemplo, no qual, o franqueado e o franqueador são unidades empresariais distintas, cujo controle gerencial é separado e autônomo.

A combinação de empresas independentes e da adoção de outros mecanismos além do mero recurso aos preços de mercado (e, em alguns casos, apenas abrindo mão totalmente de recorrer aos preços) para a coordenação dos participantes de uma estrutura híbrida apresenta um novo problema: como obter coordenação e cooperação sem recorrer prioritariamente a um mecanismo de preços e, ao mesmo tempo, garantir benefícios para agentes que participam da estrutura e tomam suas decisões de modo independente?

No caso de uma relação de mercado, esse problema não se apresenta, por um motivo importante: a exigência de coordenação de atividades entre as empresas envolvidas é muito limitada e frouxa. Por exemplo, a única exigência de coordenação entre empresa fornecedora e empresa compradora no caso de uma relação de mercado é a de que a oferta e a demanda do insumo sejam compatíveis entre si, em termos de quantidade, de prazo de entrega etc. Isso pode ser conseguido, muitas vezes, apenas com os sinais emitidos pelos preços dos vários fornecedores no mercado, *uma vez que não há nenhum vínculo mais duradouro ou comprometimento de recursos comuns* entre o fornecedor do insumo e seu comprador: realizada a transação, a ligação tênue e transitória entre fornecedor e empresa-cliente se desfaz.

Temos de indagar, portanto, quais seriam os elementos mais importantes de uma estrutura híbrida, para que ela consiga realizar essa coordenação entre agentes independentes sem recorrer de forma prioritária aos preços. O economista Claude Ménard propôs que as seguintes *características comuns* se encontram presentes em uma estrutura híbrida. Em primeiro lugar, destaca-se a presença significativa de **recursos conjuntos**. De acordo com a visão da Teoria dos Custos de Transação, estruturas híbridas são criadas porque os participantes acreditam que o mercado não é a maneira mais adequada de se obter os recursos necessários para um empreendimento e, assim, optam por reunir seus recursos. Isso porque os incentivos que o mercado proporciona individualmente aos agentes podem destruir a cooperação em alguns casos.

Um dos motivos pelos quais isso pode acontecer é que, dependendo do empreendimento, pode ser muito difícil avaliar a contribuição individual dos participantes. Nesse caso, contratar os participantes no mercado pode gerar conflitos pela dificuldade de mensurar as contribuições individuais e, assim, afetar a cooperação mútua. Como exemplo, você deve imaginar uma *joint venture* para o desenvolvimento de um novo produto – por exemplo, uma nova vacina. Uma das alternativas – que seria a contratação dos recursos humanos e materiais para a pesquisa no mercado – exigiria a elaboração de contratos especificando as contribuições de cada parte e suas remunerações no processo, em função da criação do novo medicamento. Em geral, isso é muito difícil de ser feito antecipadamente, pois o ambiente de inovação sempre envolve complexidade e incerteza além dos limites da racionalidade dos agentes (afinal, trata-se da busca de um produto novo, algo que ainda não existe), o que abre espaço para atitudes oportunistas e conflitos, uma vez que os ativos envolvidos são específicos para o desenvolvimento do novo remédio.

A segunda alternativa, que seria a empresa desenvolver todas as atividades que seriam atribuídas à *joint venture* sozinha, tem o efeito de reduzir a flexibilidade e enfraquecer os incentivos individuais, que também devem ser preservados em alguma medida, tendo em vista que *nenhuma das partes dispõe individualmente de todos os recursos* (o que inclui os conhecimentos necessários para a promoção do empreendimento). Desenvolver sozinha as atividades implicaria, ao mesmo tempo, abrir mão de recursos que estão em posse de outras empresas (e que podem ser valiosos) e diluir os incentivos que resultariam dos ganhos da nova descoberta no interior da própria empresa, pois os pesquisadores seriam assalariados dela e, com isso, não teriam estímulo para aprofundar suas pesquisas (pois não se apropriariam dos ganhos). Disso resulta uma primeira exigência – bastante complexa – para as estruturas de governança híbridas: assegurar a cooperação visando à coordenação e ao trabalho em equipe, sem abrir mão de todas as vantagens da descentralização das decisões por agentes independentes.

Em função dessa exigência, no caso das estruturas de governança híbridas, encontramos uma *combinação* de adaptação autônoma – como no mercado – e de *adaptação coordenada*, que é um tipo diferente de adaptação. Encontramos adaptação coordenada apenas nas estruturas híbridas e nas hierarquias, que são as empresas. Nunca encontramos adaptação coordenada no mercado. O que é, porém, adaptação coordenada?

Diz-se que há **adaptação coordenada** quando, diante de mudanças no ambiente econômico em que a transação acontece, as partes envolvidas se submetem a um *comando hierárquico* que toma as medidas necessárias para sustentar a cooperação entre elas. Por exemplo, no caso de uma *joint venture*, é comum que a direção do empreendimento seja constituída por uma diretoria formada conjuntamente por funcionários das empresas envolvidas. As decisões dessa diretoria conjunta com relação ao empreendimento têm de ser acatadas pelas empresas participantes. Isso significa, obviamente, uma redução na liberdade delas. Você deve notar, contudo, que as empresas participantes da *joint venture* não abrem mão de sua autonomia. Assim, a presença de adaptação coordenada não significa necessariamente que os participantes da transação perderam sua independência. *Contudo, a adaptação coordenada sempre envolve alguma estrutura hierárquica com a capacidade de impor suas decisões em determinadas situações.*

Para promover a coordenação entre as partes envolvidas na transação, a hierarquia em uma estrutura de governança híbrida faz uso de **controles administrativos**, tais como: monitoramento, planos de carreira com recompensas, mecanismos de supervisão e controle e penalidades. Esses controles administrativos se encontram ausentes quando há a adaptação autônoma, como a que ocorre no mercado, pelo simples fato de que as partes que interagem no mercado são autônomas e não se submetem quando têm de tomar suas decisões.

No entanto, qual é a razão de as empresas cederem graus de liberdade quando constituem uma estrutura de governança híbrida? A resposta está, justamente, na presença de *recursos conjuntos*. Como as empresas envolvidas investem recursos em conjunto, os quais são ativos com algum grau de especificidade, *o valor deles depende da continuidade da relação, e de que todos os participantes sustentem sua participação no empreendimento*. Voltando ao nosso exemplo de *joint venture*, os recursos investidos sofreriam uma severa desvalorização caso a *joint venture* terminasse de forma imprevista por conflitos entre as partes. Da mesma maneira, em uma franquia, tanto o franqueador quanto o franqueado realizam um investimento conjunto: o franqueador cede sua marca e sua reputação comercial, e o franqueado seu capital. Ambos sairiam perdendo se a relação terminasse abruptamente por causa de algum conflito.

Assim, torna-se fundamental a preservação da relação entre as partes, e, desse modo, a adaptação autônoma (em que cada parte busca apenas o próprio benefício) *não* pode ser mais a única forma de adaptação às mudanças nas circunstâncias da transação. Torna-se necessário introduzir também instrumentos de adaptação coordenada, pois, embora esses instrumentos exijam negociações que geram custos de transação, eles reduzem de modo significativo os custos de transação no desenvolvimento subsequente da relação entre as partes. Vale enfatizar que isso não significa que as partes envolvidas na transação percam totalmente sua independência: *elas apenas abdicam do poder de tomar decisões no que diz respeito a determinados aspectos da transação*, para favorecer a cooperação.

Um exemplo dessa abdicação é apresentado pelo economista francês Claude Ménard.[10] No final dos anos 1970, em resposta à competição dos supermercados, 35 moinhos franceses se associaram para oferecer produtos para pães de alta qualidade identificados com marca comercial própria. Os moinhos associados criaram uma entidade legal responsável por desenvolver produtos de alta qualidade, comercializá-los e obrigar os membros da associação a respeitar os padrões de qualidade estabelecidos. Essa entidade legal era comandada por um conselho administrativo constituído por representantes de cada moinho com direito a um voto. A comercialização era feita por mais de 3 mil padeiros franqueados, monitorados pela entidade legal. Os moinhos também elegiam três membros para o comitê de ética, responsável por solucionar conflitos. Desde que aceitassem as regras da associação para os produtos de marca, os moinhos associados tinham total liberdade no que dizia respeito ao

[10] MÉNARD, Claude. Hybrid Modes of Organizations. Alliances, Joint Ventures, Networks, and Other Strange Animals. In: GIBBONS, Robert e ROBERTS, John. *The Handbook of Organizational Economics*. Princeton, NJ: Princeton University Press, 2012.

restante das suas operações, em especial com relação aos investimentos em equipamentos do moinho e transporte de insumos e de produtos finais, com liberdade inclusive para negociar livremente produtos que não tivessem a marca da associação.

Outra característica a ser destacada em estruturas de governança híbridas é o fato de envolverem transações que se desdobram no longo prazo, com ativos que já apresentam algum grau de especificidade em um ambiente com incerteza. Nesse contexto, a preservação ao longo do tempo da transação é de fundamental importância para evitar perdas para as partes, oriundas de seus investimentos em ativos específicos. Assim, a pretensão de elaborar um contrato completo, que antecipe e dê conta de todas as circunstâncias que possam afetar a transação, não é mais adequada.

Por exemplo, uma cláusula muito comum em contratos nessa estrutura de governança é a de que determinado produto ou serviço tem de ser fornecido "em quantidade e qualidade adequadas", sem especificar exatamente o que significa "adequado". A intenção é a de que as partes dialoguem e se acertem quanto ao que deve ser concretamente feito. Da mesma forma, são comuns cláusulas especificando que determinados funcionários das empresas devem constituir comissões para solucionar determinadas situações críticas, e que suas decisões devem ser acatadas. Tudo isso porque é necessário preservar a continuidade da relação e, perante a incerteza do futuro, é fundamental garantir flexibilidade para que as partes possam chegar a um acordo, sempre que houver algum evento imprevisto significativo.

É claro que isso torna o contrato *deliberadamente* impreciso. Não se trata do contrato completo, em que tudo deve ser antecipado nas cláusulas, o qual retiraria a flexibilidade necessária para se chegar a acordos diante de situações imprevistas. Por isso, a estrutura de governança híbrida não raro envolve trocas entre as partes – tais como treinamento dos funcionários de uma empresa pela outra, transferência de tecnologia, apoio comercial etc. – *de forma que incentive a cooperação para além da transação que é objeto do contrato*. Isso estimula um comportamento cooperativo e reduz os ganhos que poderiam resultar de atitudes mais conflituosas.

Ainda assim, há transações para as quais nem mesmo uma estrutura de governança híbrida consegue promover adaptações eficientes diante da incerteza e da longa duração do vínculo entre as partes. Nesse caso, o tipo de estrutura de governança mais adequado é a estrutura de governança hierárquica, ou seja, a empresa. Esse será o próximo tipo de estrutura de governança a ser abordado.

3.3.2.3 Estrutura de governança hierárquica – a empresa

A avaliação econômica com relação à possibilidade de incorporar uma transação com ativos específicos dentro da estrutura hierárquica da empresa envolve pensar em diferentes tipos de custos. O primeiro tipo de custo a ser considerado é o próprio custo de produção. Quando há a decisão pela produção dentro da empresa, sacrifica-se a possibilidade de se recorrer a um fornecedor independente. Ocorre que, conforme vimos no início deste capítulo, fornecedores independentes realizam economias de escala por não atenderem apenas à empresa em questão, mas também a várias outras, agregando demandas e alcançando, assim, níveis mais elevados de produção, o que lhes permite oferecer preços frequentemente menores do que o custo da própria empresa, caso ela decida realizar a produção por si mesma.

Se o ativo é padronizado, o aumento de custo resultante da produção dentro da empresa é muito grande em relação ao custo de aquisição do ativo em um fornecedor independente, pois esse último, ao produzir o ativo que não é específico, pode produzir o mesmo ativo para vários clientes diferentes e, assim, obter significativas economias de escala, oferecendo o ativo a um preço bem menor do que o custo da própria empresa ao produzi-lo. Contudo, caso as transações envolvam ativos com grau elevado de especificidade, a perda de escala resultante de produzir o ativo específico dentro da estrutura de governança hierárquica da própria empresa mostra-se muito pequena: é provável que um ativo muito específico não terá grande número de clientes alternativos além da própria empresa em questão, justamente por ser específico. Portanto, o aumento de custo por não recorrer a um fornecedor independente e optar pela produção interna dentro da estrutura da empresa é muito pequeno, quando o ativo é específico.

Vamos expressar esse fato por meio da variável *ACP*, que é *a diferença entre o custo de produção do ativo no interior da empresa e o custo de produzir o mesmo ativo em um fornecedor independente* (supondo-se que as circunstâncias do ambiente econômico da transação não se alterem). A hipótese de que as circunstâncias que envolvem a transação não se alteram se explica pela necessidade de excluir dos cálculos do *ACP* eventuais problemas de adaptação a novas circunstâncias, que resultariam em custos de transação. Ao analisarmos o comportamento de *ACP*, estamos considerando *apenas o comportamento dos custos de produção* em relação à escolha entre produzir internamente ou produzir em um fornecedor independente. Para simplificar, de agora em diante, vamos nos referir à *ACP* apenas como "aumento de custos de produzir internamente", mas você deve manter em mente que esse aumento de custo é em relação a um fornecedor independente.

Desse modo, quanto maior o grau de especificidade de um ativo, que representaremos por k, menor a diferença entre o custo de produzir internamente na firma e o custo de se produzir o ativo de um fornecedor independente. O comportamento de *ACP* encontra-se descrito no **Gráfico 3.1**, na página seguinte.

O comportamento de *ACP* é fácil de ser compreendido. Para níveis reduzidos de especificidade do ativo transacionado (um valor de k muito próximo de zero na origem), o aumento de custos resultante da decisão de produzir internamente é muito elevado, em função das economias de escala que um fornecedor independente conseguiria realizar com um ativo não especializado – e que se refletiriam na redução do custo do ativo para a empresa que o adquire. Essas economias de escala seriam sacrificadas se a transação fosse incorporada pela empresa, pois ela produziria apenas para si mesma.

Gráfico 3.1 – Aumento de custos de produzir internamente (ACP)

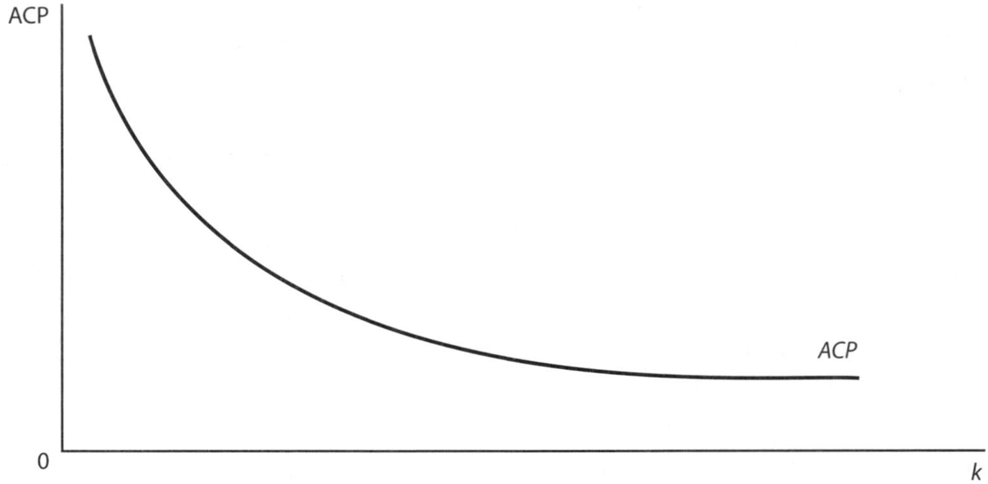

Contudo, à medida que o grau de especificidade do ativo a ser transacionado aumenta, ou seja, à medida que *k* aumenta, o acréscimo de custos resultante da decisão de produzir internamente (em relação aos custos de se demandar de um fornecedor) se reduz de modo acentuado, aproximando-se de zero. A razão disso é que as economias de escala que um fornecedor independente poderia realizar diminuem muito com o aumento do grau de especificidade do ativo transacionado, uma vez que ele não vai conseguir oferecer o mesmo ativo para outras empresas.

Todavia, como temos enfatizado ao longo deste capítulo, não existem apenas os custos de produção; há também os custos de transação. E os custos de transação também são afetados (em função da especificidade do ativo) pela escolha entre a produção interna na empresa e o recurso a um fornecedor independente. Para entendermos como isso ocorre, temos de conhecer alguns conceitos. O primeiro deles é o conceito de *custo burocrático da estrutura de governança da empresa*.

Quando se recorre à empresa, os incentivos à eficiência são enfraquecidos. Isso ocorre porque as diferentes divisões da empresa não têm seus ganhos individualizados de acordo com seu desempenho – não é possível identificar e atribuir a participação nos lucros totais a uma divisão específica da empresa da forma como se faz com o lucro de um fornecedor independente. No caso de uma empresa e suas divisões, o que há é o lucro da empresa como um todo. Em razão disso, os incentivos a um melhor desempenho são enfraquecidos dentro da empresa, quando comparados com os incentivos recebidos por um fornecedor independente, que se apropria integralmente dos ganhos de sua maior produtividade. Esse enfraquecimento dos incentivos é o **custo burocrático da empresa**, que chamaremos de B.

No entanto, recorrer ao fornecedor independente também afeta os custos de transação, em função de problemas de coordenação. Essas dificuldades de coordenação resultam naturalmente do fato de que, se os agentes são independentes, eles se adaptam às mudanças nas circunstâncias da transação de forma autônoma. Na medida em que a busca dos ganhos individuais desconsidera os custos para as demais partes envolvidas, a adaptação autônoma com frequência acaba sendo nociva para transações em que haja investimentos em ativos específicos, os quais dependem da continuidade sem conflitos da transação planejada para a realização do valor desses ativos. O custo das adaptações autônomas para relações de longo prazo é tão mais expressivo quanto maior for o grau de especificidade do ativo, pois a preservação da transação com ativos específicos no longo prazo é essencial para as partes envolvidas, e isso exige adaptação coordenada (e não a busca de ganhos e vantagens individuais).

Obviamente, os custos de transação resultantes do recurso ao fornecedor independente tanto podem ocorrer em uma estrutura de governança de mercado como em uma estrutura de governança híbrida. Contudo, simplificaremos a comparação, do mesmo modo que Oliver Williamson fez, e *vamos considerar o recurso a um fornecedor independente como se acontecesse apenas na estrutura de governança de mercado*. A vantagem desse procedimento é permitir uma compreensão mais fácil das considerações da empresa no momento de decidir se recorre a um fornecedor independente ou se internaliza a transação. Isso porque a estrutura de governança híbrida, como o próprio nome indica, combina elementos de adaptação autônoma – típicos de mercado – com elementos de adaptação coordenada – típicos de estruturas hierárquicas, o que torna a análise mais complexa. Ao compararmos a transação pelo mercado com a transação no interior da hierarquia da empresa, os contrastes se mostram mais simples e de fácil compreensão. Chamaremos então o **custo de governança do mercado** de M, isto é, *o custo que resulta do fato de que o mercado não favorece a adaptação coordenada*. Nesse caso, M será tanto maior quanto maior o grau de especificidade do ativo envolvido.

Resulta assim que a desvantagem da estrutura de governança da empresa em relação ao mercado, em termos de custos de transação – a qual será representada por G – é dada pela **Equação 3.1**, na qual vemos que a desvantagem da estrutura de governança da empresa em relação ao mercado, para determinada transação, é dada pela diferença entre o custo burocrático da empresa (B) e o custo de governança do mercado (M).

$$G = B - M \qquad \textbf{(3.1)}$$

Podemos perceber que *G* diminui aceleradamente à medida que aumenta o grau de especificidade do ativo, *k*. Isso porque as vantagens da adaptação coordenada promovida por uma estrutura hierárquica – a empresa – superam crescentemente as desvantagens do enfraquecimento dos incentivos provocado pela burocracia, quando o ativo se torna progressivamente mais específico. A razão disso é o fato de que, à medida que aumenta o grau de especificidade dos ativos, o objetivo de promover a cooperação se torna mais importante do que oferecer incentivos e, por conseguinte, *M* cresce cada vez mais depressa do que *B*. O **Gráfico 3.2** descreve o comportamento de *G* e de *ACP* conjuntamente.

Gráfico 3.2 – Aumento de custos de produzir internamente (*ACP*) e a desvantagem da estrutura de governança da empresa em relação ao mercado (*G*)

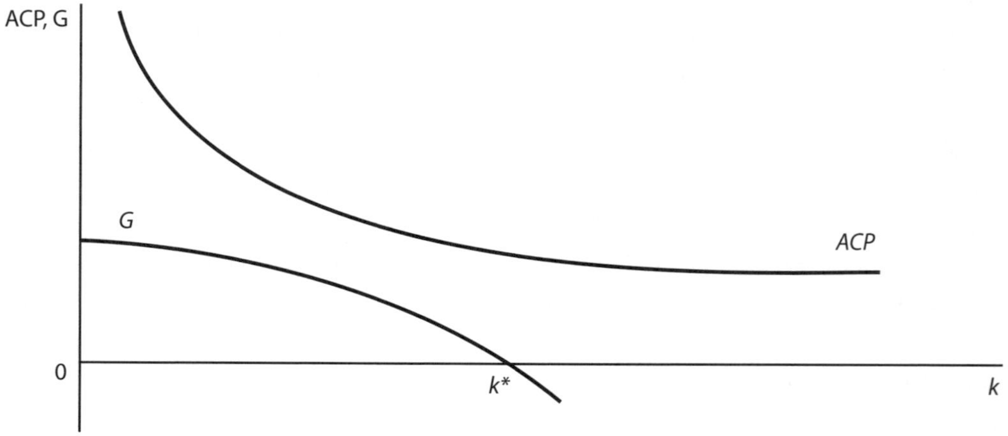

Aqui é importante fazer algumas observações. A primeira delas é que a variação em *G* tem a ver *apenas* com os custos da hierarquia e do mercado *como estruturas de governança*, nada tendo a ver com a presença ou não de economias de escala – que dizem respeito aos custos de produção.

A segunda observação é que, ao contrário de *ACP*, que pode assumir um valor muito próximo de zero (mas que sempre será positivo, pois a utilização de um fornecedor independente deverá sempre gerar alguma economia de escala, ainda que muito pequena), *G* assume um valor *negativo* a partir de determinado nível crítico de especificidade do ativo transacionado: esse valor crítico é indicado por *k** no **Gráfico 3.2**. Isso significa que os custos de transação resultantes da hierarquia da empresa são *menores* do que os custos de transação resultantes do mercado, a partir de determinado nível crítico de especificidade dos ativos (no caso, *k**).

A razão desses dois comportamentos tão diferentes deve ser enfatizada. No caso de *ACP* (o aumento no custo de produção resultante de produzir internamente em vez de produzir o ativo em um fornecedor independente), a teoria supõe que, por maior que seja o grau de especificidade do ativo, sempre será possível a um fornecedor independente obter *alguma* economia de escala, pelo simples fato de não produzir unicamente para a empresa em questão, enquanto uma divisão ou um departamento da empresa que produza o mesmo ativo sempre estará em desvantagem nesse aspecto, pois estará produzindo apenas para a própria empresa e não conseguirá realizar as economias de escala de um fornecedor independente.

Assim, por menores que sejam as economias de escala de um fornecedor independente, elas deverão ser sempre maiores do que as economias de escala de uma divisão ou um departamento da própria empresa; portanto, *ACP* deverá ser sempre positivo, ainda que possa assumir um valor próximo de zero. No caso de G, não estamos considerando os custos de produção, mas sim os custos de transação associados às estruturas de governança. Portanto, não se trata de economias de escala, mas da adequação de cada estrutura para encaminhar transações com ativos específicos. Dessa forma, haverá um valor crítico de especificidade do ativo a partir do qual os custos de transação gerados pela hierarquia da empresa serão menores do que os custos de transação gerados pelo mercado, pelo simples fato de que a hierarquia da empresa promove a adaptação coordenada, enquanto o mercado promove a adaptação autônoma. Em função disso, a partir desse valor crítico (k^*) teremos que G é negativo.

Todavia, a decisão entre a estrutura de governança de mercado e a estrutura de governança da empresa não pode se limitar a considerar alternativamente as vantagens em termos de custos de produção, ou em termos de custos de transação. É preciso considerar *as duas dimensões simultaneamente* e, para isso, temos de analisar o comportamento de uma terceira variável, que nada mais é do que a soma de *ACP* e G, ou seja, a soma do aumento no custo de produção que resulta de se produzir o ativo internamente (*ACP*) com o excesso do custo da burocracia da empresa (B) em relação ao custo de governança do mercado (M). Com efeito, retomando a **Equação 3.1**, resulta que:

$$ACP + G = ACP + B - M \qquad \textbf{(3.2)}$$

A soma de *ACP* e G nos fornece a vantagem líquida em termos de economias de escala e custos de transação de se recorrer a um fornecedor independente no mercado, em vez de a empresa produzir ela mesma o ativo. Caso a soma *ACP* + G seja positiva, é melhor recorrer a um fornecedor independente para fornecer o ativo; caso a soma *ACP* + G seja negativa, é melhor a empresa produzir o ativo ela mesma. O comportamento de *ACP* + G encontra-se representado no **Gráfico 3.3**, a seguir.

Gráfico 3.3 – Vantagem líquida em termos de economias de escala e custos de transação de recorrer a um fornecedor independente (*ACP* + *G*)

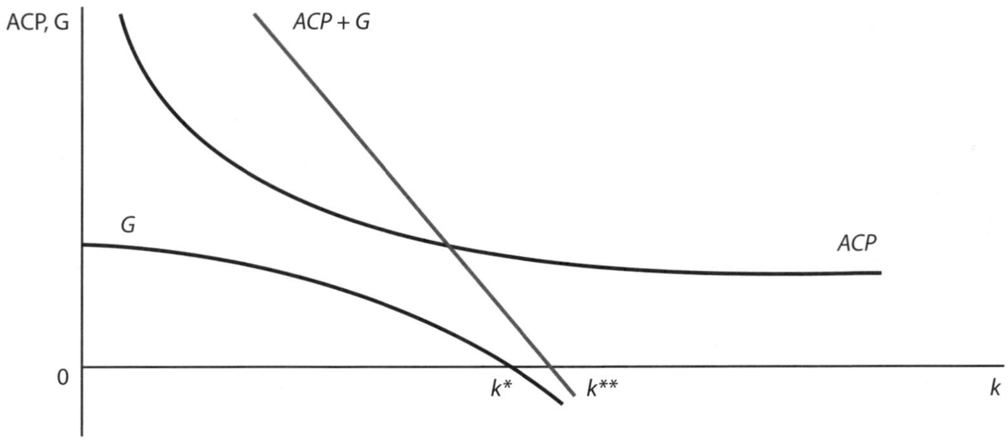

O primeiro ponto a destacarmos é que *ACP* + *G* decresce continuamente com o aumento no grau de especificidade do ativo, conforme está representado no **Gráfico 3.3**. A razão disso se divide em duas partes, uma para *ACP* e outra para *G*. No que diz respeito à *ACP*, vimos que o aumento de custo resultante da decisão de produzir internamente diminui de modo constante com o aumento da especificidade do ativo, porque as economias de escala que um fornecedor independente poderia realizar se reduzem com o aumento da especificidade do ativo, até alcançar um valor muito próximo de zero. Desse modo, a componente *ACP* da soma de *ACP* + *G* se reduz com o aumento da especificidade do ativo. E a componente *G*?

A componente *G* também se reduz com o aumento do grau de especificidade do ativo, porque, conforme vimos, à medida que o ativo se torna mais específico, as vantagens da adaptação coordenada (promovida pela estrutura hierárquica) superam progressivamente as desvantagens oriundas da redução de incentivos ao desempenho, redução essa provocada pela burocracia. Desse modo, a componente *G* também se reduz com o aumento da especificidade do ativo. Com *ACP* e *G* se reduzindo com o aumento da especificidade k do ativo, resulta que a soma *ACP* + *G* tem de declinar com o aumento de k, podendo até mesmo assumir um valor negativo (porque *ACP* se aproxima de zero e *G* se torna negativo), conforme pode ser visto no **Gráfico 3.3**.

O **Gráfico 3.3** nos informa, porém, que o valor crítico k** de especificidade do ativo, considerando *ACP* + *G*, o qual torna a estrutura da empresa mais adequada do que a estrutura de governança do mercado, *supera* o valor crítico k*, que é obtido quando consideramos apenas *G*. Isso faz sentido, pois, como sempre haverá alguma economia de escala ao se recorrer a um fornecedor independente – ainda que pequena –, essas economias de escala compensarão, em alguma medida, os custos de transação adicionais que o mercado produz em comparação com a hierarquia, dada a especificidade do ativo transacionado. Por conseguinte, o nível crítico de especificidade do ativo para o qual a melhor opção de encaminhamento da transação será no interior da empresa – e não no mercado – será um pouco mais elevado, se considerarmos a perda de escala *juntamente* com os custos de transação.

De acordo com o **Gráfico 3.3**, para níveis de especificidade de ativo inferiores a k** (e com ainda mais intensidade para o caso de níveis de especificidade inferiores a k*), há significativas economias de escala que seriam perdidas se a empresa decidisse não recorrer a um fornecedor independente e internalizar a transação com o ativo, produzindo ela mesma esse último. Em contrapartida, para esses mesmos níveis de especificidade de ativo, a internalização da produção por uma divisão da empresa não resultará em economias significativas em termos de custos de transação, pois, sendo o ativo pouco específico, a necessidade de adaptação coordenada não é significativa, e a adaptação autônoma pode ser ainda suficiente para encaminhar a transação. Na terminologia correntemente empregada pelos teóricos de custos de transação, no que diz respeito à decisão entre fazer ou comprar, a decisão mais adequada para níveis de especificidade de ativos inferiores a k** é a decisão de "comprar".

Contudo, ao ser atingido o nível crítico de especificidade de ativo indicado por k** no **Gráfico 3.3**, como o ativo já se tornou muito específico, não há perdas de escala significativas quando se opta pela produção interna (em vez de recorrer a um fornecedor independente). Além disso, o elevado grau de especificidade do ativo resulta em elevados custos de adaptação, caso a estrutura escolhida seja a estrutura de governança de mercado, pois nesse caso não há incentivos à adaptação coordenada. Resulta assim que, a partir de k**, a opção mais adequada é a internalização da transação com o ativo na estrutura da empresa. Nesse caso, entre fazer na empresa ou comprar, a decisão mais adequada é a decisão de "fazer", e com isso a etapa em questão é internalizada pela empresa. No jargão dos economistas, a empresa se *verticaliza*, conforme vimos anteriormente.

Dessa forma, temos no **Gráfico 3.3** os instrumentos para avaliar quando é interessante para uma empresa se integrar verticalmente, *considerando tanto os impactos em termos de custos de produção quanto em termos de custos de transação*. Com isso, temos a integração entre a *dimensão tecnológica da empresa* (representada pelo papel das economias de escala na decisão da empresa quanto ao melhor nível de verticalização) e sua *dimensão institucional* (representada pelos custos de transação associados aos diferentes níveis de especificidade de ativos). A integração dessas duas dimensões é fundamental, pois a empresa emprega tecnologias em uma estrutura institucional que é sua organização.

A seguir, serão comparados os três tipos de estruturas de governança: o mercado, a estrutura híbrida e a empresa, para compreendermos melhor os instrumentos específicos empregados individualmente pelos tipos de estrutura de governança na coordenação das transações e como elas respondem aos diferentes graus de especificidade dos ativos.

3.3.3 Comparando os tipos de estruturas de governança

A primeira etapa para compararmos os tipos de estrutura de governança consiste em compararmos seus instrumentos, ou seja, aquilo que cada estrutura de governança emprega para realizar as adaptações necessárias ou o desenvolvimento da transação em um ambiente econômico mutável. Os principais instrumentos das diferentes estruturas de governança encontram-se representados no **Quadro 3.1**.

Quadro 3.1 – Instrumentos das estruturas de governança

Instrumentos	Estruturas de governança		
	Mercado	Híbrido	Hierarquia (empresa)
Incentivos pelos preços	++	+	0
Controles administrativos	0	+	++

No **Quadro 3.1**, temos que ++ significa "forte", + significa "moderado" e 0 (zero) significa "fraco" ou "ausente". Assim, o mercado apresenta controles administrativos praticamente nulos, pois todas as partes envolvidas nas transações são independentes entre si, mas apresenta fortes incentivos proporcionados pelos preços, o que resulta em adaptação autônoma (as partes na transação respondem apenas aos movimentos de preços e, desse modo, promovem adaptação autônoma às mudanças no ambiente econômico).

No caso da estrutura hierárquica (a empresa), os incentivos estão ausentes (ou estão muito enfraquecidos) nas transações que acontecem no seu interior, e praticamente toda a adaptação a mudanças no ambiente econômico acontece como adaptação coordenada, promovida por controles administrativos (controles exercidos por quem possui a autoridade para isso na hierarquia da empresa).[11] Isso acontece porque, na empresa, os ganhos individuais se encontram totalmente subordinados aos

[11] Aqui é importante evitar uma confusão comum. Quando a Teoria dos Custos de Transação afirma que os incentivos fornecidos pelos preços estão ausentes na estrutura hierárquica da empresa, isso obviamente não significa que a empresa não leva em consideração os preços de mercado para tomar suas decisões sobre o que, quanto e como vender; mas sim que *nas suas transações internas* as divisões e os departamentos da empresa respondem ao comando hierárquico desta, não negociando livremente entre si "preços" para executar o que o comando da empresa deseja.

ganhos da empresa como um todo. Por último, as estruturas híbridas apresentam incentivos de natureza moderada combinados com controles administrativos também moderados, de forma que proporcione oportunidades para adaptação autônoma e para adaptação coordenada: as partes na transação ainda são independentes (e, assim, ainda respondem aos preços), mas elas cedem parte de sua autonomia para que ocorram adaptações coordenadas.

Por tudo o que vimos neste capítulo, controles administrativos são mais interessantes quanto maior o grau de especificidade dos ativos transacionados, pois a especificidade aumenta a importância da preservação da continuidade da relação e, por conseguinte, da adaptação coordenada. Já para ativos de menor grau de especificidade, a continuidade da transação não se faz tão necessária, e a adaptação autônoma promovida pelos incentivos (os preços) pode ser a mais adequada. É, assim, importante estudar como a especificidade de ativos, supondo tudo o mais constante, afeta o desempenho dos diferentes tipos de estrutura de governança. Isso exige analisar os custos de transação resultantes de cada estrutura de governança, dado o grau de especificidade do ativo envolvido na transação. Para tanto, considere-se o **Gráfico 3.4** a seguir.

Gráfico 3.4 – Custos de transação das estruturas de governança em função do grau de especificidade do ativo

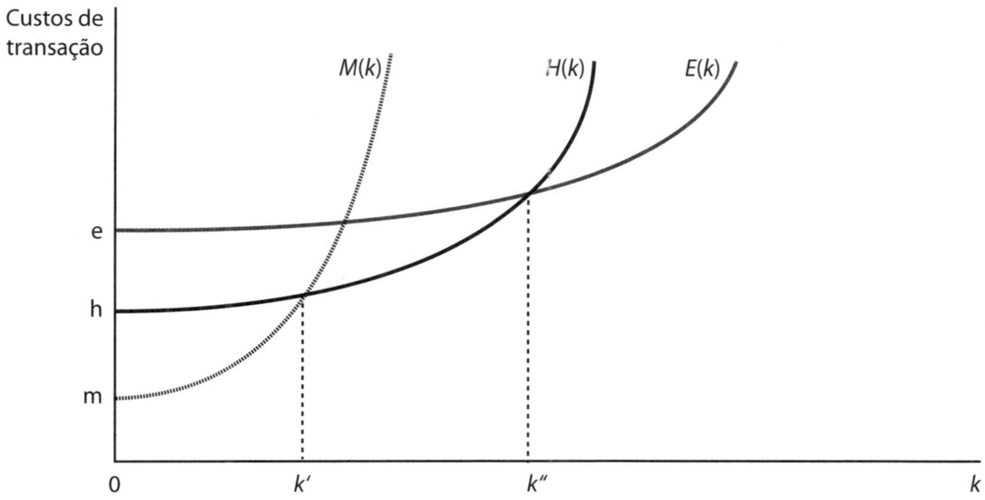

No **Gráfico 3.4**, M(k) representa, em termos de custos de transação, o comportamento do custo de governança do mercado como função do grau da especificidade dos ativos (k) envolvidos na transação. Da mesma forma, H(k) representa o custo de governança das formas híbridas em função do grau de especificidade dos ativos, e $E(k)$ o custo de governança das estruturas hierárquicas, ou seja, os custos de transação da integração vertical da produção dos ativos no interior da empresa, também em função do grau de especificidade dos ativos. Vamos analisar o comportamento de cada uma dessas curvas.

O primeiro ponto a ser observado é que os custos de transação gerados pelo mercado, quando não há nenhuma especificidade de ativos, se encontram no ponto em que $M(k)$ intercepta o eixo vertical (o ponto m no **Gráfico 3.4**). Esse ponto se encontra situado em um nível inferior ao equivalente das demais estruturas de governança (o ponto h da estrutura de governança híbrida e o ponto e da estrutura hierárquica da empresa), porque a estrutura de governança de mercado é aquela com menores custos burocráticos. Na medida em que controles administrativos são incorporados, os custos burocráticos da estrutura de governança aumentam. Daí o fato de, para níveis muito reduzidos de especificidade de ativos, os custos da estrutura de governança híbrida se situarem acima dos custos do mercado, e os custos da estrutura hierárquica da empresa se situarem, por sua vez, acima dos custos da estrutura híbrida, pois elas incorporam controles administrativos em número e importância crescente. Caso a especificidade dos ativos envolvidos na transação não seja significativa, a adição de controles administrativos à estrutura de governança não resulta em nenhum benefício significativo em termos de redução de custos de transação. Assim, para níveis reduzidos ou nulos de especificidade de ativos, o mercado se mostra a estrutura de governança mais adequada para promover a transação.

Todavia, à medida que aumenta o grau de especificidade de ativos (k), o custo da estrutura de governança de mercado aumenta mais acentuadamente que os custos dos outros dois tipos de estruturas de governança: dada a ausência no mercado de controles administrativos como instrumentos para a promoção da adaptação coordenada, esse tipo de estrutura de governança se mostra crescentemente inadequado para lidar com transações que envolvam ativos com graus mais elevados de especificidade. É razoável então que, a partir de determinado nível crítico de especificidade de ativos, indicado no **Gráfico 3.4** como k', a combinação de incentivos via preços com controles administrativos das estruturas híbridas resulte em custos de transação mais reduzidos do que o mercado.

Caso o grau de especificidade do ativo transacionado continue aumentando, a importância dos controles administrativos passará a ser tão grande, e a dos incentivos será tão pequena, que os incentivos de preços para a adaptação autônoma provavelmente se tornarão pouco adequados para a transação. Ou seja, deverá haver um segundo e mais elevado nível crítico de especificidade de ativos, indicado no **Gráfico 3.4** como k'', a partir do qual as combinações de incentivos de preços e controles administrativos das estruturas híbridas resultam em custos de transação mais elevados do que aqueles que resultariam apenas da utilização de controles administrativos. Assim, a transação será internalizada pela própria empresa, por meio de verticalização.

Contudo, a especificidade dos ativos não é o único critério analisado por Oliver Williamson ao discutir os custos relativos das diferentes estruturas de governança. Devem-se considerar, ainda, os distúrbios no ambiente econômico que afetam os termos em que se processam as transações, particularmente no que diz respeito ao número em que esses distúrbios acontecem e também à sua amplitude. Distúrbios são quaisquer variações no ambiente econômico das transações, que obriguem as partes a promover adaptações nos termos originais dessas transações. Se os distúrbios acontecem em grande número e amplitude significativa, as estruturas híbridas apresentarão uma vulnerabilidade particular, que não é compartilhada pelos outros dois tipos de estrutura (o mercado ou a empresa).

Isso porque no mercado a adaptação é autônoma, com cada parte buscando as próprias soluções para as mudanças no ambiente de forma independente. Isso torna os conflitos algo marginal para a análise, pois eles se circunscreveriam a problemas de execução contratual, afeitos à justiça comum.[12] Em contrapartida, na hierarquia da empresa, todas as partes envolvidas na transação estão submetidas, por controles administrativos, a decisões superiores, o que também reduz muito a possibilidade de conflitos – Oliver Williamson se refere a algumas funções da hierarquia da empresa como detentoras de um caráter "quase judicial", pois, ao exercer essas funções, a hierarquia atuaria de modo semelhante a um tribunal para solucionar disputas.

Contudo, nas estruturas híbridas há uma combinação de hierarquia e autonomia. Isso obriga todas as adaptações a mudanças importantes no ambiente econômico a serem implantadas por *consenso*. Assim, as estruturas híbridas dão origem ao chamado **custo de consenso**, que é o custo dos recursos – horas de trabalho, equipamentos, viagens etc. –, consumidos na busca de um consenso para as adaptações a serem realizadas na relação entre as partes. Por conseguinte, caso se trate de um ambiente sujeito a distúrbios em número e amplitude significativos, a estrutura híbrida produzirá custos de transação muito elevados, pois, mal um consenso é alcançado para lidar com um distúrbio, um novo distúrbio surge, exigindo novas negociações. Dessa maneira, a estrutura híbrida acaba por entrar em colapso. Segue-se então que, *em ambientes econômicos de natureza instável*, as duas únicas estruturas de governança viáveis serão o mercado ou a hierarquia, dependendo do grau de especificidade do ativo.

Portanto, custos de transação são importantes para determinar o melhor tipo de estrutura de governança – mercado, híbrida ou hierarquia (empresa integrada) – para promover determinada transação. Todavia, a utilidade da análise dos custos de transação não se limita somente ao tipo de estrutura de governança que se mostra mais adequado, mas se estende ao estudo da *própria estrutura da empresa*. Esse será nosso próximo assunto.

---

[12] É importante recordar que, no caso das transações pouco específicas que ocorrem no mercado, os contratos são de fácil interpretação, o que reduz apreciavelmente as possibilidades de ganho pelo recurso oportunista ao Judiciário.

3.4 Custos de transação e a estrutura interna da empresa

Se a empresa é a estrutura de governança escolhida para reduzir custos de transação quando o investimento em ativos específicos assume importância decisiva nos investimentos totais, da mesma forma *a estrutura da empresa* deve reduzir os custos de transação que existem no interior da própria empresa. Os mesmos princípios gerais da Teoria dos Custos de Transação que são aplicados à escolha entre estruturas de governança (mercado, híbrido e empresa) também serão aplicados à escolha entre as estruturas organizacionais da empresa.

Oliver Williamson aplicou a Teoria dos Custos de Transação ao estudo da evolução da estrutura organizacional das empresas norte-americanas no começo do século XX. O crescimento da economia dos Estados Unidos desde o final do século XIX tinha resultado em mercados em expansão para vários produtos, e com isso as empresas norte-americanas cresceram, usufruindo de economias de escala. Com o crescimento das empresas tornou-se necessário dividir as tarefas no topo hierárquico, de forma que garanta decisões adequadas ao volume crescente de demandas sobre os diretores. As empresas começaram, portanto, a adotar estruturas com diretorias especializadas por função (diretoria de produção, diretoria de vendas, diretoria financeira etc.), tal como pode ser visto na **Figura 3.1** a seguir, em que se encontra descrita uma estrutura característica dessa forma de organização de modo extremamente simplificado e estilizado, omitindo uma série de instâncias apenas para ilustrar o princípio geral dessa forma de organização.[13] Como essa estrutura pioneira não contemplava divisões responsáveis pelos produtos ou pelas áreas geográficas em que a empresa atuava, ela ficou conhecida como **forma U** ou **estrutura unidivisional**.

Figura 3.1 – Forma U ou estrutura unidivisional

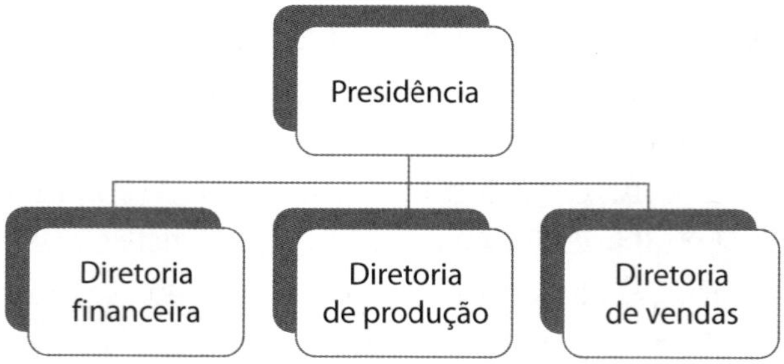

[13] Obviamente, mesmo no caso de empresas com estruturas simples, há outras diretorias além das três citadas, tais como diretoria de compras e diretoria de recursos humanos. Citamos apenas essas três no exemplo e na discussão que se segue porque a mesma análise se aplica às demais diretorias da empresa.

A forma U representou um significativo avanço a partir da divisão funcional das diretorias, porque permitiu a especialização do trabalho administrativo por função (vendas, financeiro, produção, compras etc.), aumentando, assim, a produtividade dos administradores, o que por sua vez resultou em ganhos de escala, pois o aumento de produtividade da administração fez a produção crescer em proporção maior do que o crescimento dos recursos da empresa.

Todavia, a forma U começou a apresentar problemas à medida que as empresas prosseguiam crescendo, fosse crescimento ampliando as áreas de atuação geográfica para regiões com diferentes características, fosse diversificando suas linhas de produtos ou se integrando verticalmente (ou ainda alguma combinação dessas formas de expansão). O primeiro problema foi que cada diretor (financeiro, vendas, produção etc.) passou a lidar com um volume cada vez maior e cada vez mais heterogêneo de informações. Por exemplo, o diretor de produção passou a ter de dominar as peculiaridades da produção de um número cada vez maior de produtos, à medida que as empresas se diversificavam; o diretor de vendas, por sua vez, teve de se informar acerca das peculiaridades das demandas de regiões cada vez mais distantes e diferentes, à medida que as empresas expandiam sua área de atuação; e o diretor financeiro teve de conhecer as necessidades de financiamento de uma empresa cada vez mais integrada verticalmente. Tudo isso pressionava a racionalidade limitada desses diretores, dificultando a tomada de decisão em situações de complexidade e incerteza. A resposta a esse problema foi muitas vezes expandir os níveis hierárquicos intermediários em cada departamento, na tentativa de aliviar a carga sobre os diretores, o que teve como resultado agravar os problemas de comunicação entre os níveis intermediários e o comando da empresa.

O segundo problema foi que, à medida que os diretores controlavam um volume cada vez maior de operações, a presidência da empresa começou a ter dificuldades para avaliar as demandas dos diretores, especialmente para distinguir entre as demandas que atendiam aos objetivos gerais da empresa e as demandas que apenas favoreciam os objetivos de cada diretor. Por exemplo, foi ficando cada vez mais difícil para a presidência da empresa determinar se o plano de expansão de cargos proposto por um dos diretores era adequado aos objetivos da empresa, ou apenas visava a aumentar o tamanho da sua diretoria e o prestígio do seu diretor à custa das demais diretorias. No jargão de Teoria dos Custos de Transação, o crescimento tornou difícil para a direção central identificar as situações em que os níveis subalternos da hierarquia estavam buscando **submetas**, isto é, metas próprias distintas das metas gerais da empresa.

O terceiro problema – e talvez o mais grave – foi que com o crescimento, integração vertical e diversificação das empresas, a direção central da forma U se viu obrigada a ter de decidir sobre questões operacionais com mais frequência, em detrimento das *decisões estratégicas* (de longo prazo) da empresa: cada vez mais o topo hierárquico tinha de decidir sobre o volume a ser fabricado de cada produto que compunha sua linha de produtos, em vez de decidir quais produtos deveriam ser incluídos ou excluídos de sua linha de produção; ou era obrigado a lidar com os problemas de demanda ou de fornecimento de cada região em que a empresa atuava, em vez de decidir acerca de quais regiões se mostravam mais interessantes para a empresa se expandir, e assim por diante.

Na década de 1920, duas grandes empresas nos Estados Unidos, a DuPont e a General Motors, iniciaram uma mudança organizacional que estabeleceu aos poucos um novo padrão de organização para as grandes empresas: elas estabeleceram divisões por linhas de produtos. Mais tarde, outras empresas adotariam o mesmo tipo de estrutura, sendo que as divisões poderiam ser por linhas de produtos, por áreas geográficas em que a empresa atuava, ou ainda uma combinação (por vezes bastante complexa) de linhas de produtos e áreas geográficas. A **Figura 3.2** a seguir, apresenta um exemplo hipotético desse tipo de estrutura com divisões em linhas de produtos para uma empresa de produtos químicos fabricante de tintas, vernizes e fibras sintéticas (mais uma vez de maneira extremamente simplificada e estilizada, omitindo uma série de instâncias apenas para ilustrar o princípio geral dessa forma de organização). Esse tipo de estrutura ficou conhecido como **forma M** ou **estrutura multidivisional**.

Figura 3.2 – Forma M ou estrutura multidivisional

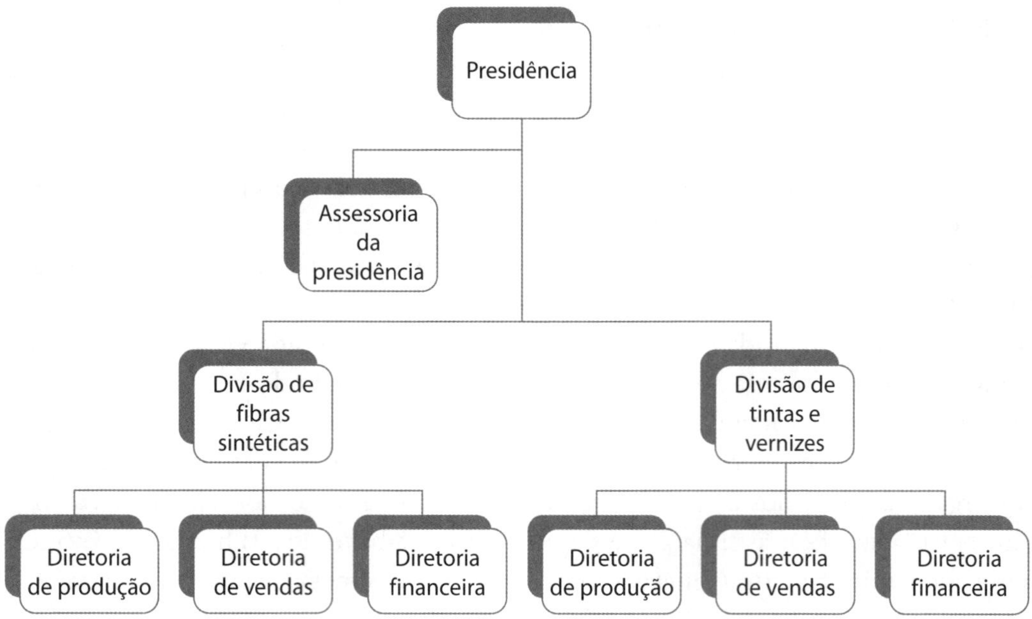

De imediato você deve identificar que agora as diretorias funcionais da empresa (produção, finanças etc.) estão localizadas *em cada divisão* da empresa responsável por uma linha específica de produtos. Isso significa que, no caso da empresa multidivisional, há uma especialização de cada uma dessas funções em um tipo particular de produto (ou área geográfica de atuação da empresa), de forma que, por exemplo, a diretoria de vendas subordinada à divisão de fibras sintéticas se ocupa das vendas apenas desses produtos, enquanto a diretoria de vendas de tintas e vernizes se atém apenas às vendas de tintas e vernizes (o mesmo para as demais diretorias). Note-se também a presença de uma assessoria da presidência da empresa, para auxiliar nas decisões estratégicas (de longo prazo) da empresa.

A primeira pergunta que surge é: quais as vantagens da estrutura multidivisional, ou forma M, em relação à estrutura unidivisional, ou forma U? Além dessa questão, também é preciso saber qual a relação dessas vantagens com os custos de transação. A principal vantagem da forma M é o fato de que a presidência pode agora se concentrar na formulação das estratégias da empresa (definir quanto investir em inovação, que produtos incorporar à linha de produtos da empresa, buscar mercados que se mostrem promissores etc.), em vez de ter de lidar com questões operacionais das diferentes linhas de produtos, ou dos diferentes mercados em que a empresa química atua. Isso significa que os executivos que comandam a empresa reduzem a pressão que as decisões com relação a problemas operacionais exerciam sobre sua racionalidade limitada, o que é importante quando se considera que cada divisão envolve ativos específicos e vive situações de complexidade e incerteza nas suas operações. Simultaneamente, cada divisão agora possui executivos especializados nas particularidades da operação de suas divisões, que podem, assim, dar conta das necessidades específicas de suas divisões.

Adicionalmente, a divisão de tarefas entre os executivos da presidência da empresa e os executivos responsáveis pelas divisões permite aos primeiros exercer um controle mais efetivo sobre os segundos, na medida em que a presidência da empresa pode demandar metas mais gerais de lucratividade ou desempenho de cada divisão, sem ter de se preocupar com seu desempenho operacional. Para essa tarefa de controle das divisões, a presidência da empresa conta com a ajuda da sua assessoria.

Finalmente, como observou Oliver Williamson ao tratar da forma M, nesse tipo de estrutura o comando da empresa pode funcionar como se fosse uma "miniatura do mercado de capitais",[14] alocando os recursos financeiros da empresa de acordo com o resultado individual obtido pelas divisões, estimulando-as assim a "competirem" entre si por esses recursos com maior lucratividade e desempenho. Esses controles reduzem a possibilidade de atuação oportunista dos executivos responsáveis pelas divisões, diminuindo, assim, o risco de que as metas gerais da empresa sejam comprometidas pela busca de submetas por parte dos executivos das divisões. Desse modo, o mesmo tipo de análise que foi aplicado pela Teoria dos Custos de Transação ao estudo das estruturas de governança pode ser aplicado à compreensão da estrutura interna da empresa.

[14] Cf. WILLIAMSON, Oliver E. *Markets and Hierarchies*: Analysis and Antitrust Implications. New York: The Free Press, 1975. p. 145.

3.5 Virtudes e problemas da abordagem da empresa como um problema de custos de transação

As evidências e os testes empíricos favorecem a hipótese de que os custos de transação são fatores importantes para determinar a forma de organização da produção, seja por meio do mercado, de uma estrutura híbrida, seja de uma empresa. O artigo de Howard A. Shelanski e Peter G. Klein, intitulado Empirical Research in Transaction Cost Economics: A Review and Assessment,[15] o qual faz uma resenha dos vários trabalhos que analisam as evidências empíricas em relação à Teoria dos Custos de Transação, inicia pela observação de que o nível de confirmação empírica da Teoria dos Custos de Transação é superior ao que em geral se obtém, quando se trata de teorias econômicas.

Desse modo, a Teoria dos Custos de Transação nos ajuda a incorporar a dimensão institucional à dimensão tecnológica da empresa, a qual é o único aspecto considerado pela teoria econômica mais convencional, conforme vimos no primeiro capítulo. Em contrapartida, a Teoria dos Custos de Transação também oferece uma base importante para criticar a Teoria Principal-Agente que vimos no Capítulo 2, com sua ênfase excessiva no desenho dos contratos como forma de administrar assimetrias de informação em estruturas de comando. Com efeito, em face da realidade de que os indivíduos dispõem de racionalidade limitada, em ambientes sujeitos à complexidade e à incerteza significativas que tornam possíveis atuações oportunistas, e em presença de investimentos expressivos em ativos específicos, faz-se necessária uma estrutura de governança que permita adaptações às mudanças nas circunstâncias do ambiente econômico *à medida que elas ocorrem*, sendo assim insuficiente recorrer apenas a incentivos contratuais, conforme defendido pela Teoria Principal-Agente, em função da possibilidade de mudanças no ambiente da empresa que não possam ser antecipadas.

Contudo, a abordagem da empresa como um problema de custos de transação também enfrenta limites importantes. Apesar de ser uma teoria bastante relevante para explicar outros arranjos institucionais além do mercado, tais como as estruturas híbridas, e embora tenha seu valor para explicar por que as empresas decidem internalizar determinadas etapas do seu processo produtivo, a Teoria dos Custos de Transação não esclarece por que empresas em um mesmo ramo de atividade são *diferentes*. Com efeito, dados os ativos específicos característicos de cada atividade econômica, as empresas em um mesmo setor de atividade deveriam adotar o mesmo nível de integração vertical e o mesmo tipo de estrutura de governança (seja estrutura de mercado ou híbrida) nas suas relações com outras empresas. Todavia, o que se observa na prática é que, em primeiro lugar, nem sempre isso acontece: algumas vezes, empresas de um mesmo setor

[15] Publicado no *Journal of Law, Economics & Organization*, v. 11, n. 2, 1995. p. 335-361.

adotam estruturas de governança com seus fornecedores diferentes e não mostram nenhuma tendência à convergência para um mesmo tipo.

Em segundo lugar, até quando isso acontece, isto é, quando as empresas em um mesmo setor apresentam níveis de integração vertical e estruturas de governança com seus fornecedores com características semelhantes, seus *desempenhos individuais ao longo do tempo* em termos de lucratividade, capacidade para inovar e crescimento costumam ser muito diferentes. O problema reside no fato de que a abordagem dos custos de transação é *estática*, ou seja, ela não analisa a expansão e a modificação dos ativos utilizados pela empresa para explicar diferenças nos desempenhos das empresas com o passar do tempo. Isso exigiria uma teoria *dinâmica*.

Cada empresa, assim, parece ser distinta da outra, e a análise dessa diferença e de sua evolução ao longo do tempo parece ser fundamental. O que diferencia as empresas, individualizando-as com o passar do tempo? Para tentar responder a essa pergunta, estudaremos no próximo capítulo as abordagens da empresa como um problema de recursos e capacitações.

LEITURAS SUGERIDAS

Ronald Coase é uma das referências fundamentais da Teoria dos Custos de Transação. Seu artigo pioneiro, The Nature of the Firm (*Economica*, nov. 1937. p. 386-405) é considerado o marco inicial da discussão dos custos de transação. O questionamento da abordagem abstrata e distanciada do mundo concreto adotado pela teoria econômica convencional – do tipo que encontramos no primeiro capítulo – pode ser encontrada em um brevíssimo, mas muito interessante artigo também de Coase, The New Institutional Economics (*American Economic Review, Papers and proceedings of the Hundred and Tenth Annual Meeting of the American Economic Association*, v. 88, n. 2, maio 1988. p. 72-74).

Há inúmeras publicações de Oliver Williamson que são fundamentais para a compreensão da Teoria dos Custos de Transação. Uma das interessantes para discussões de método é Strategy Research: Governance and Competence Perspectives (*Strategic Management Journal*, v. 20, 1999. p. 1087-1108). Outras obras fundamentais de Oliver Williamson são: *The Economic Institutions of Capitalism: Firms, Markets, Relational Contracting* (Nova York: The Free Press, 1985) e *The Mechanisms of Governance* (Oxford: Oxford University Press, 1996).

Uma síntese das principais ideias da abordagem da empresa pelos custos de transação é apresentada pelo autor deste livro no capítulo Teoria dos Custos de Transação, publicado no livro editado por David Kupfer e Lia Hasenclever, *Economia Industrial* (Rio de Janeiro: Campus, 2002).

QUESTÕES PARA REVISÃO

1) Defina custos de transação e explique por que eles são importantes.
2) O que é racionalidade limitada e qual a sua importância na análise de custos de transação?
3) Defina complexidade e incerteza, explicando qual é a diferença entre as duas.
4) Quais são os dois tipos de incerteza?
5) O que é oportunismo e que tipos de atitudes ele compreende?
6) Quais são as fontes de especificidade?
7) O que é uma estrutura de governança e qual a sua função segundo a Teoria dos Custos de Transação?
8) Quais são as características da estrutura de governança de mercado e para que tipo de transação ela se mostra mais adequada?
9) Quais são as características da estrutura de governança híbrida e para que tipo de transação ela se mostra mais adequada?
10) Que critérios a empresa deve considerar ao decidir entre comprar ou fazer?
11) Por que a forma M representou avanço em relação à forma U quando as empresas se tornaram grandes?

4 As abordagens da empresa como um problema de recursos e capacitações

Introdução

Quem observa o mundo real descobre frequentemente que empresas que atuam em um mesmo setor, com características semelhantes (mesmo tamanho, mesmo nível de integração vertical etc.), oferecem produtos com características distintas e apresentam lucratividades e taxas de crescimento diferentes; e tudo isso por longos períodos. Basta pensar atualmente na Apple e na Lenovo como produtoras de computadores, para perceber que essas duas competidoras são empresas muito diferentes, e suas diferenças não diminuem ao longo do tempo. Na prática, portanto, cada empresa parece ser dotada de individualidade. Com efeito, o que se observa em estudos empíricos é uma significativa diferenciação entre empresas que atuam em um mesmo setor da Economia, e essa diferenciação se mantém ao longo do tempo. Como explica Richard P. Rumelt, ao discutir os estudos que identificaram uma grande diversidade nas características das empresas que atuavam em um mesmo setor:

> Estas investigações revelaram que empresas na mesma indústria frequentemente diferiam marcadamente uma da outra. Embora operassem no mesmo ambiente competitivo básico, as administrações das diferentes empresas adotaram políticas diferentes com relação à qualidade do produto, amplitude da linha de produtos, canais de distribuição, alavancagem financeira e relacionamento com empregados, e observou-se que

> elas utilizavam estruturas organizacionais diferentes. Adicionalmente, havia usualmente diferenças substantivas e duradouras no desempenho das empresas no interior de uma mesma indústria.[1]

Portanto, ao contrário do que em geral supõe o modelo perfeitamente competitivo da abordagem convencional da empresa que vimos no primeiro capítulo, há uma grande diversidade entre empresas de uma mesma indústria, e essa diversidade tende a se manter. Então, o que diferencia as empresas, mesmo quando elas atuam em um mesmo setor, com tecnologias e estruturas organizacionais semelhantes, e preserva essa diferença mesmo com o passar do tempo? Para tentar responder a essa pergunta, estudaremos neste capítulo as abordagens da empresa como um problema de recursos e capacitações.

Esse estudo é muito importante, pois as teorias que vimos até agora tratam as empresas que atuam em um mesmo setor como entidades homogêneas. No caso da abordagem convencional (Capítulo 1), se as empresas atuam em um mercado perfeitamente competitivo, com produtos homogêneos e perfeita informação, no longo prazo elas tenderiam a ser idênticas, pois adotariam a mesma tecnologia em resposta a uma idêntica demanda. Não haveria assim outra possibilidade para cada empresa, além de, no longo prazo, escolher o mesmo tamanho e produzir a mesma quantidade que maximiza os lucros, dado o preço de mercado, conforme vimos no final do Capítulo 1. A rigor, portanto, no modelo fundamental da abordagem convencional (em que o mercado é perfeitamente competitivo), não há opções *estratégicas* a serem feitas, se entendermos por estratégia a escolha acerca de como a empresa diferencia seu produto das demais empresas, que tipo de demanda ela vai atender, que recursos utilizar, como desenvolver sua pesquisa acerca de novos produtos ou novas tecnologias etc.

No caso das abordagens da empresa como um problema de agência (Capítulo 2), a análise se concentra nos problemas de assimetria de informação, em especial naqueles que existem entre acionistas e executivos. Esses problemas são analisados igualmente para as empresas, não importando suas características específicas: as assimetrias de informação entre executivos e acionistas afetam de modo semelhante todas as empresas que separem gestão e propriedade, independentemente até do setor em que atuem. Essa abordagem também não oferece muitas indicações das razões que tornam e mantêm diferentes as empresas que atuam em um mesmo setor, exceto o fato de elas adotarem estruturas de incentivos diferentes para alinhar os interesses de seus executivos com os de seus acionistas.

---

[1] RUMELT, Richard P. Theory, Strategy and Entrepreneurship. In: ALVAREZ, Sharon A.; AGARWAL, Rajshree; SORENSON, Olav (Eds.). *Handbook of Entrepreneurship Research*: Interdisciplinary Perspectives. New York: Springer, 2005. p. 14.

Por fim, no caso da abordagem da empresa como um problema de custos de transação, a questão se torna encontrar o tipo de estrutura de governança mais adequado para cada tipo de transação (Capítulo 3). No entanto, dado que as empresas em um mesmo setor desenvolvem as mesmas transações com ativos semelhantes, de acordo com abordagem dos custos de transação, elas devem adotar a mesma estrutura de governança. Mais uma vez, não temos a discussão das diferenças entre as empresas, pois as características das transações definem qual é a melhor estrutura de governança para todas elas, e a expectativa é de que essa estrutura acabe por prevalecer com o tempo.

Podemos perceber, então, que nenhuma das teorias até aqui abordadas ajuda a compreender as diferenças nos desempenhos de empresas que atuam no mesmo ramo de atividade ao longo do tempo. Trata-se, porém, de um fato que se verifica na prática. Precisamos, assim, de uma abordagem que destaque as diferenças entre as empresas e suas estratégias. Há duas abordagens que vão buscar investigar justamente as origens das diferenças entre as empresas, bem como quais fatores determinam a permanência dessas diferenças ao longo do tempo: a abordagem baseada em recursos e a abordagem das capacitações dinâmicas.

A abordagem baseada em recursos enfatiza as diferenças entre as empresas que resultam da diferença na natureza dos seus recursos. Já a abordagem das capacitações dinâmicas estuda como as empresas diferenciam sua base de recursos ao longo do tempo. Por ser estática (não considerar a evolução das empresas ao longo do tempo), e por isso mais simples, iniciaremos nosso estudo pela abordagem baseada em recursos. Em seguida, estudaremos a abordagem das capacitações dinâmicas. Por fim, discutiremos as virtudes e os problemas dessas abordagens.

4.1 A abordagem da empresa baseada em recursos

Por "recurso" (o que vai consistir no foco central da abordagem baseada em recursos) devemos entender tudo aquilo que a empresa utiliza para desenvolver suas atividades e oferecer seus produtos: seus ativos físicos (por exemplo: máquinas, equipamentos, matérias-primas e instalações), humanos (técnicos e engenheiros especializados, por exemplo) e organizacionais (sua equipe de pesquisa e desenvolvimento de novos produtos ou de novos processos produtivos, sua equipe de vendas etc.).

Os fundamentos da abordagem baseada em recursos são identificados no livro da economista norte-americana Edith E. Tilton Penrose (1914-1996), originalmente publicado em 1959 e intitulado *A Teoria do Crescimento da Firma*,[2] e no artigo do economista

[2] PENROSE, Edith E. Tilton. *A Teoria do Crescimento da Firma*. Campinas: Unicamp, 2006.

dinamarquês Birger Wernerfelt[3] intitulado A Resource-Based View of the Firm, publicado em 1984.[4] Em seu livro Penrose chamava a atenção para o fato de que os mesmos recursos podiam ser utilizados de forma diferente pelas empresas em um mesmo setor, ou, na linguagem que ela empregou, *os mesmos recursos poderiam prestar diferentes serviços para as empresas, dependendo da forma como fossem utilizados*. Daí resultaria a heterogeneidade das empresas, ainda que elas empregassem os mesmos recursos:

> Não é só o pessoal de uma firma que pode prestar uma variedade de serviços únicos, mas também os seus recursos materiais podem ser usados de diversas maneiras, significando que podem proporcionar diversos tipos de serviços. Essa espécie de heterogeneidade dos serviços disponíveis nos insumos materiais com os quais uma firma trabalha torna possível que os mesmos recursos sejam usados de diferentes maneiras e para propósitos diversos, se as pessoas que os manejam tiverem ideias diferentes sobre como eles podem ser usados.[5]

Portanto, na visão de Penrose, longe de se constituírem em funções de produção idênticas, empregando recursos homogêneos de acordo com a abordagem convencional que vimos no primeiro capítulo, as empresas são entidades individualizadas, no sentido de utilizarem de modo peculiar os recursos que possuem.

Já Birger Wernerfelt vai chamar a atenção para o fato de que, pela própria natureza, determinados recursos permitem às empresas que os possuem manter uma posição vantajosa em relação aos seus competidores que ingressam posteriormente no mercado, ou seja, com a posse desses recursos, as empresas pioneiras afetam de forma adversa os custos e a receita dos seus competidores que chegam mais tarde. Esses efeitos adversos sobre os competidores que ingressam depois resultariam, na terminologia que Wernerfelt empregou, em **barreiras de posição de recursos** que dificultam a competição, favorecendo assim as empresas pioneiras no emprego desses recursos. Wernerfelt cita como exemplos de recursos: capacidade produtiva ociosa (pois o ingresso em um mercado no qual já existe elevada capacidade ociosa implica o risco de excesso de oferta e baixa lucratividade); lealdade dos consumidores (pois é difícil competir com uma empresa pioneira que já conquistou a fidelidade dos compradores); processo produtivo envolvendo aprendizado (que gera vantagens de custos em relação a competidores que ainda não acumularam a mesma experiência); e liderança no desenvolvimento de tecnologia.

---

3 Ver MAHONEY, Joseph T.; PANDIAN, Rajendran. The Resource-based View within the Conversation of Strategic Management. *Strategic Management Journal*, v. 13, n. 5, 1992. p. 363-380.

4 Publicado no *Strategic Management Journal*, v. 5, n. 2, p. 171-180.

5 PENROSE, 2006. p. 131.

Hoje em dia, a literatura voltada para a análise dos recursos da empresa é vasta, combinando a contribuição de economistas e teóricos de estratégia corporativa. Nessa literatura, atualmente, destacam-se os teóricos de estratégia de empresas Jay B. Barney e Richard P. Rumelt, assim como a economista Margaret A. Peteraf. O denominador comum aos vários autores que trabalham nessa abordagem é a recusa da visão das empresas como entidades homogêneas, mesmo que elas atuem em um mesmo mercado, que é exatamente a característica da abordagem convencional da empresa que vimos no Capítulo 1. A abordagem da empresa baseada em recursos identifica na heterogeneidade dos recursos produtivos empregados pelas empresas, e/ou nas diferentes formas pelas quais elas combinam e utilizam esses recursos, as principais causas das diferenças que são observadas entre elas ao longo do tempo, ainda que atuem em um mesmo setor e estejam competindo entre si.

Então, por que a abordagem convencional tem dificuldades para lidar com o fato empírico da heterogeneidade das empresas, mesmo que elas atuem em um mesmo setor por muito tempo? A resposta a essa pergunta é importante para compreendermos adequadamente a originalidade da abordagem baseada em recursos. O problema fundamental da abordagem convencional é que ela considera que os recursos produtivos aos quais as empresas podem ter acesso são idênticos e homogêneos, e que a oferta desses recursos é elástica, ou seja, é possível conseguir mais do recurso de que se necessita apenas pagando um preço maior por ele. E se, porém, os recursos das empresas forem diferentes, e não for possível aumentar a quantidade deles apenas pagando mais? O que vai acontecer? Nesse caso, o processo de competição se altera radicalmente.

Para entendermos o que muda no processo de competição entre as empresas se os recursos produtivos não forem iguais para todas as empresas, e se também não for possível aumentar a oferta de todos eles de acordo com as necessidades das empresas, precisamos conhecer o conceito de *rendas econômicas* e distingui-lo do conceito que vimos no Capítulo 1, de *lucros econômicos*.

4.1.1 A distinção entre rendas econômicas e lucros econômicos

Definida em termos simples, **renda econômica** é o ganho obtido por um recurso produtivo *além* do pagamento necessário para obter o recurso em questão, ou seja, o ganho proporcionado pelo recurso além do valor que tem de ser pago para que o recurso produtivo seja ofertado pelo seu proprietário à empresa que dele necessita.

Um ponto importante a ser destacado é a diferença entre o conceito de *renda econômica* e o conceito de *lucro econômico*. Com efeito, você deve estar se indagando por que se emprega o termo "renda" e não "lucros econômicos", conceito discutido no Capítulo 1. Naquele capítulo, vimos que lucro econômico é o obtido além do custo de oportunidade de todos os itens de capital da empresa. No modelo perfeitamente competitivo empregado pela abordagem econômica convencional, dado que todas as empresas adotam a mesma tecnologia e possuem recursos produtivos idênticos, lucros econômicos somente podem se verificar no *curto prazo*. Isso porque lucros econômicos resultariam do fato de a oferta total em um setor ser insuficiente, em dado momento, para atender à demanda ao preço apenas suficiente para gerar uma lucratividade igual ao custo de oportunidade do capital.

Como a oferta é pequena em relação à demanda, o preço de mercado se eleva e surgem lucros econômicos. Em consequência, ainda de acordo com o modelo perfeitamente competitivo da abordagem convencional, os lucros econômicos atrairiam novos competidores, pois sendo ganhos que excedem o custo de oportunidade do capital eles tornam o investimento no setor mais lucrativo do que na sua melhor alternativa. A maior lucratividade faz que outras empresas ingressem no mercado em que se verificam esses ganhos, aumentando a oferta e reduzindo o preço, e a entrada de novas empresas prossegue até que o lucro econômico desapareça e as empresas obtenham lucros apenas suficientes para cobrir o custo de oportunidade do capital investido.

Já rendas econômicas são remunerações que excedem o custo necessário para a obtenção de determinados recursos produtivos que resultam do fato de que esses recursos específicos possuem *algum atributo superior* em relação aos demais recursos do mesmo gênero. Dito de outra forma, rendas são remunerações que excedem o custo de recursos produtivos especiais, os quais permitem às empresas que têm acesso a eles produzirem com custos mais baixos, ou atender melhor à demanda do mercado do que seus competidores, ou ainda as duas coisas ao mesmo tempo. Portanto, ao contrário dos lucros econômicos que resultam de uma insuficiência temporária da oferta, e não de qualquer peculiaridade do capital empregado, *rendas econômicas pressupõem recursos produtivos heterogêneos*.

Portanto, lucros econômicos pressupõem um recurso produtivo (o capital) homogêneo que é utilizado pelas empresas que competem entre si; sua existência não resulta da heterogeneidade do capital empregado pelas empresas, mas de desequilíbrios entre oferta e demanda: à medida que novas empresas atraídas pelos lucros econômicos das empresas estabelecidas ingressem na indústria e com isso elas aumentem a oferta, esses lucros vão diminuir e, enfim, devem desparecer pela pressão da competição crescente. Em contrapartida, a presença de rendas econômicas em um setor da economia *não* significa que a entrada de novas empresas será estimulada e que as rendas vão desaparecer, tal como pressupõe a análise do modelo perfeitamente competitivo acerca dos efeitos que resultam da presença de lucros econômicos.[6] Na verdade, por estarem relacionadas a recursos produtivos de qualidade superior,

[6] Ver PETERAF, Margaret A. The Cornerstones of Competitive Advantage: a Resource-based View. *Strategic Management Journal*, v. 14, n. 3, 1993. p. 179-191, nota 4.

é natural esperar que as rendas permaneçam por períodos significativos, sendo que a extensão desses períodos aumenta quanto mais o acesso de empresas competidoras a esses recursos produtivos de qualidade superior for limitado.

Para desenvolver mais o conceito de renda econômica, vamos retornar ao Capítulo 1, quando discutimos o custo total da empresa. Se agregarmos todos os recursos que a empresa utiliza em duas grandes categorias gerais, a primeira categoria compreendendo todo o esforço humano diretamente aplicado à produção, isto é, o trabalho que ela emprega para produzir, representado por L; e a segunda compreendendo tudo o que não é esforço humano aplicado diretamente à produção (por exemplo, equipamentos, instalações, ferramentas, matérias-primas, energia, crédito financeiro etc.), isto é, o seu capital, representado por K, a função de custo total da empresa poderá então ser descrita pela **Equação 4.1** a seguir:[7]

$$CT = w^*L + r^*K \quad \textbf{(4.1)}$$

Na **Equação 4.1**, temos mais uma vez que CT representa o custo total, sendo o resultado da soma do custo do trabalho (w^*L) e do custo do capital (r^*K), em que w^* representa o salário médio pago pela empresa e r^* é a taxa de lucro que corresponde ao custo de oportunidade do capital, ou seja, ao retorno que o capital investido na empresa obteria na melhor alternativa de investimento disponível.[8]

Desse modo, a Equação 4.1 está nos fornecendo *o total de pagamentos que a empresa realiza para obter os recursos de que necessita para produzir*, tanto trabalho como capital. Por um lado, w^* representa o pagamento médio realizado aos trabalhadores e depende das alternativas de trabalho de que eles dispõem, pois os salários que vão compor o salário médio w^* ao menos têm de se igualar aos melhores salários nas alternativas de emprego disponíveis, caso contrário, a empresa não vai conseguir atrair os trabalhadores de que necessita. Por outro lado, se r^* gerar uma taxa de lucro que não corresponde à melhor alternativa de aplicação do seu capital produtivo, a empresa terá dificuldades para atrair o capital necessário, pois os investidores vão preferir aplicar seus recursos exatamente nessa segunda melhor alternativa, em vez de aplicar na empresa. *A soma $w^*L + r^*K$ nos fornece então o montante de pagamentos que a empresa deve realizar para poder dispor do capital e do trabalho de que necessita para produzir.*

Vamos supor que o preço de mercado que equilibra oferta e demanda no mercado em que a empresa atua seja dado por p^*, e que a quantidade que a empresa produz e oferece nesse mercado ao preço de equilíbrio p^* seja dada por q^*. Segue-se assim que a receita total obtida pela empresa (RT) será o resultado do produto do preço de

---

[7] Veja a **Equação 1.5** no Capítulo 1.

[8] Caso você tenha alguma dúvida sobre o conceito de lucro como custo de oportunidade do capital, consulte o Capítulo 1, Seção 1.3 – Da função de produção aos custos de produção da empresa.

equilíbrio p^* pela quantidade que a empresa produz a esse preço, q^*: $RT = p^*q^*$. Se a empresa estiver obtendo renda econômica, pela definição que vimos (o ganho obtido por um recurso produtivo *além* do pagamento necessário para obter o recurso em questão), isso significa que:

$$RT = p^*q^* > w^*L + r^*K \tag{4.2}$$

Portanto, se chamarmos à renda econômica que a empresa obtém de y, temos que essa renda é dada pela **Equação 4.3** a seguir:

$$y = RT - w^*L - r^*K = p^*q^* - w^*L - r^*K \tag{4.3}$$

Na **Equação 4.3**, vemos que a renda y é a diferença entre a receita que a empresa obtém e os pagamentos aos recursos produtivos que ela realiza.

Contudo, o que gera essa renda y? Como a renda econômica é a diferença entre a receita e o pagamento dos recursos produtivos, qualquer recurso produtivo (ou combinação de recursos) que, pelas suas peculiaridades, afete a receita ou os custos, ou ambos, de forma que produza essa diferença, é uma fonte de renda econômica para a empresa. Portanto, em princípio, há uma diversidade de fontes de renda econômica, o que levou os economistas a distinguir entre os diferentes tipos dessas rendas, de acordo com a natureza de sua origem. Vamos tratar dos principais tipos de rendas a seguir.

4.1.2 Tipos de rendas econômicas

Como qualquer fator que atue na receita, ou nos custos, ou em ambos, de forma que produza a diferença indicada por y na **Equação 4.3** que acabamos de ver é uma fonte de renda econômica para a empresa, há uma diversidade de possíveis fontes de renda, dando origem aos diferentes tipos de renda. A lista que apresentamos a seguir não se pretende exaustiva, mas visa a apresentar os principais tipos de renda discutidos pelos economistas. São eles: *rendas ricardianas*, *rendas de monopólio* e *rendas de empreendedor* (também conhecidas como *rendas schumpeterianas*). Desses três tipos, as rendas ricardianas e as de empreendedor têm grande importância para a abordagem da empresa baseada em recursos.

4.1.2.1 Rendas ricardianas

O primeiro economista a analisar de forma mais detalhada o comportamento das rendas econômicas foi o inglês David Ricardo (1772-1823), em seu clássico *Princípios de Economia Política e Tributação* (publicado originalmente em 1817), razão pela qual o tipo de rendas econômicas que ele estudou é conhecido como *rendas ricardianas*. Em sua análise, que se tornou referência no tema, David Ricardo percebeu que, sendo escassas as faixas de terra mais férteis, resultado do simples fato de que a quantidade dessas terras mais produtivas não podia ser ampliada por ser um dom da natureza, as faixas mais férteis tendiam a produzir rendas econômicas à medida que a demanda por produtos agrícolas aumentava e, com ela, o preço desses produtos. O mesmo não acontecia com as terras menos férteis.

O tipo de análise que Ricardo desenvolveu para a agricultura pode ser facilmente generalizado para a indústria, como pode ser visto a partir da **Figura 4.1**.

Figura 4.1 – Rendas ricardianas

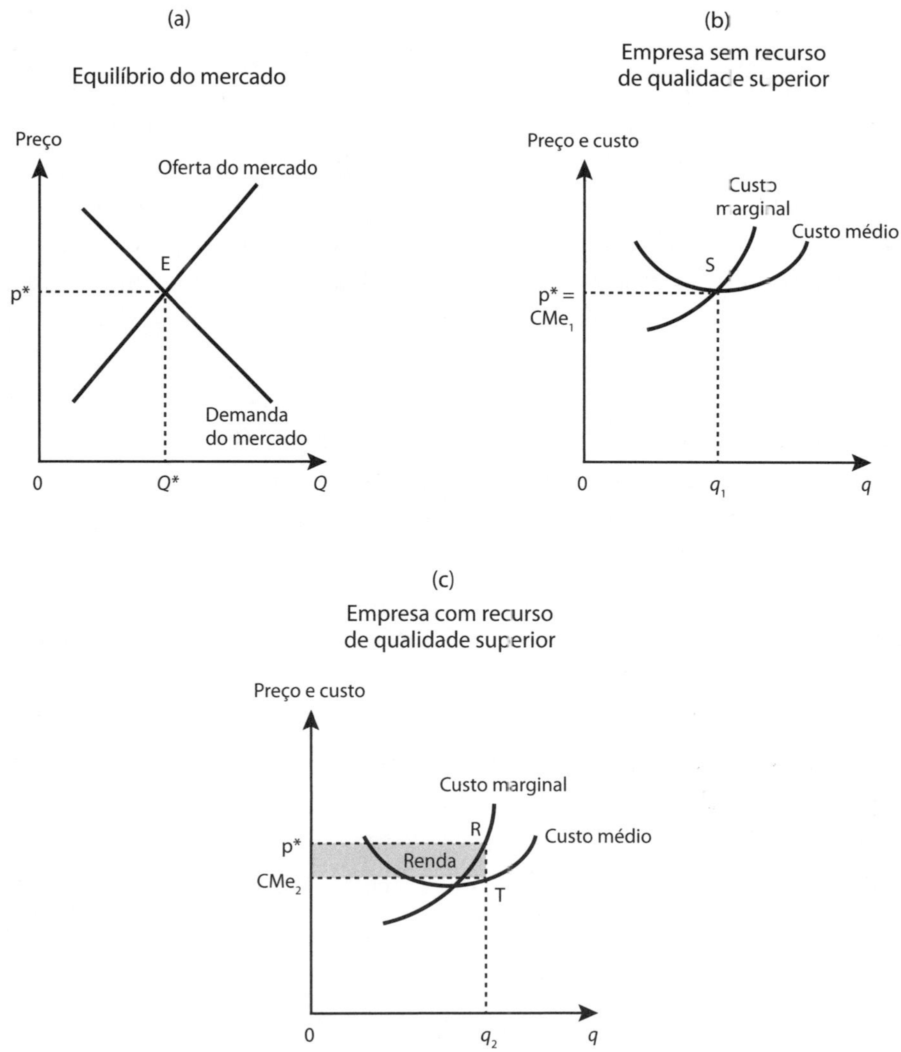

Estamos representando na **Figura 4.1** o equilíbrio de longo prazo em uma indústria hipotética em que as empresas se comportam como se fossem empresas perfeitamente competitivas, cada uma produzindo aquela quantidade para a qual seu custo marginal se iguala ao preço de mercado.[9] Nessa indústria hipotética as condições do modelo de concorrência perfeita são atendidas: um grande número de empresas produz produtos homogêneos, há perfeita informação e as empresas podem entrar e sair a qualquer momento da indústria sem custos para isso. No entanto, vamos supor agora que *apenas uma* das empresas no setor emprega um fator de qualidade superior, a que nenhuma das demais tem acesso. As $(n - 1)$ empresas que não têm acesso ao fator de qualidade superior são todas iguais entre si, de forma que qualquer uma delas pode ser descrita pelas curvas de custo no gráfico (b) da **Figura 4.1**. Vamos considerar assim o gráfico (b) na **Figura 4.1** como representando a empresa típica do setor, que não possui o recurso de qualidade superior. No gráfico (c) da **Figura 4.1**, em contrapartida, encontram-se descritas as curvas de custo da única empresa que possui o recurso de qualidade superior.

O equilíbrio de mercado nessa indústria é descrito no gráfico (a). Nele se observa um gráfico convencional de oferta e demanda, em que, no eixo vertical, medimos o preço de mercado e no eixo horizontal medimos a quantidade total oferecida pelas empresas no setor, indicada por Q. A quantidade total oferecida no mercado é a soma das quantidades oferecidas pelas empresas individualmente, sendo que indicaremos por q_1 a quantidade oferecida pela empresa no gráfico (b) (a empresa típica que não tem acesso ao recurso de qualidade superior), e por q_2 a quantidade oferecida pela empresa no gráfico (c) (a empresa que possui acesso ao recurso de qualidade superior) da **Figura 4.1**. Da mesma forma, CMe_1 representa o custo médio que corresponde à quantidade produzida q_1 e CMe_2, o custo médio que corresponde à quantidade q_2. No gráfico (a) da **Figura 4.1** temos, portanto, simultaneamente, a determinação da quantidade Q^* que iguala oferta e demanda no mercado e a determinação do preço de equilíbrio p^*.

No gráfico (b) da **Figura 4.1**, temos a situação característica de uma empresa que não dispõe de recursos produtivos de qualidade superior. Apenas para ilustrar o que estamos querendo dizer, caso o mercado em questão seja composto por empresas de logística, as empresas representadas no gráfico (b) da **Figura 4.1** seriam aquelas que não dispõem de terrenos em localização privilegiada (por exemplo, próximos a entroncamentos importantes da rede de transportes) e que, por conseguinte, operam com custos mais elevados, conseguindo apenas igualar a receita aos custos de produção. Isso pode ser compreendido quando se percebe que, para a empresa típica no

[9] Caso haja qualquer dúvida sobre o comportamento das empresas no modelo perfeitamente competitivo da abordagem convencional, sugerimos que você consulte o primeiro capítulo.

gráfico (b) da **Figura 4.1**, o custo médio que se encontra assinalado pelo ponto S (e que corresponde à quantidade de equilíbrio q_1 para a qual a empresa maximiza seus lucros) é igual ao preço de mercado p^*, ou seja, para a empresa típica no gráfico (b) da **Figura 4.1** que não possui acesso ao recurso de qualidade superior (o terreno bem situado), temos que:

$$p^* = CMe(q_1) = CMe_1 \quad \textbf{(4.4)}$$

Ao multiplicarmos ambos os lados da **Equação 4.4** por q_1 obtemos:

$$p^*q_1 = CMe_1q_1 \quad \textbf{(4.5)}$$

Contudo, sabemos do Capítulo 1 que o custo médio nada mais é do que o custo total dividido pela quantidade produzida. Assim a **Equação 4.5** se converte em:

$$p^*q_1 = CMe_1q_1 = \left(\frac{CT_1}{q_1}\right) q_1 = CT_1 \quad \textbf{(4.6)}$$

em que CT_1 representa o custo total da empresa típica sem acesso ao recurso de qualidade superior, que está no gráfico (b) da **Figura 4.1**.

Uma vez que p^*q_1 é, por definição, a receita da empresa típica no seu equilíbrio, RT_1, segue-se que, para uma empresa representada no gráfico (b) da **Figura 4.1**:

$$RT_1 = CT_1 \quad \textbf{(4.7)}$$

Dado que $CT_1 = w^*L_1 + r^*K_1$, em que L_1 é a quantidade de trabalho e K_1 é a quantidade de capital da empresa típica representada no gráfico (b), temos que:

$$RT_1 = w^*L_1 + r^*K_1 \quad \textbf{(4.8)}$$

A **Equação 4.8** nos informa que a receita que a empresa típica representada no gráfico (b) da **Figura 4.1**, a qual não possui acesso ao recurso de qualidade superior (na nossa ilustração, a empresa de logística que não possui o terreno em localização privilegiada) obtém no seu equilíbrio (que lhe gera o máximo lucro) é apenas suficiente para pagar os salários dos trabalhadores empregados e remunerar seu capital ao seu custo de oportunidade. Isso também pode ser observado ao notarmos que no ponto S do gráfico (b) da **Figura 4.1**, não apenas a quantidade produzida q_1 é tal que o custo marginal se iguala ao preço de mercado p^* (condição de maximização de lucros de uma empresa no modelo de concorrência perfeita, como vimos no primeiro capítulo), como o custo médio para essa quantidade (CMe_1) também se iguala ao preço de mercado.

Dado o seu custo médio e o preço do produto, a igualdade $p^* = CMe_1$ implica que, sem possuir o recurso superior, a empresa típica representada no gráfico (b) da **Figura 4.1** não ganha nada além do que é estritamente necessário para remunerar seus fatores de produção (trabalho e capital). Desse modo, essas empresas estão apenas cobrindo o custo de oportunidade do seu capital investido (r*). Portanto, a empresa típica no gráfico (b) da **Figura 4.1** (que não possui acesso ao recurso de qualidade superior) consegue a mesma rentabilidade que obteria na segunda melhor alternativa de investimento que possui.

Já a empresa representada no gráfico (c) da **Figura 4.1** desfruta de uma situação bem melhor: por possuir o recurso de qualidade superior (vamos supor, um terreno em uma localização privilegiada), ela consegue produzir (transportar sua carga) com custos menores do que as empresas que não têm acesso a terrenos nas mesmas condições. É possível observar que, dado o preço p^*, a empresa em questão produz q_2,[10] mas a essa quantidade o custo médio da empresa em questão é *menor* do que o preço de mercado. Temos assim que:

$$p^* > CMe(q_2) = CMe_2 \qquad \textbf{(4.9)}$$

Ao multiplicarmos ambos os lados da **Equação 4.9** por q_2 obtemos:

$$p^*q_2 > CMe_2q_2 \qquad \textbf{(4.10)}$$

Mais uma vez, como o custo médio é o custo total dividido pela quantidade produzida, segue-se que:

$$p^*q_2 > CT_2 \qquad \textbf{(4.11)}$$

Sendo p^*q_2 a receita da empresa no seu equilíbrio, RT_2, segue-se que para a empresa do gráfico (c) da **Figura 4.1** temos:

$$RT_2 > CT_2 \qquad \textbf{(4.12)}$$

---

[10] Isto é, a quantidade que maximiza seu lucro, igualando preço a custo marginal. Relembrando: estamos supondo que as empresas atuam em um mercado perfeitamente competitivo. Qualquer dúvida, o leitor deve rever a descrição desse tipo de modelo no Capítulo 1.

Relembrando que, por analogia com o caso anterior, L_2 e K_2 representam as quantidades de trabalho e de capital empregadas pela empresa no gráfico (c) da **Figura 4.1**, segue-se finalmente que:

$$RT_2 > w^*L_2 + r^*K_2 \quad \textbf{(4.13)}$$

A **Equação 4.13** diz que a receita da empresa no gráfico (c) da **Figura 4.1**, a qual possui o recurso de qualidade superior (um terreno em situação privilegiada) é mais do que suficiente para pagar os salários dos trabalhadores empregados (w^*) e remunerar seu capital pelo seu custo de oportunidade (r^*). Assim, a empresa com o recurso de qualidade superior obtém *renda econômica*, que são os ganhos que excedem o custo de oportunidade do capital e do trabalho. Isso pode ser percebido no gráfico (c) da **Figura 4.1**, ao observamos a distância entre o ponto R, que indica a igualdade entre custo marginal e preço de mercado p^* (a qual determina a quantidade q_2 que maximiza o lucro da empresa), e o ponto T, que indica o valor do custo médio para essa mesma quantidade, CMe_2. Ao multiplicarmos essa diferença pela quantidade total produzida obtemos a renda econômica total auferida pela empresa no gráfico (c) da **Figura 4.1** (em função de possuir o recurso de qualidade superior), que é o retângulo sombreado determinado pelos pontos p^*, CMe_2, R e T. A renda surge porque, pela posse do recurso de qualidade superior, ela consegue produzir a um custo menor do que os das suas concorrentes, dado o preço de mercado.

Assim, **rendas ricardianas** são aqueles ganhos associados a recursos de qualidade superior, que não podem ter sua oferta ampliada, ou seja, não podem ser reproduzidos por outras empresas que necessitem deles. Isso se verifica especialmente no caso de recursos naturais mais produtivos, ou de áreas com localização privilegiada. Um exemplo é a produção de petróleo, em que os custos variam de acordo com as características geológicas da área explorada. Desse modo, o custo de extração do petróleo no Oriente Médio, onde o óleo se encontra próximo da superfície e o terreno é arenoso, é muito menor do que o custo de extração em plataformas submarinas. O mesmo ocorre em setores de infraestrutura, nos quais a localização dos ativos afeta seu valor: por exemplo, uma localização privilegiada de um terreno próximo a um entroncamento da rede de transportes não pode ser reproduzida por competidores que não têm acesso ao terreno.

Contudo, rendas ricardianas não resultam apenas de recursos naturais. Na verdade, qualquer recurso de qualidade superior que contribua independentemente dos demais recursos e da empresa em que é aplicado para gerar ganhos pode produzir esse tipo de renda. Ao permitir custos mais baixos, o recurso de qualidade superior eleva os lucros, dado o preço de mercado. Ao permitir uma maior qualidade, o recurso superior permite à empresa que o utiliza cobrar um preço mais elevado pelo seu produto que os demais concorrentes, o que também resulta em renda. Portanto, esse tipo de situação pode se verificar com outros recursos produtivos além de recursos naturais. Suponha, por exemplo, o caso de um executivo financeiro que, por suas habilidades inatas para administrar fluxos de receitas, despesas e aplicações financeiras, é capaz de aumentar os lucros de qualquer empresa que o contrate: esse executivo vai gerar renda, da mesma forma que um engenheiro que, pelo seu talento inato, seja capaz de assegurar um nível de qualidade significativamente mais elevado para os produtos de qualquer empresa de determinada indústria, e assim possibilite preços mais elevados para os produtos da empresa que o contratar.

4.1.2.2 Rendas de monopólio

Rendas de monopólio referem-se a ganhos que resultam de alguma restrição à entrada de novos competidores no mercado, o que eleva o preço de mercado ao reduzir a oferta e gera esses ganhos extraordinários. Trata-se de um conceito diferente do sentido original de renda econômica que foi estabelecido por David Ricardo, pois o conceito de renda de monopólio não se refere a ganhos mais elevados gerados por algum recurso produtivo de qualidade superior, mas sim por uma barreira (em geral uma regulamentação por parte do Estado) que impede a entrada de competidores e a ampliação da quantidade produzida, restringindo a oferta e mantendo os preços elevados (dos quais resulta o ganho diferencial para as empresas no setor protegido por essas barreiras à competição).

Contudo, como o efeito é similar àquele que seria produzido se as empresas protegidas possuíssem recursos de qualidade superior, convencionou-se chamar aos ganhos extraordinários obtidos por empresas monopolistas de **rendas de monopólio**. Você deve ter em mente, contudo, que as rendas de monopólio são o resultado de alguma barreira institucional que impede ou restringe a competição, proporcionando às empresas ganhos além do custo de oportunidade de seu investimento. Assim, são rendas que não resultam de uma estratégia particular da empresa, tampouco de recursos produtivos com qualidade superior que não podem ter sua oferta ampliada, mas sim de um ambiente institucional que protege a empresa (ou um conjunto de empresas) de novos competidores. Como a renda de monopólio não resulta dos recursos produtivos que as empresas utilizam, nem de combinações especiais entre eles, ela não é interessante para a abordagem baseada em recursos.

4.1.2.3 Rendas de empreendedor ou rendas schumpeterianas

As **rendas de empreendedor** também são conhecidas como **rendas schumpeterianas** em homenagem ao economista Joseph Alois Schumpeter (1883-1950), que destacou a importância do papel da inovação e do empresário inovador (o empreendedor), na geração de rendas econômicas e na transformação da própria economia. De acordo com Schumpeter, o empreendedor seria o indivíduo que assume riscos ao introduzir inovações e, com isso (nos casos de inovações bem-sucedidas) alteraria o funcionamento da própria Economia. De forma geral, podemos considerar atividade empreendedora a criação e o desenvolvimento de um novo negócio que tenha algum elemento de novidade, e que não se limite a reproduzir um negócio que já existe. Com efeito, se a atividade empreendedora for bem-sucedida, isto é, se suas inovações tiverem sucesso, a empresa fará jus a uma renda econômica: quer porque vai poder cobrar mais pelos seus produtos (que serão mais desejados do que os dos seus competidores por possuírem atributos que os outros produtos não possuem), quer porque vai operar a um custo inferior ao dos seus concorrentes, ou por uma combinação dessas duas razões.

Para compreender como essas rendas serão geradas, é preciso compreender que o conceito de inovação vai além da introdução de uma nova tecnologia, como usualmente se supõe. Retornando a Schumpeter, temos que ele identificou cinco tipos diferentes de inovações:

1) desenvolvimento de novos produtos com atributos mais desejáveis em relação aos produtos existentes;
2) desenvolvimento de novos processos de produção ou de comercialização mais eficientes;
3) abertura de novos mercados a produtos já existentes;
4) utilização de novas fontes de matérias-primas; e
5) desenvolvimento de novas formas de organização da empresa.

Na medida em que o empreendedor tenha sucesso ao introduzir uma ou várias dessas inovações, segundo Schumpeter, sua empresa irá desfrutar de rendas econômicas que derivam de sua capacidade inovadora.

Como a capacidade inovadora permite à empresa obter rendas econômicas? No caso de novos produtos com atributos mais desejáveis, a renda econômica surge porque a maior demanda por esses produtos (quando comparada com a demanda dos produtos antigos) permite cobrar um preço mais elevado por eles, acima dos seus custos de produção. O mesmo acontece com a abertura de novos mercados a produtos já existentes: como se trata de um novo mercado para o produto em questão, a pressão dos competidores não se faz sentir, e os preços podem ser mais elevados. Já nos casos de novos processos de produção ou de comercialização mais eficientes, novas fontes de matérias-primas e novas formas de organização da empresa, a renda econômica surge pela redução de custos que essas inovações proporcionam, fazendo que a empresa inovadora opere com custos menores do que os de seus competidores.

Para Schumpeter, por trás dessas inovações, encontrava-se alguma **nova combinação de recursos produtivos**. Para ilustrar como novas combinações de recursos produtivos podem permitir inovações e conferir à empresa que as adotar um desempenho superior, considere uma situação hipotética envolvendo duas livrarias: a livraria A e a livraria B. Vamos supor que as duas livrarias vendam seus livros tanto na forma impressa como em forma digital, que ambas tenham o mesmo tamanho e obtenham a mesma receita da venda dos seus livros. Vamos, porém, imaginar que a livraria A conseguiu desenvolver um processo de trabalho que aumenta a eficiência no envio dos livros, o que lhe permite realizar a mesma venda com um custo menor do que o da livraria B, ainda que as duas paguem o mesmo pelos recursos produtivos que utilizam (os mesmos salários para o pessoal responsável pelo *site*, o mesmo custo com o pessoal e os equipamentos empregados para despachar os livros, o mesmo custo para os servidores que abrigam os *sites* das empresas etc.).

Você deve lembrar que, conforme vimos no Capítulo 1, o custo das empresas inclui o custo de oportunidade do capital investido; assim, ao cobrir seus custos, as empresas obtêm ao menos uma rentabilidade igual à da melhor alternativa de investimento que seu capital possui. Não há, portanto, motivo para a livraria B deixar de operar: ela está cobrindo seus custos e obtendo uma rentabilidade tão boa quanto a da sua melhor alternativa de investimento. Contudo, graças ao processo de trabalho que torna mais eficiente o envio dos livros, os custos da livraria A são inferiores à receita que ela obtém, dado o preço de mercado. Ela consegue o necessário para cobrir seus custos, inclusive para obter uma rentabilidade igual à de sua melhor alternativa, e ainda obtém um ganho excedente. Esse ganho excedente em relação aos custos (incluindo o custo de oportunidade da empresa A), que resulta da sua *combinação de recursos particular* (que permitiu maior eficiência no envio dos livros), é a *renda econômica associada a essa combinação peculiar dos seus recursos*.

A *origem* da renda de empreendedor associada à livraria A é, portanto, o fato de que essa livraria combinou seus recursos, tanto capital (o equipamento e as instalações envolvidas no processo de envio dos livros etc.) quanto trabalho (as tarefas executadas pelos funcionários responsáveis pelo envio dos livros, os esforços de seus administradores para gerenciar o processo de trabalho mais eficiente no envio dos livros etc.), em uma *combinação original e mais produtiva de recursos produtivos*, especialmente quando comparada com a combinação convencional que a livraria B emprega, pois proporciona custos menores. O mesmo raciocínio se aplica se a livraria A empregar uma combinação de recursos que resulte em custos idênticos aos das suas demais concorrentes, mas possibilite maior qualidade no atendimento da demanda, por exemplo, oferecendo uma entrega mais rápida e com menor índice de extravios e danos no transporte dos livros. Desse modo, é a possibilidade de empregar uma nova combinação de recursos que resulta em menores custos e/ou maior qualidade que permite à empresa obter rendas de empreendedor.

Na verdade, *seja renda ricardiana ou renda de empreendedor, as rendas que uma empresa pode obter resultam, em alguma medida, da capacidade da empresa de oferecer produtos que sejam:*

a) *mais desejados pelos compradores do que os produtos de seus competidores; ou*
b) *produzidos com menores custos; ou ainda as duas coisas ao mesmo tempo.*

Se os produtos da empresa forem mais desejados do que os produtos de seus competidores, os compradores estarão dispostos a pagar mais por eles do que pelos outros produtos, e assim a empresa em questão conseguirá cobrar preços mais elevados e obter renda. Se produzir a custos mais baixos, essa empresa conseguirá obter renda mesmo oferecendo seus produtos aos mesmos preços dos produtos de seus competidores. Se as duas coisas acontecerem simultaneamente, a empresa obterá renda tanto da possibilidade de ter preços mais elevados quanto pelo seu diferencial de custos.

A distinção entre os dois tipos de renda para a análise da abordagem baseada em recursos resulta, portanto, apenas da *maneira* pela qual a renda é obtida: se por recursos produtivos de qualidade superior (rendas ricardianas), ou por uma combinação inovadora de recursos (rendas de empreendedor), e não deve ter sua importância superestimada. Esse princípio de que as rendas se originam da capacidade da empresa de oferecer produtos que sejam tão ou mais desejados do que os produtos de seus competidores, e/ou operar com custos menores, é que é fundamental para a abordagem baseada em recursos, pois identifica a origem das rendas, que são o objetivo estratégico das empresas.

Contudo, o fato de que a empresa é capaz de obter renda não significa que ela conseguirá se apropriar da renda que gera. Outros agentes podem se apropriar da renda, como veremos a seguir.

4.1.3 As condições para a apropriação da renda pela empresa

Embora os recursos de qualidade superior (ou suas combinações) proporcionem rendas, isso não implica que elas serão necessariamente apropriadas pelas empresas de onde se originam. Algumas condições se fazem necessárias para que as rendas sejam apropriadas pelas empresas. Se essas condições não forem satisfeitas, de nada adiantará as empresas buscarem se diferenciar em relação aos concorrentes por meio de recursos ou combinações de recursos superiores, pois não conseguirão se apropriar das rendas geradas de maneira duradoura. As principais condições para que a empresa efetivamente consiga se apropriar das rendas geradas são: escassez do recurso de qualidade superior, presença de mecanismos de isolamento e mobilidade imperfeita. Essas três condições têm de ser atendidas ao mesmo tempo para que a empresa consiga se apropriar da renda gerada.

4.1.3.1 Escassez (ou raridade) do recurso de qualidade superior

A primeira condição é que os recursos de qualidade superior que venham a ser utilizados sejam *escassos*. A **condição de escassez do recurso de qualidade superior**, ou **condição de raridade do recurso de qualidade superior**, significa que os recursos de qualidade superior não podem ser multiplicados para atender à demanda de outras empresas competidoras. Se um recurso natural de qualidade superior existe de forma limitada e não pode ser produzido para qualquer empresa que queira ter acesso a ele, isso significa que a vantagem que ele confere à empresa que o utiliza é duradoura, e ela conseguirá se apropriar da renda que o recurso possibilita. Caso contrário, outras empresas conseguirão ter acesso ao mesmo recurso ou a um substituto eficaz, podendo, assim, produzir com a mesma qualidade e/ou com os custos mais baixos da empresa pioneira: com isso a produção vai aumentar, o preço vai cair e a empresa pioneira não conseguirá mais se apropriar da renda, pois ela será *dissipada* com o aumento da produção das outras empresas em condições competitivas. Chama-se **dissipação de renda** o processo pelo qual a competição progressivamente elimina vantagens de uma empresa pioneira, ao extinguir de maneira gradual a diferença que esta possui em relação aos seus competidores.

Contudo, apenas a condição de raridade não basta para que o recurso de qualidade superior dê origem a rendas duradouras. É preciso que existam também mecanismos de isolamento.

4.1.3.2 Mecanismos de isolamento

Um segundo fator é necessário à apropriação da renda gerada pela empresa: a presença dos chamados *mecanismos de isolamento*. Por **mecanismos de isolamento** entende-se qualquer fator que impeça as empresas competidoras de *imitarem* rapidamente a empresa pioneira, neutralizando a vantagem obtida por esta última e dissipando suas rendas. Por isso, a presença desses mecanismos é referida por vezes como **condição de não imitação**. É importante que você perceba a diferença entre mecanismos de isolamento, por um lado, e de escassez, por outro. A escassez dos recursos é condição necessária para que a empresa pioneira consiga obter renda e, assim, vantagem diante das competidoras: sem escassez as empresas competidoras conseguiriam obter o mesmo recurso sem muita dificuldade, e a renda da empresa pioneira nem chegaria a existir. Já os mecanismos de isolamento são necessários para que, uma vez geradas rendas, a empresa pioneira no emprego de recursos superiores consiga manter essas rendas por um longo período.

São vários os fatores econômicos apontados pelos autores que adotam a abordagem baseada em recursos que podem funcionar como mecanismos de isolamento na prática. Relacionamos a seguir apenas alguns entre os mais importantes, para ilustrar o conceito:

- **Direitos de propriedade intelectual**. São direitos de exclusividade, tais como: patentes, marcas comerciais, direitos de autor etc. Esses direitos exclusivos impedem ou limitam a possibilidade de que outras empresas reproduzam a situação que permite à empresa pioneira obter sua vantagem. Por exemplo, patentes com relação a processos produtivos impedem que empresas competidoras imitem a combinação de insumos que proporciona menores custos (ou maior qualidade) à empresa pioneira, e assim impedem que a renda desta última seja dissipada.

- **Aprender fazendo**. Em várias atividades econômicas há um processo de aprendizagem ao longo do tempo, de tal forma que os custos se reduzem à medida que a empresa acumula experiência na fabricação do seu produto. Esse é o caso em setores tecnologicamente complexos, como circuitos integrados e aviação. Com isso, as rendas resultantes de uma combinação superior de recursos são protegidas da dissipação pela concorrência, pois levará tempo até que os competidores consigam aprender a fazer o mesmo que a empresa pioneira.
- **Ambiguidade causal**. Muitas vezes, a causa exata que torna o desempenho de uma empresa superior não pode ser claramente identificada, nem mesmo pelos executivos da própria empresa. Isso acontece porque o funcionamento de uma empresa envolve sempre, em alguma medida, *conhecimento tácito*. **Conhecimento tácito** é aquele que não pode ser codificado, isto é, que não pode ser formalizado em textos, gráficos, equações etc., de forma que possa ser transmitido de maneira clara e inequívoca, e que somente pode ser adquirido pela prática no interior da empresa. O conhecimento tácito encontra-se disperso no interior da organização; é muito difícil localizá-lo e identificá-lo como causa do desempenho superior da empresa, e mais ainda imitá-lo.
- **Circunstâncias históricas**. Algumas vezes, os recursos superiores da empresa ou sua capacidade para combiná-los de forma superior é o resultado de circunstâncias históricas específicas, o que torna a imitação difícil para competidores que se encontram em contextos diferentes. Um exemplo típico é o método de produção conhecido como *just in time*, em que cada componente é elaborado no momento em que se necessita dele, reduzindo os custos associados à acumulação de estoques ao longo do processo produtivo. Esse método foi desenvolvido originalmente na Toyota após a Segunda Guerra Mundial, como resposta à situação que a empresa vivia: com uma demanda reduzida no Japão devastado pela guerra, era necessário produzir em pequenas quantidades e evitar desperdícios que elevariam excessivamente os custos.
- **Custos de mudança do comprador**. Muitas vezes, o comprador de um bem ou serviço tem de investir recursos (tempo de aprendizado, cursos especializados etc.) para aprender a lidar com as características de determinado produto. Esse investimento pode gerar um custo significativo caso o comprador decida mudar de produto, pois ele terá perdido o investimento para se adaptar ao produto que adquire e, ao mesmo tempo, terá de investir novamente para se adaptar às caraterísticas do novo produto. Isso pode desestimular a troca de

produto e, assim, ajudar uma empresa pioneira a manter suas rendas. Trata-se de um mecanismo que funciona em vários setores, como o de *software*, por exemplo, no qual, algumas vezes, há resistências a mudar o programa que já se utiliza e cujas características são conhecidas, tendo em vista que haverá a necessidade de aprender a lidar com as características do novo produto.

No caso em que inexistem mecanismos de isolamento, de modo que seja fácil obter recursos semelhantes ou combiná-los de modo que obtenha os mesmos resultados da empresa pioneira, uma das duas possibilidades seguintes, ou uma combinação entre elas, vai ocorrer:

a) os recursos e suas combinações que resultam em custos mais reduzidos serão imitados pelos seus competidores, o que fará com que a oferta se amplie aos mesmos custos da empresa pioneira;
b) a oferta de produtos com a mesma qualidade vai aumentar com a adição das ofertas de competidores que conseguem alcançar o mesmo nível de qualidade que a empresa pioneira.

Em qualquer um dos dois casos, ou em uma combinação deles, o que vai acontecer é uma expansão da oferta, com redução dos preços até que a renda obtida pela empresa pioneira seja eliminada, isto é, mais uma vez teremos dissipação de renda.

Alguns autores complementam a condição de não imitação com uma condição adicional, que é **a condição de não substituição do recurso superior**: mesmo que um recurso de qualidade superior que permita à empresa obter renda seja escasso e inimitável, se ele for substituível, isto é, se outro recurso permitir às empresas competidoras obterem os mesmos resultados, novamente os ganhos da empresa que utilizar o recurso superior em questão serão dissipados.

O conjunto das condições de escassez, não imitação e não substituição é descrito pela sigla **VRIN**, que designa em inglês o fato de o recurso ser valioso para a empresa (em inglês *valuable*, isto é, ser capaz de contribuir positivamente para os seus lucros), raro (*rare*), inimitável (*inimitable*) e não substituível (*non-substitutable*). Uma variação dessas condições é conhecida pela sigla **VRIO**, significando que além das condições VRIN, isto é, além de os recursos serem valiosos, escassos, insubstituíveis e não imitáveis, há também a consideração do papel da *organização* (representada pela letra O na sigla). A razão disso é que alguns autores apontam para o fato de que o aproveitamento do potencial lucrativo de recursos que atendam às condições VRIN exige uma organização constituída de forma adequada, pois são necessários estrutura e processos administrativos que possibilitem aplicar e combinar esses recursos, de modo que explore os ganhos potenciais que eles oferecem.

Outros autores reúnem a condição de não imitação e a condição de não substituição em uma condição mais abrangente, que é a condição de mobilidade imperfeita, ou mesmo de imobilidade dos recursos de qualidade superior. Essa condição se mostra mais abrangente porque, além de incluir a não imitação e a não substituição como condições para a empresa obter rendas duradouras, a condição de mobilidade imperfeita também inclui a presença de custos de transação que dificultem a transação dos recursos de qualidade superior nos mercados. Discutimos o conceito de custos de transação no capítulo anterior, e vamos considerar agora a condição de mobilidade imperfeita dos recursos de qualidade superior.[11]

4.1.3.3 Mobilidade imperfeita dos recursos

Apenas as condições de escassez, não imitação e não substituição não garantem que a empresa que utiliza um recurso de qualidade superior vai se apropriar das rendas que ele gera de forma duradoura. Com efeito, pode-se, pelo contrário, esperar que rendas sejam rapidamente apropriadas pelo *proprietário* do recurso em questão: conhecendo o diferencial de produtividade proporcionado pelo recurso de que dispõe, o proprietário desse recurso elevaria proporcionalmente o aluguel ou o preço de venda do recurso, de modo que se aproprie de toda a renda econômica que o recurso gera. Dessa maneira, a renda gerada pelo recurso de qualidade superior acabaria por se tornar um *custo* para a empresa que o utiliza, na forma de aluguel ou preço de venda, qualquer um deles mais elevado pelo recurso em questão do que por um recurso comum. Como esse aluguel ou preço pelo recurso superior seria exatamente igual ao custo necessário para que o recurso seja ofertado *mais* o ganho diferencial que ele possibilita, segue-se que o custo da empresa que aluga ou adquire o recurso com atributos superiores acabaria por se igualar ao custo das demais empresas que usam o recurso com qualidade inferior.

Vamos ilustrar com um exemplo hipotético de um recurso que é alugado, embora o mesmo raciocínio se aplique no caso em que o recurso de qualidade superior é adquirido pela empresa, apenas com a diferença de que, neste último caso, a análise a seguir se aplica ao valor de compra do bem, e não ao seu aluguel. Imagine, assim, que há vários terrenos que podem ser alugados para depósitos de empresas de logística. Suponha que o valor que o proprietário desses terrenos obtém do aluguel para as empresas de logística é de $ 100 mil por mês, e que o custo das empresas de logística (sem contar o aluguel) é de $ 1 milhão por mês, exceto em um desses terrenos, o qual possui localização privilegiada e por isso resulta em menor custo para a empresa que o alugar. Imaginemos que uma empresa de logística que opere nesse terreno de melhor localização tenha por isso um custo menor do que as demais (sem contar o

[11] Qualquer dúvida com relação a custos de transação, recomendamos que você consulte o capítulo anterior.

aluguel do terreno), digamos no valor de $ 800 mil por mês. No caso dos demais terrenos, o custo mensal das empresas será o seu custo variável mais o aluguel do terreno, ou seja: $ 1 milhão/mês + $ 100 mil/mês = $ 1,1 milhão/mês.

No caso do terreno especial, por saber das suas características, seu proprietário vai cobrar um preço mais elevado pelo aluguel. Esse valor mais elevado será exatamente aquele que deixará a empresa de logística que alugar o terreno especial na mesma situação das demais: $ 300 mil/mês. Ao cobrar esse valor, o custo da empresa no terreno bem situado será de: $ 800 mil/mês (custo variável) + $ 300 mil/mês (aluguel) = $ 1,1 milhão/mês, ou seja, um custo total idêntico ao das demais empresas concorrentes. Podemos então desdobrar o aluguel no terreno especial em duas parcelas: uma parcela no valor de $ 100 mil, que corresponde ao custo de oportunidade do terreno (o valor mínimo a ser pago para o terreno ser alugado), mais uma segunda parcela de $ 200 mil, que é exatamente a vantagem de custos que o terreno proporciona à empresa de logística, e da qual o dono do terreno vai se apropriar ao cobrar um aluguel mais elevado.

Por que o valor do aluguel será de $ 300 mil no terreno de qualidade superior, absorvendo toda a renda? A razão disso é que, se a empresa de logística propusesse um aluguel inferior a $ 300 mil/mês, as demais concorrentes rapidamente disputariam seu terreno, ansiosas por ter acesso ao recurso que permite produzir a um custo mais baixo. O "leilão" em torno do terreno superior, isto é, a disputa que se estabeleceria entre as empresas, rapidamente faria com que o aluguel alcançasse seu valor limite de $ 300 mil/mês. O valor de $ 300 mil, em contrapartida, estabelece um teto para o aluguel, pois não valeria a pena para uma empresa pagar mais do que isso, uma vez que seus custos seriam maiores do que se alugasse um terreno comum. Ao mesmo tempo, nenhuma empresa de logística vai se recusar a pagar o aluguel de $ 300 mil/mês, pois estará tão bem quanto as demais empresas.

Com isso, o lucro econômico da empresa de logística que alugar o terreno será nulo, e o proprietário vai se apropriar integralmente da renda gerada pelo terreno especial. Nessa situação, temos de novo o equilíbrio do mercado perfeitamente competitivo que foi visto no Capítulo 1, em que as empresas têm um retorno apenas igual ao custo de oportunidade do seu capital, mesmo na presença de rendas econômicas. Não obstante a existência do recurso produtivo de qualidade superior (nosso hipotético terreno), no longo prazo, o lucro econômico das empresas de logística será zero, uma vez que toda a renda será apropriada pelo proprietário do terreno de qualidade superior.

Da mesma forma que um terreno, imagine um executivo que, por suas habilidades inatas, seja capaz de produzir aumento nos lucros de qualquer empresa que o contrate. Sabendo de suas características, bastaria a esse executivo identificar o aumento que provoca nos lucros da empresa que o contratar e negociar um aumento de seu salário na proporção exata para se apropriar da renda que proporciona à empresa. Trata-se do mesmo mecanismo que acabamos de descrever para o caso do terreno que apresenta qualidade superior para empresas de logística.

Portanto, para analisar as condições sob as quais a empresa se apropria de renda, é preciso considerar como ela obtém seus recursos de qualidade superior, isto é, os recursos que permitem à empresa obter renda. Perguntar como a empresa consegue obter seus recursos de qualidade superior implica considerar *o mercado desses recursos*, pois se:

1) existir efetivamente um mercado para os recursos de qualidade superior de que a empresa necessita;
2) nesse mercado os proprietários dos recursos tiverem perfeita informação sobre as características dos recursos que possuem e sobre os ganhos que eles proporcionam às empresas; e
3) os proprietários puderem oferecer livremente seus recursos ao comprador que propuser o maior preço, segue-se que os proprietários dos recursos estratégicos conseguirão se apropriar da renda que seus recursos proporcionam para a empresa.

Por conseguinte, para que um recurso de qualidade superior efetivamente contribua para a geração de rendas que possam ser apropriadas de modo duradouro, é necessário que, além de escasso, não imitável e não substituível, *o mercado do recurso de qualidade superior funcione de maneira imperfeita ou, no limite, sequer exista*. O mercado vai funcionar de forma imperfeita se os proprietários dos recursos de qualidade superior não puderem avaliar a contribuição dos seus recursos para a geração de renda da empresa, isto é, o mercado vai funcionar de modo imperfeito se não houver perfeita informação. Vimos no capítulo anterior quais são as condições para que isso ocorra: racionalidade limitada, complexidade e incerteza. Se, além dessas condições, os recursos de qualidade superior forem específicos à empresa (por exemplo, na forma de um conjunto de rotinas e procedimentos que permite um desempenho coletivo superior dos seus empregados), muito provavelmente não vai sequer existir mercado para os recursos em questão, pois eles não serão objeto de compra e venda (no exemplo que acabamos de mencionar, não há um "mercado para rotinas de empresas").

Portanto, a possibilidade de apropriação de renda pela empresa aumenta na medida em que seus recursos de qualidade superior não possam ser livremente transacionados e assim empregados por outras empresas, ou seja, na medida em que eles sejam *ativos específicos da empresa*: ativos que têm maior valor para uma empresa específica e que não disponham de mercado para sua comercialização, ou que o mercado para esses recursos funcione de forma muito imperfeita. Dito de outra maneira, a possibilidade de apropriação de renda pela empresa aumenta na mesma proporção dos *custos de transação* associados aos seus recursos de qualidade superior e que, na medida em que restrinjam ou impossibilitem a existência de mercados para esses recursos, os tornem raros e escassos nesse segundo sentido, e não apenas no sentido de oferta reduzida.

Esses recursos de qualidade superior com elevados custos de transação são recursos especializados para as necessidades da empresa em questão: por exemplo, um software desenvolvido dentro da própria empresa, que atenda às rotinas e aos processos específicos da empresa, ou conhecimentos dos funcionários que se aplicam apenas aos procedimentos particulares da empresa, mas que resultam em desempenho superior, e que assim não podem ser alugados ou vendidos para outras empresas. Isso porque a possibilidade de alugar ou vender esses ativos é essencial para que seu proprietário consiga se apropriar da renda que eles geram: no exemplo hipotético que acabamos de ver do terreno que permitia custos mais baixos para logística, era justamente o fato de que o terreno poderia ser "leiloado" entre as empresas de logística que possibilitava ao seu proprietário se apropriar de toda a renda, ao elevar o valor do aluguel. No exemplo hipotético, os custos de transação (associados ao aluguel do terreno de qualidade superior para as empresas) eram muito reduzidos. Em contrapartida, as possibilidades de "leiloar" um recurso que é específico à empresa e com isso se apropriar da renda que ele gera são limitadas ou inexistentes, muitas vezes pelo simples fato de que não há mercado para o recurso em questão, dado que ele é específico de determinada empresa. Nesse caso, os custos de transação seriam muito elevados para alugar ou comprar esse recurso, o que inviabilizaria ou limitaria muito o funcionamento de um "mercado" no qual seu proprietário conseguisse se apropriar da renda gerada.

Assim, o ganho diferencial que os recursos de qualidade superior na forma de ativos específicos possibilitam, em geral, contribui para os lucros da empresa que utiliza esses ativos, e não para a renda de seu proprietário,[12] o que faz que as rendas apropriadas pelas empresas possam ser fenômenos duradouros. Portanto, a **condição de mobilidade imperfeita do recurso superior** (e, no caso extremo, **a condição de imobilidade do recurso superior**) nada mais é do que a exigência de que os recursos que apresentem qualidade superior possuam custos de transação tão elevados, que sua transferência para empresas competidoras seja difícil ou simplesmente impossível. Dito de outra forma, esses recursos de qualidade superior não devem possuir mercados para serem livremente transacionados, ou esses mercados devem funcionar de maneira muito imperfeita. Assim, não deve existir movimentação desses recursos entre empresas, o que explica os termos "mobilidade imperfeita" ou "imobilidade" para identificar essa condição da apropriação de rendas pelas empresas que empregam esses recursos.

Podemos então afirmar que, de acordo com a abordagem baseada em recursos, a empresa tem como objetivo estratégico a criação e a apropriação de rendas geradas por recursos produtivos valiosos e suas combinações, que lhe permitam desempenho

[12] RUMELT, 2005. p. 17.

superior e que sejam de difícil reprodução, comercialização ou neutralização pelos seus competidores. Na medida em que a empresa tenha sucesso nessa empreitada, ela terá adquirido *vantagem competitiva*, nosso próximo assunto.

4.1.4 Vantagem competitiva

Ao discutirmos o conceito de rendas de empreendedor vimos que rendas resultam da capacidade da empresa de oferecer produtos que sejam mais desejados pelos compradores do que os produtos de seus competidores, ou produzidos com menores custos, ou as duas coisas ao mesmo tempo. Por serem produtos mais desejados do que os de seus competidores, seus compradores estarão dispostos a pagar mais por eles e assim a empresa em questão poderá obter preços mais elevados, que resultarão em renda. Se produzir a custos mais baixos, a empresa vai obter renda, ainda que ofereça seus produtos aos mesmos preços dos competidores, graças ao seu diferencial de custos. Se as duas coisas acontecerem ao mesmo tempo, a empresa obterá renda por conseguir preços mais elevados e custos menores. A capacidade de oferecer produtos mais desejados e/ou a menores custos constitui a essência da *vantagem competitiva* da empresa. Para esclarecer o conceito de vantagem competitiva, é preciso conhecer dois outros conceitos: o de excedente dos consumidores e o de excedente do produtor.

Vejamos inicialmente o conceito de *excedente do consumidor individual*, para depois abordarmos o conceito de *excedente dos consumidores* (agregado). O **excedente do consumidor individual** é a diferença entre *o preço máximo que esse consumidor está disposto a pagar por um bem*, chamado de **preço de reserva**, e *o preço que ele efetivamente pagou*, ou seja, o preço de mercado. Assim, se um consumidor estiver disposto a pagar até $ 60 por um livro de uma de nossas duas hipotéticas livrarias, e se o livro custar $ 50, o excedente do produtor do nosso hipotético leitor será de $ 60 – $ 50 = $ 10.

Já o **excedente dos consumidores** é a soma dos excedentes dos consumidores individuais que efetivamente adquirem o livro. Por exemplo, vamos imaginar que o preço de mercado do livro é de $ 50 e temos apenas quatro potenciais compradores para ele (uma simplificação drástica somente para facilitar a ilustração do conceito). Vamos supor que o primeiro comprador possua um preço de reserva de $ 80, o segundo um preço de reserva de $ 60, o terceiro um preço de reserva de $ 50, e o quarto um preço de reserva de $ 40. Como o preço do livro é de $ 50, o excedente dos consumidores será a soma dos excedentes individuais dos três primeiros consumidores: ($ 80 – $ 50) + ($ 60 – $ 50) + ($ 50 – $ 50) = $ 30 + $ 10 + $ 0 = $ 40. Para o terceiro e último consumidor a adquirir o livro, o excedente individual será zero, pois ele terá pago pelo livro exatamente seu preço de reserva (o máximo que se dispõe a pagar). O quarto consumidor potencial não compraria o livro, pois possui um preço de reserva inferior ao preço de mercado, e não contribui para o excedente total dos consumidores (por definição, seu excedente individual é zero, pois ele não compra o livro).

Vejamos agora o conceito de *excedente do produtor*. O **excedente do produtor** é a soma das diferenças entre o preço de mercado e o valor mínimo que o produtor exige receber para produzir *cada unidade*, de forma que, pelo menos, consiga cobrir seus custos. Vamos supor que, em uma livraria, para que valha a pena vender e entregar o primeiro exemplar do livro exija-se um preço mínimo \$ 25, para o segundo livro é necessário um preço mínimo de \$ 38, para o terceiro livro um preço mínimo de \$ 50 e para o quarto livro um preço mínimo de \$ 70. Se o preço de mercado do mesmo livro for de novo de \$ 50, o excedente do produtor da livraria ao vender o livro será de: (\$ 50 – \$ 25) + (\$ 50 – \$ 38) + (\$ 50 – \$ 50) = \$ 25 + \$ 12 + \$ 0 = \$ 37. A livraria vai vender três exemplares, pois, mesmo o excedente do produtor no terceiro livro sendo nulo, ainda assim ela obtém no terceiro exemplar o suficiente para cobrir os custos de vender e entregar o exemplar. Já o quarto livro não seria vendido, pois o preço nessa venda seria menor que os custos (ela obtém um preço de mercado que é inferior ao mínimo que exige para vender o livro).

Vistos os conceitos de excedente dos consumidores e excedente do produtor, estamos em condições de definir e medir a vantagem competitiva de uma empresa e, mais ainda, relacioná-la com a renda que a empresa obtém. Diz-se que uma empresa possui uma **vantagem competitiva** se a soma do excedente dos consumidores dos seus produtos com seu excedente do produtor for maior do que a mesma soma para uma empresa concorrente, que obtém uma lucratividade apenas suficiente para cobrir o custo de oportunidade do seu capital investido.

Para ilustrar essa definição, vamos supor então uma situação hipotética em que duas livrarias (A e B) geram a mesma soma de excedente dos consumidores e excedente do produtor: \$ 40 + \$ 37 = \$ 77. Podemos prosseguir com nosso exemplo supondo que o excedente do produtor de cada livraria seja apenas suficiente para gerar uma lucratividade igual ao custo de oportunidade do capital que elas investiram. Nesse caso, nenhuma das duas livrarias teria nenhuma vantagem comparativa, pois ambas geram a mesma soma de excedente dos consumidores e do produtor e ambas obtêm o mesmo custo de oportunidade para seu capital.

Agora vamos supor que, em decorrência de uma nova combinação de recursos por parte da livraria A, seus livros passem a ser mais desejados do que os livros da livraria B.[13] Podemos imaginar que, em virtude de um novo processo de trabalho que reduza a praticamente zero o índice de extravios e danos durante a entrega, os leitores estejam dispostos a pagar mais para comprar seus exemplares da livraria A, em detri-

[13] Na análise que se segue até o final desta seção, vamos considerar que os mecanismos de isolamento são fortes o suficiente para que a renda seja totalmente apropriada pela empresa por um longo período.

mento dos da livraria B. Assim, enquanto os preços de reserva dos compradores da livraria B continuam os mesmos, os preços de reserva dos compradores da livraria A, contudo, aumentaram, para expressar uma maior disposição para pagar destes últimos: após o aumento na qualidade da entrega, o primeiro comprador possui agora um preço de reserva de $ 90, o segundo um preço de reserva de $ 70, o terceiro um preço de reserva de $ 60 e o quarto um preço de reserva de $ 50. O que vai acontecer?

Como agora os compradores apresentam preços de reserva mais elevados, a livraria A pode cobrar um pouco mais caro pelos seus serviços. Quanto ela vai aumentar seus preços depende da forma pela qual seus compradores reagem ao aumento de preços: se reduzirem pouco suas compras (porque valorizam muito a rapidez e a qualidade na entrega de seus livros), a livraria A poderá aumentar mais seus preços; se reduzirem muito suas compras (porque não valorizam tanto assim a rapidez e a qualidade na entrega de seus livros), a livraria A poderá aumentar menos seus preços. Contudo, em alguma medida, a livraria A poderá aumentar seus preços, pois seus produtos são mais desejados.

Vamos imaginar que, depois de considerar a sensibilidade das vendas em relação a aumentos de preços, a livraria A decida elevar o preço do livro para $ 56. O excedente dos consumidores agora será de: ($ 90 – $ 56) + ($ 70 – $ 56) + ($ 60 – $ 56) = $ 34 + $ 14 + $ 4 = $ 52. Para o terceiro e último consumidor a adquirir o livro, o excedente individual agora é maior do que zero (e, da mesma forma que antes, o quarto consumidor potencial não compraria o livro, pois possui um preço de reserva que, ainda que seja maior, é inferior ao novo preço estabelecido pela livraria A). Assim, o excedente dos consumidores aumentou bastante (de $ 40 para $ 52), não obstante a livraria A ter elevado seus preços. E, justamente por isso, a livraria A passou agora a obter *renda*. Uma vez que a livraria A *apenas cobria o custo de oportunidade do seu investimento de capital* com o excedente do produtor que obtinha antes do aumento de preços, seu excedente do produtor agora é maior, e ela obterá uma renda igual à diferença entre o excedente do produtor depois e antes do aumento de preços, sendo o novo excedente do produtor após o aumento dos preços igual a: ($ 56 – $ 25) + ($ 56 – $ 38) + ($ 56 – $ 50) = $ 31 + $ 18 + $ 6 = $ 55, a renda obtida pela livraria A é de $ 55 – $ 37 (o excedente do produtor antes do aumento de preços) = $ 18.

Além de permitir determinar a renda que a livraria A obtém ao aumentar seus preços, aumento esse proporcionado pelo novo processo de trabalho que tornou seus livros mais desejados do que os livros de sua concorrente (a livraria B), esse exemplo serve para ilustrar outro elemento importante da abordagem baseada em recursos: o fato de que parte dos benefícios gerados por inovações que tornem os produtos de uma empresa mais desejados, em geral, são apropriados pelos consumidores. De fato, a livraria A não se apropria de todos os benefícios gerados pelo aumento da qualidade dos seus serviços: uma parte vai ser apropriada pelos seus clientes, na forma de aumento do excedente dos consumidores.

Um resultado análogo teria acontecido se, em vez de adotar um processo de trabalho que reduzisse a quase nada os extravios e os danos na entrega dos livros, tornando seus livros mais desejados e possibilitando aumentos de preços, a livraria A tivesse exclusivamente reduzido seus custos pelo uso de recursos de qualidade superior, ou por uma combinação de recursos mais produtiva. Nesse caso, os preços de reserva dos consumidores e o preço de mercado dos livros permaneceriam os mesmos, e o excedente dos consumidores não se alteraria. Contudo, a livraria A agora exigiria menos para vender e entregar seus livros. Vamos supor, por exemplo, que, para que valha a pena vender e entregar o primeiro exemplar do livro, agora a livraria A exija um preço mínimo $ 20, para o segundo livro um preço mínimo de $ 33, para o terceiro livro um preço mínimo de $ 45 e para o quarto livro um preço mínimo de $ 65. Se o preço de mercado do livro se mantiver em $ 50, o excedente do produtor da livraria ao vender o livro será de: ($ 50 – $ 20) + ($ 50 – $ 33) + ($ 50 – $ 45) = $ 30 + $ 17 + $ 5 = $ 52, o que representa um aumento de $ 15 em relação ao excedente do produtor antes da redução de custos, que era igual a $ 37. Como o excedente do produtor anterior de $ 37 era suficiente para cobrir os custos de oportunidade do investimento em capital da livraria A, o valor adicional de $ 15 no excedente do produtor após a redução nos custos é a renda da livraria A.[14]

Embora tenhamos analisado separadamente o caso em que a empresa pioneira torna seus produtos mais desejados que os de seus competidores, e o caso em que a empresa adota recursos ou combinações de recursos que reduzem seus custos, nada impede que os dois casos aconteçam ao mesmo tempo (e muitas vezes isso ocorre ao mesmo tempo na prática), ampliando significativamente as rendas que a empresa obtém e sua vantagem competitiva em relação às empresas que apenas cobrem o custo de oportunidade do seu investimento.

Por que, então, a soma dos excedentes dos consumidores e do produtor nos fornece uma medida da vantagem competitiva da empresa? Porque a diferença entre a soma dos excedentes dos consumidores e do produtor de uma empresa pioneira na utilização de recursos (ou de combinações de recursos de qualidade superior) e a mesma soma das empresas que apenas se mantêm no mercado (cobrindo o custo de oportunidade do seu capital) mede quanto a empresa pioneira consegue tornar seus produtos mais desejados e/ou seus custos menores em relação aos concorrentes – que é a própria ideia de vantagem competitiva. Tem-se assim um conceito claro e bastante preciso do que se entende por vantagem competitiva.

A abordagem baseada em recursos, porém, apresenta uma limitação importante: ela analisa as consequências para uma empresa de obter vantagens competitivas, e as rendas que resultam de sua posição privilegiada. Essa abordagem, porém, não explica

[14] Uma situação análoga ocorreria no caso das empresas de logística do exemplo anterior.

como a empresa constrói tais vantagens. Para compreender esse processo é preciso uma análise *dinâmica*, ou seja, uma análise que incorpore e explique os *determinantes* tanto de criação como da apropriação de vantagens competitivas por parte de uma empresa. Na verdade, a abordagem baseada em recursos desenvolve apenas uma análise de *estática comparativa*: ela compara uma situação estática (a empresa antes de possuir vantagens competitivas) com outra situação estática (a empresa depois de adquirir vantagens competitivas), analisando a diferença entre as duas. Uma análise que incorpore e explique *como* a empresa obtém vantagens competitivas é assim muito importante, em especial em setores dinâmicos, nos quais as mudanças tecnológicas e nos gostos dos consumidores se sucedem com grande rapidez e a questão dos determinantes das vantagens competitivas se torna crucial para a sobrevivência da empresa no mercado. Esse será o objetivo da abordagem das capacitações dinâmicas, que vai oferecer uma nova compreensão da empresa, e que estudaremos a seguir.

4.2 A abordagem das capacitações dinâmicas

A abordagem das capacitações dinâmicas (de agora em diante, mais simplesmente "abordagem das capacitações") foi influenciada pela contribuição de Joseph Schumpeter acerca da importância das inovações para a competição entre as empresas, que vimos antes quando discutimos as rendas de empreendedor ou rendas schumpeterianas. A visão que a abordagem das capacitações incorporou de Schumpeter foi a de uma economia em permanente transformação, em que não apenas os preços dos produtos não são "dados", como supõe a abordagem da empresa como função de produção que vimos no primeiro capítulo, mas os próprios produtos, processos produtivos, mercados, fontes de matérias-primas e estruturas organizacionais estão em permanente mudança, exigindo das empresas um esforço constante de inovação e de adaptação.

Outra fonte de inspiração importante para a abordagem das capacitações foi o livro de Edith Penrose, *A Teoria do Crescimento da Firma*,[15] que também serviu de base para a abordagem baseada em recursos, conforme vimos. Em particular, a abordagem das capacitações dinâmicas desenvolve a tese de Penrose de que as empresas se diferenciam pela forma como utilizam seus recursos materiais e humanos, uma vez que essa utilização depende em grande medida do processo de aprendizado que ocorre no interior das organizações. Também a abordagem dos custos de transação de Oliver Williamson, que vimos no capítulo anterior, influenciou a abordagem das capacitações dinâmicas, em particular por sua ênfase na importância dos ativos específicos na empresa.

[15] PENROSE, 2006.

Por último, mas talvez não menos importante, algumas bases da abordagem das capacitações também podem ser identificadas na Teoria Comportamental, apresentada nos anos 1960 por Richard M. Cyert (1921-1998) e James G. March em seu livro *The Behavioral Theory of the Firm* (*A Teoria Comportamental da Empresa*, originalmente publicado em 1963); e na Teoria Econômica Evolucionária, apresentada nos anos 1980 por Richard R. Nelson e Sidney G. Winter em seu livro *Uma Teoria Evolucionária da Mudança Econômica*[16] (originalmente publicado em 1982). Essas duas contribuições rejeitaram a hipótese de que as empresas maximizam lucros possuindo perfeita informação. Para essas duas teorias, os indivíduos que participam das empresas possuem racionalidade limitada[17] e, assim, não raro recorrem a rotinas (no sentido de comportamentos padronizados para lidar com situações específicas) que acreditam resultar em soluções satisfatórias, em vez de pesquisar e reunir todas as informações necessárias para adotar aquela que seria a solução ótima. Essas duas teorias também destacaram a importância do estudo do comportamento das empresas em *ambientes dinâmicos*, ou seja, em setores que estão em permanente transformação. Esse tipo de ambiente será a base para o desenvolvimento da abordagem das capacitações.

E o que são capacitações dinâmicas? Vejamos o sentido desse novo conceito.

4.2.1 O conceito de capacitações dinâmicas da empresa

A abordagem das capacitações dinâmicas apresenta alguns problemas. O primeiro deles é o fato de que, conforme veremos a seguir, há mais do que uma definição de capacidades dinâmicas, o que faz que importantes autores que utilizam o conceito nem sempre estejam analisando exatamente os mesmos fenômenos. O termo *capacitações dinâmicas* (*dynamic capabilities*, no original) foi empregado pela primeira vez no artigo de David J. Teece, Gary Pisano e Amy Shuen intitulado Dynamic Capabilities and Strategic Management.[18] Naquele trabalho pioneiro, Teece, Pisano e Shuen apresentaram a primeira **definição de capacitações dinâmicas** como a capacidade de a empresa integrar, construir e reconfigurar competências, para dar conta de ambientes em mudança acelerada.[19] Portanto, ao contrário da visão estática da abordagem baseada em recursos, agora a atenção se concentra em como as empresas respondem a mercados dinâmicos: no caso das capacitações dinâmicas, as empresas podem, em princípio, não

[16] NELSON, Richard R.; WINTER, Sidney G. *Uma Teoria Evolucionária da Mudança Econômica*. Campinas: Unicamp, 2005.

[17] Caso você tenha alguma dúvida a respeito do conceito de racionalidade limitada, sugerimos consultar a definição apresentada no capítulo anterior.

[18] Publicado inicialmente como texto para discussão em 1990 e depois no *Strategic Management Journal*, v. 18, n. 7, 1997. p. 509-533.

[19] TEECE, David J.; PISANO, Gary; SHUEN, Amy. Dynamic Capabilities and Strategic Management. *Strategic Management Journal*, v. 18, n. 7, 1997. p. 509-533, p. 516.

apenas constituir suas competências, como também *reformulá-las* em resposta às transformações nos mercados em que atuam.

No entanto, o que são as competências que a empresa deve integrar, construir e reconfigurar, para dar conta de ambientes em transformação acelerada? Aqui é importante fazer a distinção entre competências e capacitações, que nem sempre é feita. Com efeito, não é incomum encontrarmos na literatura o termo "competências dinâmicas", apesar de os mais importantes autores sobre o tema (como David J. Teece e Giovanni Dosi) diferenciarem capacitações dinâmicas de competências. Devemos entender, assim, **competências** como *os conjuntos de rotinas e processos necessários para a consecução de etapas da atividade produtiva de uma empresa*.

Portanto, embora possamos dizer, por exemplo, que uma empresa automobilística acumulou competências na produção de motores econômicos de alto desempenho, dizemos que uma empresa automobilística acumulou capacitações na produção de carros econômicos, o que significa que as competências acumuladas na produção desse tipo de veículo permitem à empresa em questão ser bem-sucedida nesse tipo de setor. Embora a competência na produção de motores econômicos de alto desempenho seja uma condição de sucesso na venda de carros econômicos, não é com certeza a única condição. Há outra série de competências que a empresa deve desenvolver para conseguir responder aos desafios de um mercado em permanente transformação, seja por mudanças nas preferências dos consumidores, inovações tecnológicas ou qualquer outra fonte de mudanças. Uma empresa com competências acumuladas na produção desse tipo de motor pode não ter desenvolvido capacitações dinâmicas para responder às mudanças no mercado em que atua e fracassar na competição pelo mercado de carros econômicos.

Por exemplo, apesar da competência na fabricação de motores econômicos de alto desempenho, a empresa pode fracassar em adequar os carros para atender a alguma mudança nas preferências dos consumidores, tal como um hipotético deslocamento na demanda de carros econômicos com transmissão manual para carros com transmissão automática. Ou, ainda, a empresa pode não ter desenvolvido as competências adequadas na comercialização desse tipo de veículo, fracassando em alcançar os consumidores que poderiam estar interessados no carro que ela produz. Resumindo, competências dizem respeito a processos que ocorrem dentro da empresa e capacitações dinâmicas, ao sucesso obtido, em termos da capacidade da empresa de lidar com as transformações nos mercados em que atua.[20]

---

[20] DOSI, Giovanni; FAILLO, Marco; MARENGO, Luigi. Organizational Capabilities, Patterns of Knowledge Accumulation and Governance Structures in Business Firms: an Introduction. *Organization Studies*, v. 29, n. 8 e 9; 2008. p. 1165-1185. Ver também: KATKALO, Valery S.; PITELIS, Christos N.; TEECE, David J Introduction: on the Nature and Scope of Dynamics Capabilities. *Industrial and Corporate Change*, v. 19, n. 4, 2010. p. 1175-1186.

Em contrapartida, integrar, construir e reconfigurar competências implica alterar a *base de recursos de uma empresa*. Por isso, também é comum encontrarmos uma segunda **definição de capacitação dinâmica** como a capacidade de uma empresa para deliberadamente criar, estender ou modificar sua *base de recursos*.[21] Por **base de recursos** de uma empresa devemos entender os ativos tangíveis (máquinas, equipamentos, instalações, matérias-primas etc.), intangíveis (marcas comerciais, patentes etc.) e humanos (conhecimentos e habilidades profissionais), assim como as competências que ela desenvolveu.

A importância de distinguirmos entre competências e recursos por um lado, e capacitações dinâmicas por outro, é que nem sempre o desenvolvimento de competências e de recursos por parte da empresa implica que ela também esteja desenvolvendo capacitações dinâmicas. Na verdade, não é raro que aconteça exatamente o contrário: muitas vezes os recursos e as competências que a empresa acumula acabam por se tornar obstáculos ao desenvolvimento de suas capacitações dinâmicas. A razão disso é que as mudanças em mercados dinâmicos frequentemente exigem da empresa que atua nesses mercados o abandono de produtos, mercados ou processos produtivos em relação aos quais ela acumulou recursos e competências, em função da necessidade de desenvolver novos produtos, processos ou mercados na direção em que as mudanças exigem.

Ocorre, porém, que é justamente na forma de atuação que a empresa já tem consolidada e na qual acumulou recursos e competências que seu desempenho se mostra elevado. Isso tende a gerar resistências e obstáculos internos às mudanças, e dificulta o desenvolvimento de capacitações dinâmicas por parte de empresas inicialmente bem-sucedidas em ambientes em permanente transformação. Dito de outra maneira, algumas vezes é o sucesso na constituição de uma base de recursos adequada para o momento presente que impede a empresa de desenvolver capacitações dinâmicas para dar conta dos desenvolvimentos posteriores de seu mercado.

Contudo, quer os recursos e as competências desenvolvidas por uma empresa (sua base de recursos) atuem ou não de modo favorável para o desenvolvimento de capacitações dinâmicas, um ponto importante é o fato de que uma parcela importante de sua base de recursos é de difícil aquisição no mercado, tendo de ser construída ou desenvolvida *no interior da própria empresa*. Isso porque os recursos que a empresa utiliza frequentemente envolvem ativos específicos e suas competências muitas vezes envolvem conhecimento tácito. Esse é um aspecto importante da abordagem das capacitações, e merece ser considerado com atenção.

---

[21] Cf. HELFAT, Constance E.; FINKELSTEIN, Sydney; MITCHELL, Will; PETERAF, Margaret A.; SINGH, Harbir; TEECE, David J.; WINTER, Sidney. *Dynamic Capabilities*: Understanding Strategic Change in Organizations. Malden, Massachusetts: Blackwell Publishing, 2007. p. 4. Como afirmamos anteriormente, vários autores ofereceram as próprias definições de capacitações dinâmicas, as quais muitas vezes contêm diferenças em relação à definição original. As definições que apresentamos aqui estão entre as mais comumente citadas. Para uma resenha das definições mais importantes, cf. AMBROSINI, Véronique; BOWMAN, Cliff. What Are Dynamic Capabilities and Are They a Useful Construct in Strategic Management? *International Journal of Management Reviews*, v. 11, n. 1, 2009. p. 29-49.

4.2.2 A especificidade da base de recursos da empresa

Vimos no capítulo anterior que ativos específicos são aqueles que sofrem desvalorização significativa caso sejam aplicados em uma utilização diferente daquela para a qual foram planejados. Por exemplo, um laboratório de pesquisa e desenvolvimento de produtos pode envolver investimentos em equipamentos e pessoal com perfil especializado para o tipo de produtos que a empresa busca desenvolver, e ter um valor duvidoso para outra empresa que atue com produtos com características diferentes, ainda que no mesmo mercado.

Além de específicos para a empresa onde foram originalmente investidos, muitas vezes os ativos que uma empresa emprega apenas apresentam desempenho elevado quando utilizados em conjunto com outros ativos da mesma empresa: é o que se chama *coespecialização*. Por **coespecialização** entende-se a propriedade de os ativos gerarem maiores lucros para a empresa quando empregados conjuntamente, do que quando são empregados em separado. Há dois fatores que podem atuar para tornar ativos coespecializados: o primeiro deles é a presença de economias de escopo, conceito que vimos no primeiro capítulo; o segundo é a preferência dos consumidores por produtos que envolvam soluções integradas (por exemplo, *hardware* e *software* sendo oferecidos juntos no mesmo produto), tornando mais lucrativo para a empresa possuir ativos que, sendo reunidos e operando conjuntamente, permitam fornecer as soluções integradas pelas quais os consumidores estejam dispostos a pagar mais.

No nosso exemplo de um hipotético laboratório de pesquisa e desenvolvimento de produtos, um caso de coespecialização ocorreria se seu desempenho dependesse dos recursos do departamento de marketing da empresa, na medida em que esse último identificasse as demandas dos clientes da empresa e, assim, fornecesse indicações sobre os rumos que deve tomar a pesquisa e o desenvolvimento de novos produtos. Também nesse caso, a coespecialização contribuiria para tornar duvidoso o valor do laboratório para outra empresa que não dispusesse dos mesmos recursos de marketing que a empresa em questão.

No caso das competências de uma empresa, sua aquisição em um mercado se torna especialmente difícil: em primeiro lugar, pelo fato de que elas em geral envolvem conhecimento tácito, conceito que acabamos de ver ao discutirmos os mecanismos de isolamento identificados pela abordagem baseada em recursos. Vimos então que conhecimentos tácitos não podem ser codificados, isto é, não podem ser apresentados em textos, gráficos, estatísticas etc., o que é condição para que sejam transmitidos a qualquer pessoa. Assim, por ser conhecimento que deriva da prática, o conhecimento tácito pode ser adquirido apenas pelo aprendizado *no interior da empresa*.

Em segundo lugar, as competências no interior de uma empresa também se encontram, com frequência, associadas a outros ativos por coespecialização, o que torna difícil distinguir qual é a contribuição específica da competência em questão e qual é a contribuição dos ativos coespecializados para o desempenho da empresa. O conhecimento tácito e a coespecialização tornam muito difíceis (quando não simplesmente impossíveis) a definição e a descrição de dada competência da empresa, assim como a mensuração do ganho proporcionado por ela, o que compromete severamente a capacidade de se atribuir um "preço" a uma competência, condição para a negociação em um mercado.

Tanto pela especificidade dos ativos quanto pela coespecialização e pelo conhecimento tácito envolvido nas competências da empresa, teremos mercados muito limitados, quando não inexistentes, para uma parte importante da base de recursos de uma empresa. Tal condição é descrita na literatura sobre competências dinâmicas como *thin markets*, para a qual ainda não existe termo equivalente em português e que poderíamos traduzir, em uma tentativa, por "mercados limitados".[22] Em outros termos, podem existir custos de transação significativos associados à base de recursos da empresa. Mesmo quando houver algum mercado para o recurso ou para as competências em questão, seu caráter específico, coespecializado, ou a presença de conhecimentos tácitos podem redundar em uma avaliação do comprador muito inferior à da empresa que emprega os recursos ou a competência em questão. Daí que vários recursos empregados pela empresa e várias de suas competências devam ser desenvolvidos no interior da própria empresa.

Se a empresa for bem-sucedida no desenvolvimento de suas capacitações dinâmicas, essas capacitações frequentemente modificam as *capacitações ordinárias* ou *capacitações operacionais* da empresa. Por isso, é importante distinguir estes dois tipos de capacitações.

4.2.3 Capacitações ordinárias ou operacionais *versus* capacitações dinâmicas

As **capacitações ordinárias** ou **capacitações operacionais** da empresa são as que permitem às empresas exercer suas atividades rotineiras; um exemplo de capacitação ordinária ou operacional seria a capacitação de uma livraria para vender lucrativamente livros impressos e digitais, em lojas físicas e *on-line*. Essa capacitação não é uma **capacitação dinâmica**, pois não se trata de integrar, construir e reconfigurar a base de recursos da empresa. Já a capacitação para pesquisar e desenvolver novos produtos que atendam de modo mais adequado às preferências dos consumidores (por exemplo, leitores de livros digitais que atendam de modo mais adequado às necessidades dos leitores e novas formas de realizar o *download* dos livros), ou para avaliar as potencialidades

[22] Trata-se de uma condição semelhante à de mobilidade imperfeita do recurso superior, que acabamos de ver na discussão sobre a abordagem baseada em recursos.

de novos mercados (como a possibilidade de abrir uma loja em uma cidade em que ainda não atua), constitui uma capacitação dinâmica, pois demanda a ampliação ou a alteração da base de recursos da empresa, modificando a maneira pela qual a livraria atua *habitualmente* no seu mercado, quer introduzindo novos produtos, quer alterando seu processo produtivo, ou mesmo desenvolvendo um novo mercado.

Nos exemplos que acabamos de mencionar, a capacitação dinâmica da empresa para desenvolver novos produtos, mercados ou processos produtivos pode afetar as capacitações ordinárias ou operacionais da empresa aplicadas à produção corrente, na medida em que novas rotinas operacionais (ou modificações das rotinas existentes) serão necessárias para que as mudanças no processo produtivo sejam implantadas.

Essa ligação entre capacitações dinâmicas e capacitações ordinárias foi enfatizada por autores que buscaram identificar a presença ou ausência de capacitações dinâmicas nas rotinas de uma empresa, como Kathleen M. Eisenhardt e Sidney G. Winter. Para eles, as capacitações dinâmicas estão associadas a rotinas especiais, que visam a alterar a base de recursos e as rotinas operacionais da empresa.

Contudo, essa ênfase na importância das rotinas como cerne das capacitações dinâmicas não é consensual, mesmo entre os autores mais importantes da abordagem das capacitações. Com efeito, outros autores como David J. Teece buscaram localizar as capacitações dinâmicas também (e talvez de forma mais importante) na atuação dos executivos da empresa, e, em consequência, não atribuíram papel preponderante às rotinas da empresa na constituição de capacitações dinâmicas. Para esclarecer isso, vamos considerar agora estas duas vertentes de capacitações dinâmicas: a vertente das rotinas e a vertente da ação empreendedora. A princípio, aprofundaremos um pouco o que devemos entender exatamente por rotinas no interior de uma empresa, e as funções que elas podem desempenhar (que vão além de tarefas repetidas e enfadonhas, que é o sentido usual do termo na linguagem corrente).

4.2.4 Em que consistem as capacitações dinâmicas da empresa: rotinas ou ação empreendedora?

Uma das vertentes de estudo das capacitações dinâmicas procura identificá-las como constituindo um conjunto particular de rotinas da empresa. Essa vertente foi influenciada pela chamada Teoria Econômica Evolucionária, que, conforme vimos, foi desenvolvida a partir do livro de Richard R. Nelson e Sidney G. Winter, *Uma Teoria Evolucionária da Mudança Econômica*. Naquele livro, Nelson e Winter procuravam estudar o funcionamento da Economia de forma semelhante à teoria da evolução das espécies em Biologia, em que as inovações tecnológicas produziriam um processo de seleção entre as empresas ao longo do tempo, parecido com o processo de seleção natural a partir da variação das espécies.[23] Essa teoria evolucionária das inovações influenciou uma parte importante da abordagem das capacitações dinâmicas, que concentrou sua atenção no papel das *rotinas* da empresa para a constituição e desenvolvimento de capacitações dinâmicas. De acordo com a Teoria Econômica Evolucionária, as empresas se diferenciariam a partir das rotinas que adotam, e a competição promoveria a seleção entre as empresas com as rotinas mais adequadas.

Contudo, outro importante autor na elaboração da abordagem das capacitações dinâmicas, David J. Teece, acabou por se afastar dessa vertente influenciada por uma abordagem mais evolucionária das empresas, destacando o papel das ações empreendedoras dos executivos das empresas nas transformações que se fazem necessárias para explorar novas oportunidades que os mercados ofereçam e acompanhar transformações tecnológicas nos setores em que atuam. Veremos então, inicialmente, a vertente que se concentrou no papel das rotinas da empresa. Em seguida, veremos a discussão que David Teece desenvolve acerca do papel das ações empreendedoras para as capacitações dinâmicas da empresa.

4.2.4.1 As capacitações dinâmicas como resultado de rotinas da empresa

As rotinas desempenham várias funções na empresa: ao introduzirem comportamentos padronizados e previsíveis, elas reduzem a incerteza, aumentam a estabilidade e facilitam o controle do desempenho dos agentes, entre outras propriedades estudadas por Richard R. Nelson e Sidney G. Winter. Todavia, veremos que, do ponto de vista dessa vertente da abordagem das capacitações, a função mais importante das rotinas é a de armazenamento do conhecimento acerca da forma pela qual a empresa deve desenvolver suas atividades. Antes, porém, é preciso esclarecer o que se entende como *rotina*.

Uma possível **definição de rotina** seria uma regra de tomada de decisão dos membros da empresa, que determina comportamentos padronizados, regulares e previsíveis, perante certas situações. É importante chamar a atenção para o fato de que, ao contrário do que essa definição de rotinas poderia sugerir, rotinas não se limitam apenas aos procedimentos operacionais mais simples da empresa, por exemplo, as rotinas que compõem o processamento de um pedido de compra de um livro *on-line* pelo *site* de uma livraria. Na verdade, o conceito de rotinas incorpora tanto as rotinas

[23] Todavia, a correspondência entre a Teoria Econômica Evolucionária e a Teoria Evolucionária em Biologia não é exata, havendo muitas diferenças. Para uma introdução à discussão dessas diferenças, ver, por exemplo, HODGSON, Geoffrey M. A Philosophical Perspective on Contemporary Evolutionary Economics. In: DAVIS, John B.; HANDS, D. Wade (Eds.). *The Elgar Companion to Recent Economic Methodology*. Cheltenham: Edward Elgar Publishing, 2011.

no funcionamento operacional da empresa (como as rotinas para atender a uma compra de livro *on-line*), como também as rotinas que envolvem a tomada de decisões quanto à ampliação ou redução de recursos da empresa (por exemplo, as rotinas de expansão ou redução do número de lojas físicas de acordo com as vendas em cada cidade), e as rotinas que alteram ou reconfiguram a base de recursos que a empresa utiliza (como as rotinas de avaliação periódica da estratégia da rede de livrarias, que reavalia os produtos que a rede deve oferecer). A ideia é que a empresa frequentemente recorre a procedimentos *padronizados* e *memorizados em alguma medida*, por mais complexas que sejam as decisões envolvidas.

Vamos iniciar a discussão das rotinas de uma empresa pelas suas rotinas mais comuns: as rotinas operacionais. Essas rotinas são acionadas por estímulos, que podem ser externos à empresa (como um pedido de compra *on-line* de um livro) ou simplesmente provocados pelo fluxo do tempo (a apresentação do orçamento anual, o fechamento do balanço semestral, o pagamento de uma conta no final do mês etc.). A partir desses estímulos, os membros da empresa põem em prática seus conhecimentos e suas habilidades, adotando ações preestabelecidas que, por sua vez, resultam em novas ações em cadeia por toda a empresa, em um processo contínuo. Essas ações constituem as rotinas operacionais da empresa, isto é, aquelas que a empresa executa no desempenho regular das suas atividades produtivas.

Há dois aspectos importantes com relação a essas rotinas que merecem ser destacados. Em primeiro lugar, ainda que as rotinas sejam o resultado de atividades de membros individuais, elas são *processos coletivos*, uma vez que a ação de cada membro somente faz sentido *em relação às ações dos demais*. No exemplo que citamos de um pedido de livro *on-line*, a venda do livro vai acontecer apenas se o pedido for enviado para o processamento financeiro (por exemplo, para que seja realizado o débito no cartão de crédito do comprador), e o livro com as informações de entrega for encaminhado para a empresa transportadora. Uma ação isolada de apenas um dos membros da empresa não vai resultar na concretização da venda e da entrega do livro. Rotinas são processos coletivos.

Em segundo lugar, e de modo mais importante ainda, as rotinas são a forma pela qual a empresa *armazena o conhecimento necessário para desempenhar suas atividades*, e constituem, assim, segundo Nelson e Winter, uma *memória coletiva da organização*. Essa memória coletiva da organização é mais ampla do que a soma das memórias dos indivíduos que compõem a empresa juntamente com o material de registro de suas ações. É verdade que as memórias das pessoas que fazem parte da empresa retêm informações necessárias para que suas habilidades (que acionam as rotinas da empresa) sejam executadas. Também é verdade que uma série de equipamentos e materiais de registro, tais como memórias de computadores, relatórios, quadros de avisos etc., ajudam a armazenar ações e informações importantes para as rotinas da empresa. Todavia, como explicam

Nelson e Winter, o contexto que fornece sentido à informação possuída por um membro individual é constituído pelas informações dos demais membros.[24]

Por exemplo, considere que uma cadeia de livrarias tenha por regra algo como "não deixar os estoques se acumularem na passagem de ano". Mesmo uma regra simples como essa está repleta de ambiguidades. Qual é o nível crítico a partir do qual devem ser tomadas ações para evitar ou reverter o acúmulo indesejado de estoques? Quando se deve agir para evitar o problema dos estoques: até dois meses antes da passagem do ano? Na penúltima semana? Nas últimas horas do ano? Essas dúvidas são resolvidas para os membros da empresa pelas suas *práticas compartilhadas ao longo do tempo*, que se encontram consolidadas em rotinas. O sentido dessa regra é compreendido pelas *pessoas que atuam coletivamente e já conhecem as rotinas da empresa*. As rotinas integram, consolidam e dão sentido às memórias individuais dos membros da empresa e aos seus registros.

Dessa forma, por serem procedimentos padronizados e memorizados, as rotinas consolidam *o conhecimento acumulado na empresa acerca da maneira pela qual são desenvolvidas suas atividades*. Nesse sentido, é preciso compreender a empresa como uma organização que possui o *conhecimento* sobre como ofertar o bem ou serviço que produz, sendo que tal conhecimento se encontra consolidado nas suas rotinas. Por estar consolidado em rotinas, que são práticas coletivas dos seus membros, esse conhecimento é mantido vivo pela empresa ao repetir as próprias rotinas. Por isso, a empresa perde conhecimento quando abandona as rotinas em que ele se encontrava inserido. Se as práticas coletivas que armazenam conhecimento não forem repetidas, o conhecimento embutido nelas é esquecido pela organização. É a prática das rotinas organizacionais na empresa que mantém vivo o conhecimento que ela acumulou no desenvolvimento de suas atividades.

Você deve estar se perguntando por que a prática das rotinas é essencial à manutenção do conhecimento da empresa que se encontra armazenado nelas. Afinal, não bastam os registros em computadores, manuais, relatórios, gráficos etc., para que os membros da empresa saibam o que fazer? Ocorre que os documentos e os meios de registro de que uma empresa dispõe não são suficientes para armazenar o conhecimento que ela acumulou acerca de suas atividades, pois há um tipo de conhecimento que não é passível de registro padronizado, ou seja, há um tipo de conhecimento coletivo da empresa que não é passível de *codificação*. Vimos antes que conhecimento tácito é aquele que não pode ser codificado e transmitido de forma inequívoca para outras pessoas. Um exemplo muito simples e prosaico desse tipo de conhecimento é andar de bicicleta. Um manual sobre como andar de bicicleta não é de muita utilidade para quem não sabe como andar em uma delas, exatamente porque esse conhecimento não pode ser codificado: apenas a prática pode ensiná-lo.

---

[24] NELSON e WINTER, 2005. p. 162.

Da mesma maneira, muito do que ocorre dentro de uma empresa envolve conhecimento tácito dos seus membros: voltando ao exemplo da regra de uma cadeia de livrarias de não acumular estoques indesejados na passagem do ano – pode muito bem acontecer de seus empregados saberem intuitivamente quando os estoques correm o risco de se acumular, apenas pela prática que reuniram ao longo do tempo ao observar as flutuações no volume de vendas antes do Natal. Se alguém pedisse a esses empregados que definissem *precisamente* como sabiam que os estoques se acumulariam além do desejado, de forma que incluísse a informação em um manual, eles provavelmente não saberiam dizer. Esse conhecimento tácito também se encontra na interpretação das informações que chegam de outros funcionários da empresa, e assim o sentido de um e-mail de um funcionário das livrarias afirmando que é preciso "diminuir o ritmo das encomendas" de determinado livro para a sua editora é interpretado adequadamente, porque o receptor da mensagem aprendeu com o tempo o que ela significa. Nas empresas, assim como nas organizações de modo geral, o conhecimento tácito é tão importante quanto o conhecimento que pode ser codificado e transmitido de maneira inequívoca.

A importância das rotinas para a constituição das capacitações dinâmicas da empresa advém do fato de que mesmo o esforço inovador da empresa envolve algumas rotinas. Isso pode parecer paradoxal, pois na linguagem corrente o termo "rotina" pressupõe repetição, e inovações interrompem procedimentos repetitivos e alteram as rotinas operacionais da empresa. Isso, porém, é apenas parte da verdade: embora inovações afetem com frequência as **rotinas operacionais** da empresa, ou seja, as rotinas que ela executa nas suas atividades correntes (como as rotinas para atender a um pedido de compra de livro pela internet), *a própria busca de inovações* (isto é, o desenvolvimento de novos produtos ou de novos processos produtivos; a busca de novos mercados, novas fontes de matérias-primas e por novas formas de organizar a empresa) *também envolve, em certa medida, algum tipo de rotina*.

Por exemplo, a maneira pela qual a empresa busca inovações em seus processos produtivos ou produtos usualmente envolve rotinas como: reuniões periódicas entre engenheiros de diferentes áreas da empresa para discutir soluções tecnológicas, contato regular com empresas *startup* (empresas novas ou ainda embrionárias, ligadas a tecnologias inovadoras), reuniões periódicas entre o departamento de pesquisa e desenvolvimento de novos produtos (conhecido pela sigla de P&D) e o departamento de marketing, para conhecer as preferências dos consumidores, pesquisas periódicas em bancos de patentes para avaliar tendências em tecnologia etc.

Analogamente, ao adquirir uma nova empresa (o que representa uma ampliação de sua base de recursos), a empresa compradora muitas vezes adota rotinas de avaliação dos riscos associados à incorporação das práticas organizacionais da empresa adquirida (às vezes com a elaboração de uma "matriz de riscos"), assim como rotinas de reuniões de planejamento da integração com executivos da empresa adquirida. Outro exemplo são as rotinas de avaliação de potencialidades de novos mercados que as empresas utilizam para considerar a possibilidade de ingressar em um novo mercado (como nossa hipotética livraria considerando a possibilidade de abrir uma loja em uma cidade em que ainda não atua), e assim por diante.

Isso *não* significa que os resultados da busca de uma solução inovadora sejam previsíveis e rotineiros. Ainda que o sucesso na busca de um novo produto que atenda melhor às necessidades dos consumidores possa ser favorecido por rotinas que estabeleçam trocas de informações entre o departamento de pesquisa e desenvolvimento (responsável pela busca do novo produto) e o departamento de marketing, nem por isso as chances de sucesso nessa busca deixam de envolver grande incerteza: nada garante que o produto adequado será de fato alcançado, pois toda inovação envolve algum grau de originalidade cujas consequências não podem ser totalmente previstas (o produto com novas características pode não agradar os consumidores por algum atributo que não foi considerado, o novo processo produtivo pode apresentar problemas que não puderam ser antecipados antes de pô-lo em prática, a nova forma de organização da empresa pode ter efeitos indesejados sobre processos produtivos que só serão conhecidos depois da sua implantação etc.).

Assim, a adoção de rotinas favoráveis não implica que um resultado bem-sucedido em inovação de produto, de processo produtivo, na forma de organizar uma empresa etc. seja previsível. Tudo o que podemos afirmar é que a maneira pela qual a inovação almejada é alcançada envolve *em alguma medida* rotinas, não sendo em geral resultado de um processo totalmente aleatório dentro da empresa, e que assim a adoção de determinadas rotinas favorece o sucesso (mas não o garante).

Ocorre que *o efeito dessas rotinas por meio das quais a empresa busca inovações é a ampliação ou a reconfiguração de sua base de recursos*, o que levou alguns autores a apresentar uma **definição de capacitações dinâmicas** como constituídas pelas rotinas por meio das quais as empresas alteram sua base de recursos.[25] Enquanto as rotinas operacionais da empresa são chamadas por esses autores de **rotinas de ordem zero** (*zero order routines*), as rotinas que alteram a base de recursos, das quais vimos alguns exemplos, são também chamadas de **rotinas de ordem mais elevada** (*higher order routines*), uma vez que as rotinas que alteram a base de recursos da empresa também alteram suas rotinas operacionais ou de ordem zero.[26] As capacitações dinâmicas estariam associadas a rotinas de ordem mais elevada, que permitiriam à empresa responder de maneira efetiva a mercados dinâmicos, os quais se encontram em permanente mudança.

---

[25] Ver, por exemplo, EISENHARDT, Kathleen M.; MARTIN, Jeffrey A. Dynamic Capabilities: What Are They? *Strategic Management Journal*, v. 21, n. 10/11, 2000. p. 1105-1121, p. 1107.

[26] Para quem é familiarizado com cálculo diferencial, a analogia aqui é com as derivadas de ordem superior.

Outros autores, porém, vêm enfatizando menos o papel das rotinas no desenvolvimento das capacitações dinâmicas da empresa, e mais a atuação de seus executivos. Entre esses autores, o mais importante é David J. Teece, cujas ideias passaremos a considerar.

4.2.4.2 Capacitações dinâmicas como resultantes de ação empreendedora dos executivos da empresa

David J. Teece vem recentemente se tornando crítico da ênfase nas rotinas (mesmo de nível elevado, que não sejam apenas rotinas operacionais) como determinantes do nível de capacitação dinâmica alcançado pela empresa. Sua preocupação se concentrou em deslocar a atenção do enfoque *estático* adotado pela abordagem baseada em recursos (em que a preocupação se concentra na vantagem que uma empresa pode desfrutar *em determinado momento do tempo pela posse de recursos de qualidade superior*), em direção a um enfoque mais *dinâmico*, em que a atenção se concentra sobre a *capacidade da empresa para manter, criar, ampliar, aprimorar e proteger seus direitos sobre recursos de qualidade superior*, capacidade essa que constitui a **definição de capacitações dinâmicas** para Teece.[27] A necessidade de passar de um enfoque estático para um dinâmico resulta da constatação de que vários setores importantes da indústria moderna se encontram em permanente transformação, e que essa transformação se desenvolve em ritmo acelerado. Segundo Teece, para tais transformações aceleradas colaboram não apenas as incessantes inovações tecnológicas, como também a competição global, que promove a dispersão da atividade produtiva, das fontes de matérias-primas e das próprias inovações. Nesses setores em constante e rápida transformação, alinhar incentivos, reduzir custos, manter qualidade etc. não seriam suficientes para garantir a vantagem competitiva da empresa.

Com efeito, de acordo com Teece, a posse pela empresa de capacitações dinâmicas é uma condição essencial para que a empresa possa fazer jus a rendas duradouras. Se a empresa apresentar recursos ou capacitações de qualidade superior, mas não dispuser de capacitações dinâmicas, ainda que ela possa vir a desfrutar de rendas por um prazo curto, não vai conseguir sustentar essas rendas por muito tempo. Por um lado, mesmo que a empresa obtenha rendas ricardianas pela posse de um recurso de qualidade superior, na ausência de capacitações dinâmicas tais rendas serão dissipadas por empresas competidoras, que vão de alguma forma neutralizar sua vantagem por meio de inovações. Por outro lado, na ausência de capacitações dinâmicas, a empresa não consegue gerar rendas de empreendedor ou rendas schumpeterianas pelo simples fato de que não consegue permanecer inovando.

[27] Ver TEECE, David J. *Dynamic Capabilities and Strategic Management*: Organizing for Innovation and Growth. Oxford: Oxford University Press, 2009.

Para compreender melhor a natureza das capacitações dinâmicas da empresa, Teece vai classificá-las em três tipos diferentes:

a) *capacitações de detecção* (do inglês *sensing*) *de oportunidades e ameaças*;
b) *capacitações de dimensionamento* (do inglês *sizing*); e
c) *capacitações de enfrentamento de ameaças e transformação.*[28]

Veremos esses três tipos a seguir.

a) Capacitações de detecção de oportunidades e ameaças

Em setores tecnologicamente dinâmicos, as mudanças das necessidades dos consumidores e o surgimento constante de novas oportunidades tecnológicas, bem como de novos competidores com novas estratégias de competição, estão sempre desenhando novas tendências para esses mercados, cuja identificação nem sempre é tarefa fácil ou óbvia para os executivos das empresas já estabelecidas. As **capacitações de detecção de oportunidades e ameaças** são as capacitações para identificar possíveis ganhos ou perdas para a empresa, resultantes das tendências em evolução no setor em que ela atua.

Esse tipo de capacitação demanda que a empresa possua processos internos rotineiros de busca consolidados para reunir informações sobre novidades científicas e tecnológicas, fazer o acompanhamento das necessidades dos seus consumidores e das estratégias de seus competidores, e viabilizar novas oportunidades em processos produtivos e produtos. Sem esses processos rotineiros, a empresa dependerá apenas das capacidades de membros individuais, o que tornará o desenvolvimento das capacitações de detecção de oportunidades e ameaças algo incerto e frágil. Todavia, segundo Teece, os executivos também têm um papel importante nesse tipo de capacitação, pois caberia a eles estabelecer e testar hipóteses a partir das informações coletadas nos processos de busca, assim como sintetizar os resultados obtidos, de modo que oriente a empresa para se aproveitar das novas tendências. Essa atividade de análise e síntese das informações pelos executivos não poderia ser suprida pelas rotinas da empresa.

b) Capacitações de dimensionamento

A detecção de novas oportunidades frequentemente demanda que investimentos sejam realizados para que novos produtos, ou processos de produção, ou ainda de comercialização, sejam implantados pela empresa: as **capacitações de dimensionamento** da

[28] Ver TEECE, 2009. Todavia, essa classificação de tipos de capacitações dinâmicas não é adotada por todos os autores da área: cf. AMBROSINI, Véronique; BOWMAN, Cliff. What Are Dynamic Capabilities and Are They a Useful Construct in Strategic Management? *International Journal of Management Reviews*, v. 11, n. 1, 2009. p. 29-49. Na verdade, como veremos na última seção, este não é o único (e talvez nem o mais importante) ponto de discordância entre aqueles que estudam o conceito de capacitações dinâmicas.

empresa são as capacitações para realizar os investimentos necessários. Esses investimentos, muitas vezes, envolvem ativos complementares entre si, que são indispensáveis aos novos processos ou novos produtos da empresa, afetando a definição de seu modelo de negócios (o modelo de negócios da empresa define como ela vai obter sua receita e os custos em que vai incorrer para isso). Novos produtos e novos processos produtivos usualmente introduzem mudanças significativas no modelo de negócios da empresa, e isso tem de ser levado em consideração pelos seus executivos, em especial com relação a possíveis incoerências entre o modelo de negócios corrente da empresa e as novas tecnologias que precisam ser incorporadas.

De modo mais grave, Teece adverte para possíveis resistências no interior da própria empresa quanto a alterações no seu modelo de negócios. Conforme mencionamos anteriormente, empresas estabelecidas tendem a evitar inovações que destruam competências já consolidadas, em favor de melhorias que apenas as aprimore. Haveria, assim, uma espécie de inércia interna nas empresas contra inovações, gerada por vários níveis de procedimentos rotineiros e ativos complementares, que tendem a enviesar as decisões de seus executivos contra inovações que envolvam o descarte desses procedimentos e ativos. Isso sem mencionar a aversão ao risco[29] dos executivos, que tendem a encarar inovações com suspeita, em função da inevitável incerteza em que estão envolvidas, favorecendo tecnologias e processos que já conhecem. A capacidade de a empresa superar tais fontes de rigidez e inércia vai depender da qualidade de suas rotinas de inovação (rotinas de ordem mais elevada) e, novamente, *do julgamento e da liderança de seus executivos.*

c) Capacitações de enfrentamento de ameaças e transformação

Conforme vimos, o crescimento da empresa de forma sustentável em setores dinâmicos (em termos de inovação tecnológica, mudanças nas preferências dos consumidores, surgimento de novos competidores com novas estratégias etc.) demanda da empresa capacitações para modificar e recombinar seus ativos e alterar rotinas consolidadas (porque bem-sucedidas no passado), de modo que responda a novas possibilidades ou novas ameaças, transformando a empresa – são suas **capacitações de enfrentamento de ameaças e transformação**. Para isso, são fundamentais as competências dos seus principais executivos, de acordo com Teece: em setores dinâmicos, esses executivos têm o desafio de renovar a estrutura e as rotinas da empresa e promover a **orquestração de ativos**, isto é, aplicá-los produtivamente, combiná-los e recombiná-los, sempre que necessário, da mesma maneira que um maestro rege uma orquestra.

De acordo com Teece, a necessidade de "orquestrar os ativos" por parte dos principais executivos da empresa deriva do fato de que muitas vezes os ativos da empresa

[29] Caso você tenha dúvidas sobre o conceito de aversão ao risco, deve consultar o Capítulo 2.

são coespecializados. Havendo coespecialização, é preciso que os principais executivos da empresa:

1) consigam manter ativos coespecializados que permaneçam sendo lucrativos de acordo com as novas tendências do setor no qual a empresa atua;
2) invistam nos novos ativos coespecializados que essas tendências demandam; e
3) descartem ativos coespecializados que deixarão de ser lucrativos de acordo com as novas tendências.

Essa competência dos principais executivos da empresa é essencial para a capacitação de enfrentamento de ameaças e transformação, segundo Teece.

4.3 Virtudes e problemas das abordagens da empresa baseadas em recursos e capacitações

Tanto a abordagem baseada em recursos como a abordagem das capacitações representam ambas um avanço importante ao reconhecerem que mesmo empresas que atuam em um mesmo setor e competem entre si tendem a ser diferentes, e que essas diferenças tendem a permanecer ao longo do tempo. Isso, porém, não significa que elas não enfrentem limitações e problemas.

Como discutimos anteriormente, uma limitação importante no caso da abordagem baseada em recursos é ela não explicar como a empresa constrói sua vantagem em relação às competidoras – essa abordagem desenvolve uma análise estática, quando muito comparando duas situações estáticas: a empresa antes de possuir vantagens competitivas e a empresa depois de adquirir vantagens competitivas. A abordagem baseada em recursos assume que os recursos de qualidade superior, que podem conferir vantagens competitivas à empresa que os possui, têm seus *estoques dados*. É como se estivessem em algum lugar, esperando para serem apropriados por empresas com visão estratégica que identifiquem a existência desses recursos e se esforcem para se apropriar deles.

Contudo, essa visão estática dos recursos de qualidade superior como detentores de "estoques dados" é negada quando se observa que, na prática, as empresas estão a todo instante se esforçando para *criar* internamente recursos superiores aos seus rivais, de forma que sobrepuje seus competidores. Isto é em particular verdadeiro nos casos em que as empresas realizam esforços contínuos de inovação, em que há um esforço permanente de transformação interna da empresa; a visão mais adequada do que ocorre não parece ser aquela calcada em estoques dados de recursos de qualidade superior, mas sim em *fluxos de recursos e de serviços em permanente inovação e transformação*.

Já no caso da abordagem das competências dinâmicas, os problemas são mais complexos. Em primeiro lugar, não há uniformidade na própria definição do que são capacitações dinâmicas entre os vários autores que trabalham com esse tipo de abordagem. Em segundo lugar, não há consenso acerca dos setores da indústria aos quais se aplicaria a abordagem das capacitações dinâmicas: enquanto alguns autores limitam sua aplicação apenas a setores tecnologicamente dinâmicos, outros estendem a aplicação do conceito para setores mais estáveis. Contudo, talvez mais grave seja a falta de homogeneidade na própria abordagem do tema: enquanto alguns autores abordam a construção de capacitações dinâmicas como resultando principalmente do desenvolvimento das rotinas da empresa, outros preferem enfatizar mais as capacitações dinâmicas como o resultado da atuação dos seus executivos.[30]

Essa divisão entre os autores que percebem as capacitações dinâmicas como resultado das rotinas da empresa, por um lado, e, por outro, os autores que identificam na origem dessas mesmas capacitações a atuação de seus executivos, remete a uma questão anterior e fundamental: qual é a realidade econômica da empresa? Uma empresa não é meramente uma soma de rotinas: há um elemento importante de decisão por parte de seus executivos. Em contrapartida, a empresa é uma organização, isto é, uma entidade coletiva em que os executivos interagem com seus funcionários, acionistas, credores etc., muitas vezes de acordo com rotinas das quais, com frequência, eles mesmos não têm total consciência, e assim seus executivos não possuem total liberdade para decidir. Ao se preocupar excessivamente com o que possibilita que algumas empresas tenham sucesso em setores dinâmicos, a abordagem das capacitações deixou um pouco de lado a principal pergunta: o que é uma empresa?

LEITURAS SUGERIDAS

Uma das referências fundamentais para a compreensão da abordagem baseada em recursos é o artigo de Margaret A. Peteraf, The Cornerstones of Competitive Advantage: a Resource-based View (*Strategic Management Journal*, v. 14 n. 3, 1993. p. 179-191). Outra referência fundamental é o capítulo de Richard P. Rumelt, intitulado Theory, Strategy and Entrepreneurship e publicado no *Handbook of Entrepreneurship Research*: Interdisciplinary Perspectives, editado por Sharon A. Alvarez, Rajshree Agarwal e Olav Sorenson (Nova York: Springer, 2005). Também vale a pena consultar o artigo de Margaret A. Peteraf e Jay B. Barney, Unraveling the Resource-based Tangle (*Managerial and Decision Economics*, v. 24, n. 4, 2003. p. 309-323). Ao tentarem explicar os pontos fundamentais da abordagem baseada em recursos, os autores esclarecem conceitos básicos e fornecem um bom resumo.

---

[30] Cf. HELFAT, Constance E. et al. *Dynamic Capabilities*: Understanding Strategic Change in Organizations. Malden, Massachusetts: Blackwell Publishing, 2007, como exemplo da abordagem das competências dinâmicas com ênfase nas rotinas da empresa; e TEECE, 2009, como exemplo de abordagem das competências dinâmicas nas quais se enfatiza mais a iniciativa dos executivos da empresa.

A discussão das raízes teóricas da abordagem das capacitações pode ser encontrada no artigo de Mie Augier e David J. Teece, Strategy as Evolution with Design: The Foundations of Dynamic Capabilities and the Role of Managers in the Economic System (*Organization Studies*, v. 29, n. 8-9, 2008. p. 1187-1208). Uma síntese da vertente dessa abordagem que enfatiza o papel das rotinas é oferecida por Kathleen M. Eisenhardt e Jeffrey A. Martin em seu artigo Dynamic Capabilities: What Are They? (*Strategic Management Journal*, v. 21, n. 10-11, 2000. p. 1105-1121).

Já um bom resumo da visão que enfatiza mais a iniciativa dos executivos pode ser encontrado no breve artigo de Valery S. Katkalo, Christos N. Pitelis e David J. Teece, Introduction: on the Nature and Scope of Dynamic Capabilities (*Industrial and Corporate Change*, v. 19, n. 4, 2010. p. 1175-1186). Se estiver interessado em uma discussão mais completa deve consultar o livro de David J. Teece, *Dynamic Capabilities and Strategic Management*: Organizing for Innovation and Growth (Oxford: Oxford University Press, 2009).

Para uma comparação da abordagem das capacitações dinâmicas com a abordagem baseada em recursos (assim como com outras abordagens), ver o artigo de Flávio C. Vasconcelos e Álvaro B. Cyrino, Vantagem Competitiva: os Modelos Teóricos Atuais e a Convergência Entre Estratégia e Teoria Organizacional (*Revista de Administração de Empresas*, v. 40, n. 4, 2000. p. 20-27).

QUESTÕES PARA REVISÃO

1) Defina o conceito de renda econômica.
2) Compare os conceitos de rendas ricardianas, rendas de monopólio e rendas de empreendedor (ou rendas schumpeterianas).
3) Quais são as condições de apropriação de renda por parte da empresa?
4) Defina excedente dos consumidores.
5) Defina excedente do produtor.
6) O que é a vantagem competitiva da empresa segundo a abordagem baseada em recursos?
7) Apresente a distinção entre competências e capacitações dinâmicas.
8) O que é coespecialização?
9) O que é uma rotina dentro da empresa e que importância ela pode ter para a abordagem das capacitações dinâmicas?
10) Quais os tipos de capacitações dinâmicas segundo Teece?

Conclusão

O ESTADO ATUAL DA ECONOMIA DE EMPRESA

Depois de concluir o estudo das diferentes teorias da empresa que vimos, o leitor deve estar se perguntando: qual das abordagens apresentadas neste livro é a mais interessante para se estudar a economia de empresas? Com efeito, diante de uma diversidade tão significativa de abordagens, a dúvida é natural. Mais importante ainda: a resposta a essa questão diz respeito ao que se pode esperar do estudo econômico da empresa.

O problema da diversidade de abordagens

Um primeiro passo importante é reconhecermos que, qualquer que seja a abordagem econômica da empresa, *não se devem esperar respostas simples*, uma vez que a própria empresa não é uma entidade simples. Por sinal, o maior equívoco das abordagens que vimos nos dois primeiros capítulos é exatamente certa simplificação ao tratar de um fenômeno necessariamente complexo como é uma empresa.

A abordagem convencional da empresa como função de produção reduz a empresa à dimensão tecnológica, esquecendo por completo sua dimensão organizacional. Já a abordagem que trata a empresa como um problema de agência reconhece sua dimensão organizacional, mas supõe que a solução para qualquer problema organizacional seja um contrato que defina adequadamente os incentivos, de modo que alinhe as decisões do agente com os interesses do principal. Ignora, assim, dois problemas importantes:

1) que, por possuir racionalidade limitada, muitas vezes o principal não tem como desenhar contratualmente, de forma antecipada, incentivos adequados; e, mais grave ainda,
2) que as decisões do agente que maximizam os ganhos do principal nem sempre são evidentes para o próprio agente.

Esses dois problemas resultam de uma visão muito peculiar que essa abordagem adota com relação aos problemas de informação. Ela supõe que o principal não sabe o que o agente faz, mas sabe quais as consequências dos incentivos que pode adotar; e supõe que o agente conhece exatamente as consequências de suas decisões.

Então, por que a empresa é um fenômeno complexo? A simples resposta (conforme vimos na Introdução a este livro) é: *porque ela reúne várias dimensões diferentes ao mesmo tempo*. Na Introdução, vimos uma **definição de empresa** que buscava incorporar essa complexidade: uma empresa seria uma *organização hierárquica* que emprega *tecnologia* para produzir bens e serviços *visando ao lucro*. Agora, depois de discutirmos as diferentes abordagens econômicas da empresa, vimos que a complexidade da empresa é ainda maior do que apenas reunir uma dimensão tecnológica e uma dimensão organizacional. Temos então a possibilidade de oferecer uma **definição de empresa** mais completa: a empresa é uma *organização hierárquica que incorpora tecnologias visando à produção com lucro, em ambientes que envolvam complexidade e incerteza, frequentemente a partir de processos de aprendizagem e investimento em ativos específicos*. Todavia, como também destacamos na Introdução, você não deve ser preocupar com uma definição precisa e completa do que é uma empresa, dada sua complexidade: essa definição que oferecemos visa apenas a retratar as várias dimensões que ela apresenta, bem como sua inerente natureza multifacetada.

Contudo, se não devemos isolar na análise apenas um aspecto da empresa, e sim tentar entender suas dimensões em seu funcionamento conjunto, temos portanto de superar as descontinuidades e rupturas entre as diversas teorias, que enfatizaram um ou outro aspecto da empresa. Trata-se, obviamente, de tarefa difícil, dada a complexidade de cada abordagem. Algumas tentativas, contudo, têm sido feitas, especialmente com relação à síntese entre as abordagens da empresa baseadas em custos de transação e as abordagens baseadas em recursos e capacitações. A síntese entre essas duas abordagens ainda se encontra em andamento, mas com perspectivas promissoras.

Afinal, uma ou várias teorias?

Apesar dessas diferenças de abordagens, há um ponto comum entre elas, que é importante destacar. Todas iluminam determinado aspecto das empresas, deixando os demais em segundo plano, ou mesmo ignorando-os. Desse modo, a abordagem convencional discute o aspecto tecnológico da empresa, a abordagem da empresa como um problema de agência discute como incentivos podem ajudar a coerência ao longo da cadeia hierárquica de comando da empresa, a teoria dos custos de transação estuda os problemas derivados do fato de que a empresa utiliza ativos específicos, e as abordagens baseadas em recursos e capacitações analisam como esses recursos específicos (incluindo as práticas da empresa) podem ou não conferir uma vantagem duradoura em relação aos seus concorrentes.

Essa complementaridade apresenta claramente a necessidade de essas abordagens estabelecerem um diálogo entre si. Como mencionamos anteriormente, isso já começou entre as abordagens baseadas em recursos e capacitações por um lado, e as abordagens baseadas em custos de transação, por outro. Todavia, as abordagens da empresa como uma função de produção e da empresa como um problema de agência precisam se unir a esse diálogo, pois os aspectos da empresa de que tratam também são importantes e podem contribuir bem mais para a compreensão do que é a empresa.

ÍNDICE REMISSIVO

A

adaptação autônoma, 151, 154, 155, 159, 161, 163, 164, 165, 166
adaptação coordenada, 154, 155, 159, 160, 161, 162, 163, 164, 165
Agarwal, Rajshree, 219
Agente, 56, 75-102, 103, 105, 117, 118, 119, 121, 129, 172 (*ver também* Teoria Principal-Agente)
agregar demandas, 134
Alvarez, Sharon A., 219
ambiguidade causal, 193
Ambrosini, Véronique, 206, 216
ameaça de suspensão do contrato, 143
Apple, 8, 175
aprender fazendo, 142, 193
assimetria de informação, 9, 74, 75, 88, 97, 118, 136, 137, 139, 140, 176 (*ver também* informação assimétrica)
ativo específico, 140, 142, 143, 151, 157
Augier, Mie, 220
aversão ao risco, 81, 85, 86, 87, 88, 89, 95, 96, 97, 98, 100, 217

B

Banco Central da Suécia, 73 (*ver também* Prêmio Sveriges Riksbank em Ciências Econômicas em Homenagem a Alfred Nobel)
Barney, Jay B., 179, 219
barreira à entrada, 60, 61, 62
barreiras de posição de recursos, 178
base de recursos, 117, 205, 206, 207, 208, 209, 211, 213, 214
Berle, Adolf A., 72
Besanko, David A., 57
Boeing, 8
Bowman, Cliff, 206, 216
Braeutigam, Ronald R., 57

C

Cabral, Luís M. B., 8, 10, 70
capacitações de detecção de oportunidades e ameaças, 216
capacitações de dimensionamento, 216
capacitações de enfrentamento de ameaças e transformação, 217

capacitações dinâmicas, definição de, 204, 214, 215 (*ver também* distinção entre competências e capacitações)
capacitações operacionais, 208 (*ver também* capacitações ordinárias)
capacitações ordinárias, 208, 209 (*ver também* capacitações operacionais)
Carlton, Dennis W., 70
centralização da produção, 134 (*ver também* descentralização da produção, decisão entre fazer ou comprar)
Chandler Jr., Alfred D., 72, 130
circunstâncias históricas, 193
Coase, Ronald H., 131, 133, 173
coespecialização, 207, 208, 218
compatibilidade de incentivos, condição de competências, 80, 91, 94, 99, 100, 101 (*ver também* distinção entre competências e capacitações)
complexidade, 137, 138, 139, 140, 143, 144
comportamento oportunista, 138, 139, 140
conhecimento tácito, 142, 193, 206, 207, 208, 212, 213
consumo no trabalho, 106, 107, 108, 109, 110, 111, 112, 113, 114, 115, 116, 117, 124, 125
contrato eficiente, 79-80, 87, 95, 101
contrato primeiro melhor, 81, 95
contrato segundo melhor, 81
contratos completos, 137, 144, 150
contratos incompletos, 137
contratos lineares, 98
curto prazo, 22-33, 37, 38, 39, 41, 44, 45, 46, 53, 55, 69, 71, 180
custo burocrático da empresa, 159
custo de consenso, 167
custo de estabelecimento (de uma estrutura de governança), 147
custo de governança do mercado, 159, 161, 165
custo de oportunidade, 19, 20, 21, 46, 80, 93, 185, 187
custo de oportunidade do capital, 19, 20, 21, 24, 26, 44, 55, 180, 181, 187, 190, 200
custo fixo (F), 23, 25, 26, 31, 32, 147
custo fixo médio (CFMe), 26, 37, 147, 148
custo marginal de curto prazo (CMgCP), 33, 37, 38, 39, 41, 53, 69
custo marginal de longo prazo (CMgLP), 53, 55
custo médio de longo prazo (CMeLP), 51, 52
custo médio total de curto prazo (CMeCP), 25, 27, 28, 31, 44, 46
custo total de longo prazo (CTLP), 48, 49, 51, 53
custo variável médio (CVMe), 27, 38
custos de agência, 116, 117, 125, 126, 127
custos de mudança (*ver também switching costs*), 61, 193
custos de produção, 16, 17, 131, 132, 133, 134, 135, 136, 137, 139, 143, 144, 157, 158, 160, 161, 163, 184, 189
custos de transação, 131-136, 137, 138, 139, 140, 141, 142, 143, 144, 148, 150, 151, 155, 157, 158, 159, 160, 161, 163, 165, 166, 167, 168-171, 172, 173, 177, 195, 197, 198, 203, 208, 222, 223
custos irrecuperáveis, 61
custos totais de curto prazo (CTCP), 23, 24
Cyert, Richard M., 203
Cyrino, Álvaro B., 220

D

Daems, Herman, 72
Davis, John B., 210
decisão entre fazer ou comprar, 134, 163 (*ver também* centralização da produção e descentralização da produção)
demandante residual, 78 (*ver também* renda residual)

depreciação do capital, taxa de, 24
descentralização da produção, 134 (*ver também* centralização da produção, decisão entre fazer ou comprar)
deseconomias de escala, 50 (*ver também* retornos decrescentes de escala)
deseconomias de escopo, 50 (*ver também* economias de escopo)
Dietrich, Michael, 10
diferenciação de produtos, 60, 61 (*ver também* produtos diferenciados)
direitos de propriedade, 105
direitos de propriedade intelectual, 192
dissipação de renda, 192, 194
Dosi, Giovanni, 205
Douma, Sytse, 119
DuPont, 170

E

economias de escala, 50, 60, 63, 66, 130, 134, 157, 158, 160, 161, 162, 163, 168 (*ver também* retornos crescentes de escala)
economias de escopo, 50, 207 (*ver também* deseconomias de escopo)
Edgeworth, Francis I., 11
eficiência de Pareto, 79, 88
eficiência na produção, 79, 80
eficiência no compartilhamento de riscos, 82, 87
Eisenhardt, Kathleen M., 119, 209, 214, 220
empresa como *nexus* de contratos, 104, 105, 118 (*ver também* empresa como uma rede de contratos)
empresa como uma rede de contratos, 103, 104 (*ver também* empresa como *nexus* de contratos)
empresa, definição de, 2, 6, 222
Enron, 118
escala de produção, 37, 49, 50, 51, 63, 69
escala mínima eficiente da empresa, 63
escassez do recurso de qualidade superior, condição de, 191 (*ver também* raridade do recurso de qualidade superior, condição de)
especificidade de ativos dedicados, 142
especificidade de ativos humanos, 142
especificidade de localização, 141
especificidade de marcas comerciais, 142
especificidade física, 142
esquema de incentivos de alta potência, 101 (*ver também* esquema de incentivos de baixa potência)
esquema de incentivos de baixa potência, 101 (*ver também* esquema de incentivos de alta potência)
estado da natureza, 76, 78 (*ver também* estado do mundo)
estado do mundo, 76, 77, 78, 81, 82, 90, 91, 92, 93 (*ver também* estado da natureza)
Estados Unidos, 62, 72, 73, 130, 168, 170
estrutura de capital, 121, 122, 123, 127
estrutura de governança, 131, 144, 145, 146, 148, 149, 150, 151, 156, 164, 168, 172, 177
estrutura de governança de mercado, 146-151, 159, 161, 166
estrutura de governança híbrida, 146, 151-156, 159, 166
estrutura de governança hierárquica, 146, 156-164
estrutura multidivisional, 170, 171 (*ver também* forma M)
estrutura unidivisional, 168, 171 (*ver também* forma U)
estrutura vertical da empresa, 130
evolucionária, teoria econômica, 204, 209, 210
excedente do consumidor individual, 199
excedente do produtor, 199, 200, 201, 202
excedente dos consumidores, 199, 200, 201, 202

F

falsas promessas, 139
fator de produção, 12, 13, 19, 23, 28
Finkelstein, Sydney, 206
fontes de especificidade de ativos, 141
forma M, 170, 171 (*ver também* estrutura multidivisional)
forma U, 168, 169, 171 (*ver também* estrutura unidivisional)
franquia, 145, 146, 151, 152, 153, 155
função de custo total da empresa, 21, 181
função de produção, 11, 12-15, 16-22, 34, 37, 52, 56, 59, 63, 71, 74, 133, 134, 203, 221, 223
função de produção com coeficientes variáveis, hipótese de, 47

G

gastos com publicidade, 62
gazetear, 92
General Motors, 170
Gibbons, Robert, 155
governança corporativa, 103, 118, 145
Green, Jerry R., 57

H

Hands, D. Wade, 210
Hasenclever, Lia, 70, 173
Helfat, Constance E., 206, 219
Hodgson, Geoffrey M., 210
Holmström, Bengt R., 73

I

imobilidade do recurso superior, condição de, 198 (*ver também* mobilidade imperfeita do recurso superior, condição de)
incerteza, 81, 137, 138, 141, 143, 148, 149, 150, 154, 169, 171, 197, 222
  forte, 138
  probabilística, 138
informação assimétrica, 88, 136 (*ver também* assimetria de informação)
inovações, tipos de, 189
integração vertical a jusante, 135 (*ver também* integração vertical *downstream* e integração vertical para frente)
integração vertical a montante, 135 (*ver também* integração vertical para trás e integração vertical *upstream*)
integração vertical *downstream*, 135 (*ver também* integração vertical a jusante e integração vertical para frente)
integração vertical para frente, 135 (*ver também* integração vertical *downstream* e integração vertical a jusante)
integração vertical para trás, 135 (*ver também* integração vertical a montante e integração vertical *upstream*)
integração vertical *upstream*, 135 (*ver também* integração vertical a montante e integração vertical para trás)

J

Jaffe, Jeffrey F., 127, 220
Jensen, Michael C., 75, 102, 103, 104, 105, 124
Jevons, William Stanley, 11
joint venture, 145, 146, 153, 154, 155
just in time, 193

K

Katkalo, Valery S., 205, 220
Klein, Peter G., 172

Krafft, Jackie, 10
Kupfer, David, 70, 173

L

lei dos rendimentos marginais decrescentes, 28, 29, 30, 39, 42, 43
Lenovo, 175
livre mobilidade dos fatores de produção, 35, 54
longo prazo, 22, 25, 46-49, 54-56, 196
lucro econômico, 19, 20, 44, 45, 46, 179, 180, 196

M

macroeconomia, 2
Mahoney, Joseph T., 178
March, James G., 203
Marris, Robin, 2
Marshall, Alfred, 11
Martin, Jeffrey A., 214, 220
Mas-Colell, Andreu, 57
maximização de lucros (hipótese de), 35, 47, 48, 71
Means, Gardiner C., 72, 73
mecanismos de isolamento, 191, 192-195, 207
Meckling, William J., 75, 102, 103-106, 107, 114, 116, 117, 118, 119, 124, 125, 127
Ménard, Claude, 153, 155
Menger, Carl, 11
mercado imperfeitamente competitivo, 62, 64
mercado oligopolizado, 47, 48 (*ver também* oligopólio)
mercado perfeitamente competitivo, 35, 40, 41, 42, 47, 60, 61, 68, 69, 176, 186, 196 (*ver também* modelo perfeitamente competitivo)
método de produção, 12, 13, 14, 193 (*ver também* técnica de produção)
método de produção eficiente, 13
microeconomia, 3, 9, 11, 57
Miller, Merton H., 121, 122-124, 125, 127
Mitchell, Will, 206
mobilidade imperfeita do recurso superior, condição de, 198 (*ver também* imobilidade do recurso superior, condição de)
modelo perfeitamente competitivo, 176, 180 (*ver também* marcado perfeitamente competitivo)
Modigliani, Franco, 121, 122-124, 125, 127

N

não imitação, condição de, 192, 194, 195
não substituição do recurso superior, condição de, 194
Nelson, Richard R., 204, 209, 210, 211, 212
neutralidade em relação ao risco, 81, 83-85
Nicholson, Walter, 57

O

Oligopólio, 47 (*ver também* mercado oligopolizado)
Oliveira, Roberto G. de, 57
opções de ações, 102
operações de arbitragem, 124
orquestração de ativos, 217

P

Pandian, Rajendran, 178
Pareto, Vilfredo, 79, 88
patentes, 62, 192, 193, 206, 213
Penrose, Edith E. Tilton, 177, 178, 203
perda residual, 106, 107 (*ver também* custos de agência)
perfeita informação, 7, 8, 9, 35, 56, 59, 60, 74, 80-81, 98, 106, 115, 122, 123, 124, 127, 129, 176, 184, 197, 204

Perloff, Jeffrey M., 70
Peteraf, Margaret A., 179, 180, 206, 219
Pindyck, Robert S., 57
Pisano, Gary, 204
Pitelis, Christos N., 205, 220
poder de mercado, 35, 36, 40, 62-69, 69-70
potência do incentivo, 101 (*ver também* esquema de incentivos de alta potência e esquema de incentivos de baixa potência)
preço de reserva, 199, 201
preço do capital da empresa, 20
preços relativos dos fatores de produção, 14
prêmio pelo risco, 97, 100
Prêmio Sveriges Riksbank em Ciências Econômicas em Homenagem a Alfred Nobel, 73, 122, 131, 136 (*ver também* Banco Central da Suécia)
principal, 56, 75-102, 103, 105, 117, 118, 119, 121, 129, 172 (*ver também* Teoria Principal-Agente)
problema da ação oculta, 88
problemas de agência, 75, 103, 118, 122, 127
produtividade média do trabalho (PMeL), 27, 28
produtores e consumidores atomizados, 36
produtos diferenciados, 59, 66 (*ver também* diferenciação de produtos)
produtos homogêneos, 35, 59, 61, 66, 176, 184
propensão ao risco, 81, 86

R

racionalidade limitada, 136, 137, 138, 139, 140, 141, 144, 145, 148, 150, 169, 171, 172, 197, 204, 221
raridade do recurso de qualidade superior, condição de, 191-192 (*ver também* escassez do recurso de qualidade superior, condição de)
receita marginal (RMg), 33, 37, 39-46, 55, 65, 66, 67, 68
recursos conjuntos, 153, 155
renda residual, 77, 78 (*ver também* demandante residual)
rendas de empreendedor, 188-191, 199, 203, 215 (*ver também* rendas schumpeterianas)
rendas de monopólio, 182, 188
rendas econômicas, 179-182, 183, 188, 189, 196
rendas ricardianas, 182-188, 191, 215
rendas schumpeterianas, 182, 188-191, 203, 215 (*ver também* rendas de empreendedor)
restrição de participação, condição de, 79
retorno do investimento, taxa bruta de, 25
retornos constantes de escala, 50, 52, 53
retornos crescentes de escala, 50, 51, 52, 53, 60 (*ver também* economias de escala)
retornos de escala, 49-54
retornos decrescentes de escala, 50, 52, 53 (*ver também* deseconomias de escala)
Ricardo, David, 182, 183, 188
Ricketts, Martin, 119, 127
risco moral, 88
Roberts, John, 155
Ross, Stephen A., 127
rotina, definição de, 210
rotinas de ordem mais elevada, 214, 217
rotinas de ordem zero, 214 (*ver também* rotinas operacionais)
rotinas operacionais, 209, 211, 213, 214, 215 (*ver também* rotinas de ordem zero)
Rubinfeld, Daniel L., 57
Rumelt, Richard P., 175, 176, 179, 219

S

Sappington, David E. M., 219
Schmalensee, R., 73
Schmitz, Christopher J., 72

Schreuder, Hein, 119
Schumpeter, Joseph Alois, 188, 189, 203
Shelanski, Howard A., 172
Shepherd, Joanna M., 60
Shepherd, William G., 60
Shuen, Amy, 204
Simon, Herbert A., 136
Singh, Harbir, 206
Smith, Adam, 72
Snyder, Christopher, 57
sociedade anônima, 72, 74
Sorenson, Olav, 176, 219
submetas, 169, 171
switching costs, 61 (*ver também* custos de mudança)

T

técnica de produção, 12 (*ver também* método de produção)
Teece, David J., 204, 205, 209, 210, 215, 216, 217, 218, 220
Teorema Modigliani-Miller, 121, 122-124, 127
Teoria Comportamental, 203, 204
Teoria Econômica Evolucionária, 204, 209, 210
Teoria Positiva da Agência, 75, 102, 103-106, 106-117, 118, 119, 121, 124-127, 129
Teoria Principal-Agente, 56, 75-102, 103, 105, 117, 118, 119, 121, 129, 172
thin markets, 208
Tirole, Jean, 73
Toyota, 8, 193
transação em grandes números, 140
transação em pequenos números, 140
transmissão de informação distorcida, 139
transmissão de informação seletiva, 139

U

utilidade esperada, 81-83, 84, 86, 87, 92, 93, 94, 96, 97, 99, 100, 101

V

valor esperado, 82, 84, 86, 87, 90, 91, 92, 93, 94, 95, 97, 101, 123
vantagem competitiva, 198, 199-203, 215, 220
vantagens absolutas de custos, 61, 69
Varian, Hal R., 57
variável de estoque, 17
variável de fluxo, 17
Vasconcellos, Marco Antonio Sandoval de, 57
Vasconcelos, Flávio C., 220
VRIN (*ver também* VRIO), 194
VRIO (*ver também* VRIN), 194

W

Wernerfelt, Birger, 178
Westerfield, Randolph W. 127
Whinston, Michael D., 57
Williamson, Oliver E., 131, 132, 141, 146, 159, 167, 168, 171, 173, 203
Willig, R. D., 73
Winter, Sidney G., 204, 209, 210, 211, 212